·创业管理系列·

创业实战

陈伟俊　马　飞　王建胜　王兰康◎著

企业管理出版社
EMPH ENTERPRISE MANAGEMENT PUBLISHING HOUSE

图书在版编目（CIP）数据

创业实战 / 陈伟俊等著．—北京：企业管理出版社，2023.6
ISBN 978-7-5164-2809-2

Ⅰ．①创…　Ⅱ．①陈…　Ⅲ．①中小企业—创业—研究　Ⅳ．① F276.3

中国国家版本馆 CIP 数据核字（2023）第 008666 号

书　　名：创业实战
书　　号：ISBN 978-7-5164-2809-2
作　　者：陈伟俊　马　飞　王建胜　王兰康
责任编辑：解智龙　宋可力
出版发行：企业管理出版社
经　　销：新华书店
地　　址：北京市海淀区紫竹院南路 17 号　　**邮　　编**：100048
网　　址：http://www.emph.cn　　**电子信箱**：emph001 @163.com
电　　话：编辑部（010）68701638　　发行部（010）68701816
印　　刷：三河市荣展印务有限公司
版　　次：2023 年 6 月第 1 版
印　　次：2023 年 6 月第 1 次印刷
开　　本：710mm × 1000mm　1/16
印　　张：17.25 印张
字　　数：249 千字
定　　价：68.00 元

前言

PREFACE

创业是一个需要考虑诸多影响因素、进行系统化思维的复杂实践活动，与枯燥乏味的理论内容相比，切合企业经营实际的操作指南更适合作为创业者进行创业活动的行动纲领。从实战角度出发，讲述创业活动各环节的注意事项及创业的思路，能帮助创业者厘清逻辑，勇敢迈出创业的第一步。

不同的时期有不同的时代特征，创业的首个环节便是把握时代的脉搏，找到创业之切入点。在数字经济背景下，互联网时代的变革、数字化转型的趋势与产业循环的发展模式相互碰撞，产生了大量的创业机会，创业就是将创业机会转化为创业实践的过程，需要用创新思维把握机会、创新模式，为创业做好充足的准备。

创业就需要把想法转化成实际行动，也需要让更多的人看到，以寻求支持。商业计划书就是其中起催化作用的工具，商业计划书的构成要素、书写原则、写作重点可参照成功企业的商业计划书案例，每个创业者都可以写出让投资者满意的商业计划书。

“千里马常有，但伯乐不常有。”当创业项目受到投资人的赏识，获得融资支持时，就意味着企业的发展进入了快车道。任何企业或项目都离不开资金的支持，资金就是企业的血液，一份完整的融资方案会给企业带来充足的现金流。融资方案需要创业者正确评估融资需求、制订科学有效的财务计划、完善资金退出机制。获得融资的本质就是获得投资者的信任与认可，项目路演就是创业者争取投资者信任的展示舞台，路演者要提前做好充足的准备，遵循路演的基本策略，用一场精彩的项目路演展示企业的独特魅力。

创业者一旦做好以上工作，就意味着新生组织已经处于一个很高的起点。乘胜追击，处理好创业管理事务同样至关重要，创业管理涉及企业运转的规则与逻辑，延续企业的生命，让企业沿着正确的方向发展壮大。本书从目标管理、团队管理、成本控制、风险管理和组织学习五条主线展开，逐渐铺开美好的商业画卷。

以上就是本书要与读者探讨的主要问题，在撰写的过程中，感谢伊若文、余梦琳、赵浩凯等对本书相关章节资料的整理。本书学习、参考了众多国内外专家学者的书籍文献和研究成果，部分内容引用了来自网络、报刊的数据和资料，且已在参考文献中列出，在此对这些学术成果的作者深表谢意。

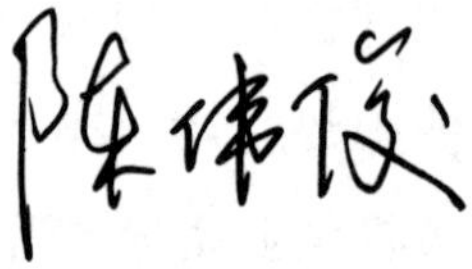

2022 年 12 月 8 日

目录

CONTENTS

第一章 全民创业时代

在全民创业时代，创业成为许多人实现人生价值的选择，在开始创业之前，应当厘清创业的内涵，理解创业、市场环境的方方面面。要理解创业及创业管理的概念，了解创业的每一个生命周期的特点。结合新时代的市场环境，识别创业机会，应对环境危机，用创新思维把握创业的趋势。创业就是将创业机会转化为创业实践的过程，创业实践也要做到创新，形成企业独特的竞争力，激发生存活力。此外，还要对创业可能面临的挑战做好心理准备，对于创业者来说，天时、地利、人和缺一不可。

勤奋、努力、坚持，这些只是成功的必要条件，最关键的是在对的时候做对的事情。

——小米科技有限责任公司创始人　雷军

开篇案例

拓思：从企业孵化向产业孵化跨越

一、企业简介

广东拓思软件科学园有限公司（以下简称拓思公司）成立于2002年6月，是由广东省人民政府投资、广东省科技厅建设、广东省生产力促进中心管理的国家级科技企业孵化机构和公共技术服务机构。拓思公司采用“政府引导、市场化运作”的运营模式，先后建设和运营广东软件科学园、华南技术转移中心、拓思北斗产业创新基地等多个专业园区，建成了广东省软件共性技术公共实验室、广东软件科学园数据中心和广东软件评测中心三大技术服务机构，以及粤港澳大湾区北斗产业创新研究院、广东南方信息安全研究院两大新型研发机构。2020年设立了国内首个以双创为特色的博士工作站，为高层次人才提供一种新的产学研合作模式。拓思公司是广东省唯一一家连续7年获得科技部优秀（A类）评价的国家级科技企业孵化器，成为广东省孵化器标杆，在全国双创行业中保持领先地位。

拓思公司致力于成为优秀的创新生态构建者、特色产业培育者与新型园区运营商，全力建设具有国际影响力的专业孵化器集群。

二、创业历程

拓思公司的创业历程大致可以分为以下四个阶段。

1. 筹备起步期（2000—2008年）

为推动广东软件产业发展，广东省科技厅筹备建设广东软件科学园，规划软件公共技术平台和孵化服务平台建设。2002年，设立广东拓思软件科学园有限公司为广东软件科学园运营机构，全面落实规划方案。一是确立专业园区的核心定位，聚焦软件产业领域，园区所有服务均围绕软件产业开展；二是投资建设广东软件科学园数据中心和广东软件评测中心公共技术服务平台，为入驻园区的软件行业企业提供主机、存储、宽带等数据服务及软件测试等专业技术服务；三是逐步完善园区基础设施建设，为入驻创业企业提供充足的办公空间及便利的生活条件，引进法律、税务、人才和金融领域的服务机构，逐步建立公共事务服务平台，初步营造了一个安全、舒适、优雅、文明的创业环境。

2. 快速发展期（2009—2013 年）

这一时期拓思公司完成了广东软件科学园规划建设，不断探索企业发展路径，企业实力得到了不断提升。通过“政产学研”合作进一步巩固与积聚专业化增值服务、公共技术服务、产业培育三大核心资源，为园区内中小企业提供更优质的服务，实现园区快速发展。一是增值服务资源。拓思公司充分利用政府的政策信息优势和生产力体系的渠道优势，持续提升孵化服务水平，为企业提供科技金融、项目申请、科技交流、资质认定、人才与培训等专业化增值服务。二是公共技术服务资源。拓思公司建成了信息标准资源库及服务平台，收集近万项电子信息方面的国际和国家标准，完成了 IT 基础资源 IaaS 服务平台与质量保障云服务平台建设、网络宽带升级，以及 IDC 基础设施环境更新。三是逐步建立产业培育资源。拓思公司以自身的技术基础，与北京航空航天大学、西安电子科技大学等知名高校合作，承担国家、省重大科研专项研发任务，在培育软件产业的基础上，初步搭建了基于北斗应用的产业环境和技术基础。

3. 整体提升期（2014—2016 年）

拓思公司大力推进创业苗圃和加速器建设，创新创业孵化链条日趋完善，“众创空间—孵化器—加速器”创新创业孵化生态初步形成，孵化器的配套资源、服务能力和运营水平得到了整体提升。一是通过打造创业苗圃（TOPS 众创），加强创新创业孵化链条的源头建设；通过建设企业加速器，为高成长性企业提供更广阔的发展空间。二是不断探索创新创业孵化链条的配套资源与服务体系建设、运营与管理模式创新，着力推进“企业培育—产业聚集—产业培育”的进程。三是在用自有孵化资金投资一批高科技企业的基础上，牵头发起设立了广东粤科拓思智能装备创业投资基金，有效发挥了政府财政性资金的杠杆作用，为企业发展提供新动力。四是建设广东软件科学园公共事务服务平台和TOPS众创线上平台，实现孵化服务线上与线下相结合，丰富服务内容和提高服务效率；承办各类创新创业大赛，举办国际科技交流活动，营造良好的创新创业文化氛围，形成辐射带动效应，提升了品牌影响力。

4. 创新突破期（2017年至今）

2017年以来，拓思公司不断寻求网络化与平台化发展，力求提升资源整合能力与扩大经营规模，着手构建孵化器网络。一是通过建设华南技术转移中心推动“源创平台”建设，将孵化链条前移，汇聚科技成果，加快成果转移、转化，拓展延伸创业孵化链条，逐步形成了“源创平台—众创空间—孵化器—加速器”覆盖企业全生命周期孵化服务的特色科技产业孵化生态体系，丰富了拓思公司的孵化生态资源网络。二是探索国际合作，主动参与各类国际性的创新创业活动，帮助企业对接国内外创业资源，为拓展全球化创新创业资源网络打下了基础，提高了品牌的知名度与美誉度。三是强化特色服务，破解企业创新创业痛点。拓思公司全力打造“8分钟路演”功能平台，构建与产业龙头企业、高校及科研院所之间的合作模式，不断完善“TOPS”系列服务产品，在地市建立公共技术服务平台服务网点，为更多企业提供支撑服务。四是加大品牌和服务输出，发挥国家级科技企业孵化器的示范作用，通过具有“TOPS”特色的孵化器运营模式，带动区域孵化载体提质增效，发挥区域示范、辐射和带动作用。五是积极布局建设以北斗创新研究院为引领、以创新基地为载体、以投资基金为纽带的北斗产业创新中心，促进北斗产业规模化、市场化、智能化应用。六是成立国内首个具有“双创”特色的省级博士工作站，启动建设博士创新交流平台“TOPS博智汇”，在全国率先建设了以双创博士高端人才为核心的产学研融通体系。

三、成功经验

在多年的实践中，拓思公司形成了独特的企业运营模式和孵化器运营模式，将单纯的企业孵化转型为产业孵化，专精特新是拓思公司最重要的成功经验。

1. 专——高起点建设软件与北斗公共技术服务平台

拓思公司投资上亿元建立了广东省软件共性技术重点（公共）实验室、广东软件科学园数据中心、广东软件评测中心和广东省新时空位置网创新研究院，通过扩大实验室模式，整合高校及科研院所资源，汇集国家“863计划”（国家高技术研究发展计划）相关技术及成果，构建开放式软件与北斗卫星导航公共技术支撑平台，打造覆盖广东省范围的软件公共技术资源服务体系，为广东省新一代电子信息技术、北斗卫星导航等产业技术创新与发展提供全面、专业的技术支持与服务，推动中小软件企业技术创新和核心竞争力的提升。

2. 精——围绕全成长链打造全服务链孵化育成体系，构建“源创平台—众创空间—孵化器—加速器”新型科技创业孵化链条

“源创平台—众创空间—孵化器—加速器”的新型科技创业孵化链条是拓思公司独特的企业孵化模式，已形成“联络员＋辅导员＋创业导师”的创新创业辅导机制，聚焦企业发展全生命周期不同发展阶段的需要，为企业提供全方位的服务。

在科技成果对接阶段，主要是源创平台发挥作用。拓思公司依托华南技术转移中心，围绕综合枢纽平台的定位，与各类技术转移转化平台、高校、科研院所和专业服务机构开展合作，逐步形成集聚效应，广泛“嫁接”粤港澳大湾区及国际高水平技术成果，推动科技成果转化为创业项目，并为孵化器内的企业提供技术源、人才源、项目源。

在企业的创意萌发阶段，主要是TOPS众创空间发挥创新创业孵化链条前端平台的作用。拓思公司旗下的国家级众创空间——TOPS众创，聚焦新一代信息技术，是一个集创意交流、资源共享、创业辅导、项目孵化于一体的创业服务平台。TOPS众创主要包括工作空间、网络空间、社交空间和资源共享空间四大空间，重点搭建了TOPS众创线上平台，通过“天使投资、融资对接、政府资助申报”三类金融支持和“电子信息与软件、北斗卫星导航与通信”两大产业资源对接及TOPS系列服务，为创客项目在商业模式梳理、公共技术服务、政策解读与应用、融资对接、产业融合等方面提供了强有力的支撑。

在企业的初创阶段，主要是孵化器发挥作用。拓思公司建立了一套清晰、全面、实用、规范的孵化器服务标准化体系，为入驻企业提供基础服务、公共技术支持、科技金融、人才队伍建设、港澳及国际交流、新启航加速计划、护航计划7大服务，并形成了TOPS系列8大特色服务品牌，为孵化器企业在成长阶段对接资本、技术、人才、产业链、导师、专业服务机构等各类资源，全面支撑企业成长，降低创业成本，提高创业成功率，促进科技成果转化，培育科技型企业和企业家。

在企业的快速成长阶段，主要是加速器发挥作用。加速器企业对技术支持、融资对接、市场拓展、人力资源等服务提出了更高的要求。拓思公司主要在现有的技术资源、资金资源、产业环境和服务资源的基础上，重点为加速器企业在市场拓展、科技金融和高端资源对接方面提供具有针对性的专业服务。

3. 特——完善投融资服务体系，助推企业加速发展

拓思公司建立了“自有资金＋产业投资基金＋投融资服务平台”的孵化投资服务体系，形成了以投资促孵化、以孵化促投资的创业投融资服务格局，破解企业融资难题。

拓思公司设立了孵化基金，利用自有孵化基金投资孵化了一批新一代信息技术，北斗卫星导航、信息安全、智能装备等领域的企业总投资规模达上亿元。

拓思公司牵头设立了专业投资基金和投资平台（新启航投资公司）。拓思公司牵头发起成立的广东粤科拓思智能装备创业投资基金，基金规模达两亿元，专注于智能装备领域的高科技企业；设立的广东拓思新启航投资有限公司，专注于新一代信息技术领域种子期投资。

拓思公司搭建投融资平台，为企业提供创业投融资对接服务。拓思公司利用“TOPS 融资荟”品牌吸引了海创汇、粤科风投、国民创投、华工创投等投资机构入驻，打造 8 分钟在线路演平台，定期召开投资路演活动，为企业提供多层次的融资服务，提高创业投融资对接效率。

4. 新——汇聚高端资源，实现企业孵化向产业孵化跨越

拓思公司努力实现由企业孵化向产业孵化的转变。产业孵化是指孵化器针对某个新兴产业，帮助该行业的企业孵化成长，不仅能使这个企业成为有一定影响力的成熟企业，也能促进该新兴产业发展成熟。产业孵化逐渐成为中国孵化器行业的发展趋势，产业可以为企业赋能，一方面，产业孵化可帮助企业完美融入产业链，使创新型企业集聚，形成高效、专业的协作交流网络，促进新兴产业中的企业通过竞争与合作快速扩张，良好的行业生态会带给企业更多的生产机会和营销渠道；另一方面，产业孵化从根源上解决了创业企业在孵化后可能面临的发展瓶颈，直接帮助一个产业发展起来，提升了企业的发展上限。

经过 20 多年的发展，拓思公司逐渐过渡到了“投资＋服务＋产业＋园区”“四位一体”的新型孵化运营模式。通过以创业投资为助力，以孵化服务为驱动力，以产业资源为牵引力，以产业园区为载体，全方位为企业提供资金、技术、产业与空间等各类资源，构建了特色鲜明的产业互动发展格局，形成了面向新一代信息技术产业的资源整合与创新能力，为产业的集聚发展、转型升级提供了强有力的支撑，在区域创新驱动发展中起到了良好的示范带动作用。

同时，拓思公司通过建设广东省博士工作站、广东省新时空位置网创新研究院，加强对产业链、资金链、服务链和技术链进行整合，将以北斗产业为突破口，采取“龙头企业＋孵化企业”的形式协同打造拓思北斗创新园，向特色产业培育者转型。拓思公司以该行业的领军企业为核心，集聚核心企业产业链的上下游企业，发挥核心企业的集聚效应和示范带动，完善产业链各个环节，打通创新要素流动渠道，推动创新模式由单一领域的离散式突破向跨领域的群体性突破转变，构建新型创新应用生态环境。

四、结论与展望

拓思公司运营20多年来，累计培育1000多家企业，创造产值近1000亿元。其中，培育中小板和创业板上市企业7家、新三板挂牌企业8家、专精特新企业近100家、高新技术企业近200家，成功培养了一批优秀的高科技企业和企业家。

可以看出，拓思公司基于独特的企业运营模式和产业孵化模式转型战略，在20多年的创业路途中，始终坚持“专业专注，助力创业，促进创新，示范引领”的核心价值观，紧紧把握时代脉搏，守正创新、勇毅前行，充分发挥创业孵化器的作用，帮助众多创业者实现了创业梦想。下一步，拓思公司将围绕建设具有国际影响力的专业孵化器集群的奋斗目标，重点聚焦孵化器的专业化、品牌化、生态化、产业化和国际化，将拓思公司打造成为优秀的创新创业生态构建者、特色产业培育者与新型园区运营商。

（资料来源：作者根据多方资料整理而成）

第一节　创业及创业管理的概念

创业者首先要对创业的相关概念有一个基本的了解，包括创业的基本概念、创业管理的基本概念、创业的主要过程等。在目前市场的背景下，创业的定位及选择也发生了很多变化，在创业基本概念的基础上结合每一个时代的具体特点去思考创业的方式，是创业者在创业前的必修课。

一、创业的基本概念

1. 创业的概念

每个人都对创业有自己的理解。在全民创业时代，创业被定义为发现创业机遇，用一定的方式将创业机会转化为创业活动，为客户创造价值的行为。用这样的方式开辟新的市场或开发新的客户，无论行为的主体是企业、政府部门还是非营利组织，无论形式如何，都可以称为创业。

2. 创业的内涵

对创业的研究经历了不同的发展阶段。最早的创业研究通过概括企业家的特征来定义创业。奈特（1921）认为，创业者的特征就是有成功预测未来的能力，这是影响创业结果最重要的因素。为了更好地研究创业的发展路径、系统性地研究影响创业结果的因素，学者们开始从组织行为的角度研究创业，认为创业就是新组织的建立。随着人们对创业研究的深入，越来越多的创业新模式开始涌现，创业的主体和形式也发生了变化，创建新企业是创业行为，成熟的企业也可以进行内部创业。新的观点认为，创业就是让产品进入市场。伦普金和德思（1996）提出，创业的本质就是“开创新事业”，让产品进入市场。这类观点虽然扩大了创业的范畴，但是也将一些常规的市场营销行为纳入了创业的概念，因此并不准确。

目前，主流的创业研究是从“什么是创业机会”的角度理解创业。艾肯哈特和谢恩（2003）提出，创业机会是通过将新的手段、目标或手段与目标的关系引入新产品、新服务、新材料、新市场或新的组织方式，创业就是发现并利用这些有利可图的创业机会。基于此，本书认为，创业的重点就是在于挖掘并开发新的创业机会以创造价值，发现创业机会并对其进行开发的人就是创业者，以把握创业机会、开发新的产品或服务为目的而成立的组织就是创业企业。

3. 创业的类型

（1）创业动机。

按创业者的创业动机可以将创业的类型分为生存型创业和机会型创业，如图 1-1 所示。生存型创业是指创业者为了维持生计进行的创业，这类创业者有可能失业或没有找到满意的工作，所以才会走创业的道路。这类创业行为主要是在小市场寻找机会，资金投入少，创业难度较低，往往不需要复杂的创业设计。机会型创业是指创业者有强烈的创业意愿，自己发现了市场中的新机会，然后付诸行动和创造价值。一般来说，机会型创业有更大的概率开辟新市场，具有更大的价值，但也需要较多的资金投入，需要较复杂的创业设计。

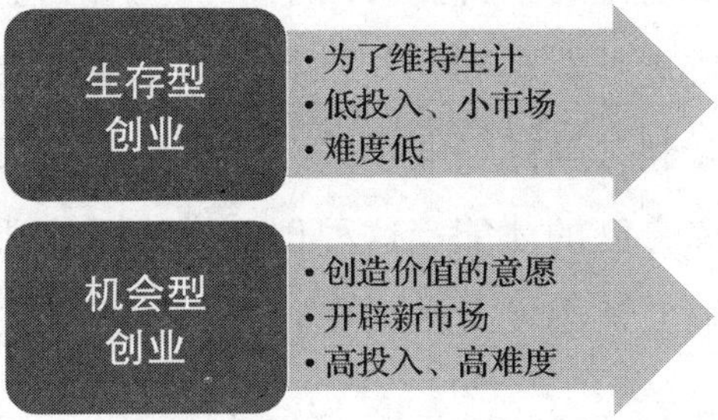

图 1-1 按创业者的创业动机划分创业的类型

（2）创业主体。

以创业主体为依据可以将创业分为个体创业和公司创业。个体创业不依附于特定的组织，创业者个人进行创业活动，创业者个人承担风险，决策更加迅速但稳定性较差，抗风险能力较差。公司创业是依附于组织进行的创业活动，创业活动由团队的工作推动，公司承担风险，公司中的每一个成员负责一部分工作，有明确的规章制度，决策周期较长但稳定性较好，较个人创业有更强的抗风险能力。

4. 创业的方法

（1）自主创业。

自主创业就是创业者独立开发创业机会，创建企业。由于初创企业自身资源的限制，缺少合作谈判筹码，所谓白手起家采用的就是这种模式。创业者从零开始，逐渐积累实力，需要艰苦卓绝地奋斗。同时，大多数创业者也担心机会主义侵蚀自身利益，所以采取自主创业模式开发机会。

（2）依附创业。

依附创业是指依附一个已经成熟的企业，通过特许经营、获取经销权、直销、加盟的方式进行创业，加盟是最常见的依附创业模式。创业者要慎重地做出选择，因为这种创业模式自主性差，依附对象的发展前景不确定，因此甄别一个有发展前景的依附对象是有难度的。

（3）内部创业。

内部创业是指在企业的支持和帮助下，一些有创业能力的员工会根据公司的现有商业项目进行改善和革新，并将其结果与公司共享。内部创业是一种企业与雇员互利共赢的创业模式，通常一些规模较大公司的员工能够利用这种形式发挥自己的才能。这种创业模式既能让员工的才能得到充分发挥，又能最大限度地激发员工的积极性，实现个人追求，优化企业的价值分配模式。

二、创业管理的基本概念

1. 创业管理的概念

创业管理是运用并组合各种创业要素，规范创业活动，使创业团队高效运转。创业管理需要立足长远，系统化地对创业活动进行规划，设计企业运转的规则与逻辑，延续企业的生命，让企业沿着正确的方向发展壮大。目标管理、团队管理、成本控制、风险管理和组织学习等方面的工作都属于创业管理的范畴。

2. 创业管理的特征

创业管理是一系列有助于企业生存下去的要素的组合，要求企业创立者系统性地处理好创业机会、市场环境、创业资源及创业团队之间的关系。决定创业能否成功、企业能否生存的要素有很多，其中最重要的就是创新。创业管理中的创新并不意味着一定要颠覆某些东西，转换思路使企业的生产要素重新组合也是一种创新。创业管理的另一个重要特征是控制风险，鼓励冒险性的创业行为，但是创业管理可以将创业风险尽量控制在合理的范围，用一系列成本控制措施和管理制度提升创业企业的抗风险能力。

3. 传统管理与创业管理的比较

在概念方面，传统管理与创业管理主要有以下三个方面的不同，如表1-1所示。

表1-1　传统管理与创业管理的比较

	传统管理	创业管理
研究出发点	提升企业绩效	让企业成长
研究对象	成熟的组织	所有组织
研究内容	企业运营规范化	创新

（1）研究出发点不同。

传统的管理理论是以企业盈利、提升企业的绩效为出发点，通过计划、组织、领导和控制等职能协调整个组织的工作，使组织的效率和效益最优化，探索一种较为稳定、常态化的管理模式。而创业管理是围绕怎样识别并利用创业机会展开的，规避风险，使组织成长起来。创业企业在不同的时期有不同的特点，因此创业管理的模式也是灵活的、动态调整的。传统管理重在提升绩效，而创业管理重在让企业成长。

（2）研究对象不同。

传统管理理论主要以大型的、成熟的组织为研究对象，但是对小型的、不成熟的、发展迭代速度较快的组织关注甚少。创业管理适用于所有创业活动的主体，小型的、不稳定的和大型的、成熟的组织都适用于创业管理理论。

（3）研究内容不同。

传统管理理论的研究内容是运用各种管理职能协调企业的生产和运营，管理职能是核心内容；创业管理的研究内容没有定式，每个创业企业都有不同的创业管理模式，传统管理侧重企业运营规范化，而创业管理侧重创新。

三、创业的主要过程

著名管理学家、企业生命周期理论创立者伊查克·爱迪思（1997）将创业的生命周期分为 10 个时期，这 10 个时期又可以分为成长阶段、成熟阶段和衰退阶段，如图 1-2 所示。创业企业各个时期的特点都非常独特，在每个不同的发展阶段，都应当适时调整企业的行为规范及经营战略，使其可以有效地促进企业的发展。

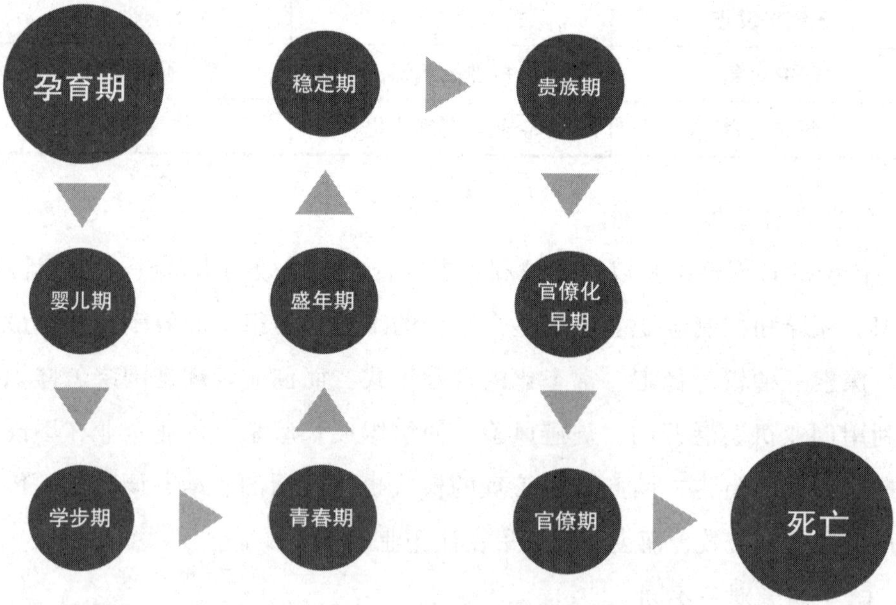

图 1-2　创业的生命周期

1. 成长阶段

（1）孕育期。

孕育期是创业的准备阶段，即创业想法的产生与丰富阶段。虽然这一时期并没有任何具体的企业经营行动，但这一阶段为创业者日后经营企业打下了坚实的基础。创业者产生创业想法是因为发现某种消费需求未被满足或某类市场还未饱和，于是更多的细节以这个创业想法为起点开始发散，创业企业的雏形开始孕育。孕育期的创业想法最重要的是让想法贴近现实，并且以一种完美主义的思维构思将要成立企业的方方面面，推动创业想法落地，开展实际活动。

（2）婴儿期。

创业企业成立了，开始了具体的经营活动，但这个时期的新企业很脆弱，就像一个呱呱坠地的婴儿，需要汲取足够的营养去成长（筹集资金、积累各种资源、扩充团队），并且要时刻被看护照顾（创业者投入大量的精力，努力规避市场风险）。企业的各种规章制度、组织结构都还比较简单。

（3）学步期。

进入学步期的企业，意味着其产品或服务已经打开了市场，创业企业具备了一定的盈利能力，开始快速成长，也不像婴儿期一样脆弱、容易夭折，学步期的企业已经有了一定的生命力。这一时期最重要的事情就是把目光放长远，进行公司的产品、运营布局，并且要使无序的企业活动逐渐规范化。创业者要科学决策，学会管理创业团队。

（4）青春期。

青春期的企业发展最快，呈现出一种欣欣向荣的面貌。随着企业技术水平的提高和资源的逐渐积累，产品的成本已经显著下降，市场规模正在迅速扩大，企业开始逐渐为消费者所熟知。这一时期，企业的资金情况有了很大改善，有更多的资金可以研发新技术、新产品。

2. 成熟阶段

（1）盛年期。

盛年期是一个创业企业最为辉煌的时期，此时企业的管理程度与创新程度平衡。这一时期，企业的管理模式与制度已非常规范，组织的各个层级有序运转，从管理者到普通员工都清楚自己正在做什么、工作目标是什么。企业成长阶段所必备的创新精神和进取精神在这一阶段仍然保留，长期激励创业团队前进。企业的经营状况良好，产品的利润率不断推向新高，由于在成长阶段积累了大量的资源，企业的稳定性也更强，具备很好地应对风险的能力。

（2）稳定期。

稳定期是企业由盛转衰的转折点，在这一时期，有的企业安于现状，逐渐抛弃了成长阶段的进取精神和创新精神。由于企业已经有了完整的工作准则，因此大部分员工只是按规定工作，决策层不再追求市场扩展，决策倾向于短视化，企业的各个层级越发趋向保守。在激烈的市场竞争中，维持现状其实是一种退步，一旦企业的创新能力休眠了，那么产品就会逐渐与消费者的需求背离，产品的市场竞争力就会开始下降。

3. 衰退阶段

（1）贵族期。

这是企业老化的开始，繁荣与盈利是贵族期企业经营的表象，企业内部被这种表象所麻痹，认为自己就是市场中的“贵族”，即使市场占有率开始下降，但仍然坚持一贯的经营方式，不做出改变，不迎合消费者的需求，企业经营活动中出现越来越多的形式主义行为。如购买大量实用性低的设备、办公用品，为彰显自己与其他企业的不同，在员工福利方面、办公场所装饰方面大做文章。

（2）官僚化早期。

官僚化早期的企业内部形成了若干个小团体，企业内部冲突不断，不同部门之间不再协作，成为一个僵化的组织。这时，企业业绩开始快速下降，人员开始流失，与实际业务相关的员工离职，行政人员的比重提高，企业走向越来越臃肿的恶性循环，盈利能力加速崩塌。

（3）官僚期与死亡。

市场所剩无几、组织内行政人员比重过高、拒绝沟通、与世隔绝，官僚期的企业已经奄奄一息。官僚期的企业如果不转变思维、寻求改变，并主动精简组织结构，那么将不可避免地走向死亡。

• 全民创业时代专栏 1-1 •

喜马拉雅的发展新机

一、企业简介

喜马拉雅是国内最大的音频内容分享平台之一，2021年，其移动端应用程序的月平均活跃用户数量在国内所有的音频类应用程序中排名前列，秉持“用声音分享人类智慧、用声音服务美好生活”的理念，喜马拉雅用“声音”连接大众、陪伴大众、传播知识、分享故事，丰富了用户的生活。

二、知识付费的机会

知识付费是指用户为了获取知识向知识的传播者和筛选者支付报酬的产品模式，也是喜马拉雅的核心商业模式。人们充实自己、学习新技能、规划新事业的需求日益增加，运用便利的互联网资源可以足不出户进行学习，成为很多人的首选方式。根据艾媒咨询提供的数据，在新冠疫情期间，63.1%的中国用户曾使用过知识付费产品。2015年，中国知识付费行业的市场规模仅为15.9亿元，而2020年市场规模膨胀至392亿元，2021年知识付费市场继续保持良好的增长势头，增长72%，达到675亿元。即使是近两年，知识付费平台的用户有所回落，但仍能保留大部分，因为消费者的生活方式已经潜移默化地被改变，更多的人使用知识付费产品，知识付费平台的用户越来越活跃，这是必然的趋势。

2019—2021年喜马拉雅就是这样抓住了行业发展的红利，2021年喜马拉雅的营业收入与2019年的26.8亿元相比实现了翻番，达到了58.6亿元。

三、喜马拉雅的商业模式

知识付费平台的门槛并不高，能够在众多知识付费平台中脱颖而出，喜马拉雅依靠的是优质的内容、自由开放的平台及对用户心理需求的满足。

1. 优质的内容

喜马拉雅的内容生态相当成熟，2021年，喜马拉雅拥有1351万创作者，这些创作者创作了涵盖100多种类型的3.4亿条音频。为了满足喜马拉雅不同用户的不同需求，喜马拉雅平台设置了包括有声小说、职场经验、音乐艺术、教育培训、历史人文、相声小品、趣味故事在内的各种内容，引进了《三体》《哈利·波特》等知名大型IP的内容。建立了平台潜力内容创作者的挖掘和培养机制，帮助草根用户、普通主播成长，向其提供支持。

2. 自由开放的平台

专家生成内容（PGC）和用户生成内容（UGC）相结合的PUGC内容创作模式是喜马拉雅首创的知识付费平台运营模式，无论是业内的专家学者还是草根，都可以成为平台的内容创作者。喜马拉雅一方面引进专家学者、明星大咖、企业家入驻平台；另一方面努力简化内容制作流程，鼓励草根创作者制作优质的知识内容。

3. 对用户心理需求的满足

喜马拉雅建立了直播、音频、社群等相结合的产品功能架构，努力迎合消费者的心理需求。喜马拉雅希望用户可以在任何一个生活场景中都能“听一听”，如在卫生间、厨房，以及下班回家的路上、工作的过程中，用户都可以收听喜马拉雅的内容。对于用户而言，喜马拉雅无处不在，时刻陪伴在自己身边，在学习知识的同时可以获取情感的共鸣与慰藉，陪伴的价值很大，喜马拉雅由此获得了很大的市场占有率。

四、结论与展望

基于以上分析可以看出，喜马拉雅抓住了机会，吸引了大量的新用户，然后用优质的内容、自由开放的平台和对用户心理需求的满足留住了用户，促成了业绩的增长。知识付费是前景广阔的蓝海市场，作为音频内容平台的“领头羊”，喜马拉雅将陪伴更多的用户，传播更多的知识。

（资料来源：作者根据多方资料整理而成）

第二节　新时代的危与机

时代日新月异，创业的挑战与机遇并存。互联网技术的发展使人类正在向以区块链、物联网为主导的新时代过渡。企业和社会需要进行数字化转型，产业链的整合趋势越发明显，每一个企业都将成为产业循环的一部分，在产业循环中释放最大的能量。

一、互联网时代的发展

1. 互联网技术的发展：从 Web 1.0 到 Web 3.0

互联网技术的发展改变了每个人的生活，每个人都身处瞬息万变的互联网时代，互联网时代的演变经历了三个过程，如图 1-3 所示。

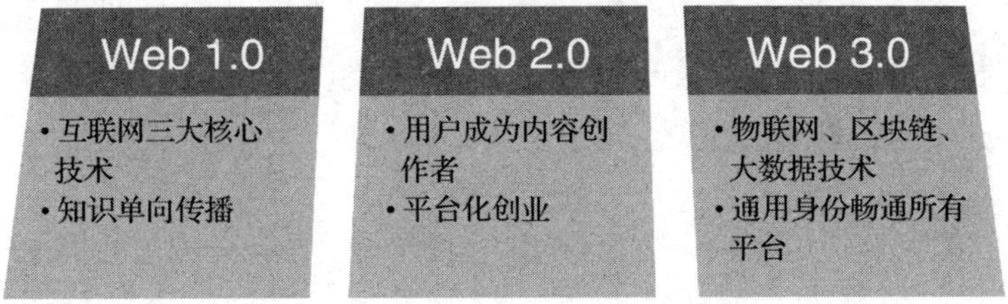

图 1-3　互联网时代的演变过程

（1）Web 1.0。

1990 年，现代互联网的三大核心技术（统一资源定位器、超文本标识语言和超文本传输协议）问世，标志着人类进入了互联网时代。Web 1.0 对人类最大的影响就是改变了人类的信息传播方式，互联网用户可以在网站中接收信息，信息由网站传播到用户，实现了知识的单向传递，这产生了大量的价值和创业机会。

（2）Web 2.0。

O'Reilly Media 的副总裁戴尔·杜赫蒂（2003）提出了 Web 2.0 的概念，随后这个概念得到迅速发展，重新定义了互联网时代。相较于 Web 1.0

时代用户只能被动地接收信息，Web 2.0 时代用户也可以进行信息的制作与发布，成为内容的创作者，平台化成为互联网时代的创业趋势，为用户提供一个信息传播的平台，在这个平台中就可以产生无数的内容。

（3）Web 3.0。

物联网技术、人工智能技术、大数据技术开始迅速发展，许多业内人士提出了 Web 3.0 的概念，这是对互联网时代的预测。在 Web 3.0 时代，不同网站之间的信息可以进行整合和交互，用户不需要在不同的网络平台中使用不同的账号、身份，只需要一个通用的数字身份，就可以在所有网络平台中畅通无阻。

2. 互联网时代的创业机遇

（1）物联网技术的应用。

物联网技术的应用将颠覆传统的工作模式与工作逻辑，爆发式增长的物联网设备数量也将显著提升科技水平。物联网技术还有助于开拓新的商业机会，提供有意义的、量身定制的客户体验，降低运营成本，提高员工的生产力和工作效率等。

（2）与数据相关的业务。

发现和评估数据是数字化转型的核心。这一过程将组织从流程定义的业务转变为数据驱动的业务。如今，大多数企业将它们的数据用于工作，以提高客户体验、优化运营，并将新产品和服务引入现实世界。随着数据以前所未有的速度出现，以及凭借将数据与指标或问题联系起来的能力，企业不仅能提高效率，还能优化经营方式。数据的收集和分析是比较常见的应用，此外，数据还可以与云计算和物联网等其他数字化转型组件相结合，成为数字化转型的驱动力。

（3）人工智能和机器学习。

企业正越来越多地投资人工智能驱动技术，为客户提供个性化服务，最大限度地减少人类偏见并提高生产率。随着越来越多的企业采用人工智能，更多的工作将实现自动化。人工智能已经在许多领域产生了影响，包括欺诈检测、投资服务和贷款审批。在零售领域，可以生成个性化的优惠和促销方案，提高客户的消费体验。因此，为了使人工智能和机器学习的价值最大化，企业必须从有效的数据治理开始。

二、数字化转型的挑战

1. 数字化转型的概念

数字化转型是指在数字化技术的支撑下，重新定义企业的核心业务、工作流程、业务模式、员工管理等事项，使企业转型为一种高效的、充满活力的数字化企业。

2. 数字化转型的机会

（1）洞察市场机会，把握市场变化。

对市场情况理解不到位导致产品不能占据市场，这是大部分创业企业失败的原因。数字化转型将数据分析的方法引入产品研发与生产环节，大数据技术可以分析出市场的需求变化规律，帮助创业者提前预知市场需求的动态曲线。可以说，数字化转型技术使创业者更加了解消费者，可以预测消费者的愿望和需求缺口，进行用户画像，为某一类消费者群体提供定制化的、精准的产品或服务，与消费者的距离更近就意味着更高的成功概率。

（2）消费者参与价值创造。

在传统的价值创造模式中，消费者只是理念、产品的接收者。在数字化转型中，消费者可以更主动地参与到价值创造和企业的经营创新中，也可以参与到产品的测试过程中，并且这些测试可以在用户并没有觉察到的情况下进行，从而不会影响大规模的用户体验。创业者可以利用消费者完成产品的设计和开发过程，借此有效地解决初创企业普遍面临的资源不足问题，尤其是对于以数字化形式提供产品和服务的领域。

（3）打破基础设施的局限性。

基础设施的局限曾经是许多创业者在扩大企业规模时的一大顾虑，有时企业的市场规模、客户群体范围已经得到了快速扩张，但企业的基础设施有限，不能处理复杂的业务数据，在业务量提升的情况下，响应速度随之降低。数字化转型为创业者提供了将业务向“云”转移的创业思路。“云”就是云平台，云平台可以向企业提供硬件资源和软件资源的服务，创业者不需要自己在企业中建立各种数据类的基础设施，可以将一部分数据、业务直接借助云平台进行存储、运算和分析。云平台拥有强大的专业运营分析能力，可为创业者节省大量的成本，创业者只需要跟踪好各种数据，从数据中洞察市场，就可以灵活地应对业务量的增长。

3. 数字化转型面临的挑战

（1）数字化转型需要大量的投入。

企业运用数字化技术意味着更虚拟、更高效，但这样的高效是建立在复杂的系统之上的，建立这样的数字化系统需要大量的资源投入和资金投入，初创企业难以支撑这样的高投入项目。此外，数字化转型需要人才的推动。数字化转型是一个系统性的、技术含量极高的过程，有些企业可能有很多技术员工、程序员，但大多数人并不具备帮助企业进行数字化转型的能力，改变往往是由少数能力卓越且有创新精神的人才推动的。

数字化转型的对象往往是成熟的大型企业，无论是资金还是人才，大企业都具有优势。因此，初创企业无需投入大量资源研究数字化转型的路径，大企业最终会找到一种适用性强、性价比高的数字化转型方法。创业者不妨顺着“前人的脚印”前进，在成熟经验的基础上，再根据企业自身的特点进行调整。

（2）数字化转型需要跨部门协作。

在进行技术创新后，还要将技术方面的设想转变为具体的行为。员工是企业转型变革的基础力量，但并非所有人都会对企业的转型满意，甚至有人不希望变革，因为企业运营模式的变革意味着个人的工作方式也要随之改变，这需要大量的学习成本。数字化转型需要企业所有部门协作完成，如果某一个环节没有被充分地宣传引导，就会影响变革的进度。使员工广泛接受并参与，促进不同部门之间进行沟通协作，才能帮助企业进行数字化转型。可以调整企业的绩效考核体系，将与数字化相关的指标与员工绩效奖金挂钩，倒逼员工理解数字化转型，改变思维方式和工作方式。

• 全民创业时代专栏 1-2 •

浪潮集团：IT 企业的数字化转型之路

一、企业简介

浪潮集团有限公司（以下简称浪潮集团）是服务器制造、大数据服务领域的龙头企业，旗下拥有浪潮信息、浪潮软件和浪潮国际三家上市公司，产品远销 120 多个国家和地区，其多节点云服务器产品的市场占有率位居世界第一，服务器业务市场占有率位居世界第三。

浪潮集团诞生于 1945 年，是我国最早的 IT 品牌之一，1983 年研制出了第一台微机，带领中国的计算机行业进入新的时代。浪潮集团之所以发展成为一个“老字号”品牌，主要是因为它注重自我革新与发展，紧跟潮流。从 20 世纪 90 年代开始，浪潮集团开始进行数字化转型，如今其已经成为数字化经营、数字化管理水平较高的企业，并且将数字化转型演变为公司的一个主营业务，可以为企业、政府提供数字化转型的解决方案。

二、浪潮集团的数字化转型历程

1. 数字化探索

浪潮集团成立初期，企业的产业布局并不清晰，同时经营计算机、房地产、出租等业务，组织结构较为混乱。20世纪90年代末期，大量来自国际市场的计算机产品进入中国市场，使浪潮集团遭遇了经营危机。于是，浪潮集团开始了数字化转型的探索，将业务重心放在计算机产业，将组织结构改为产品事业部制，逐渐舍弃与核心业务无关的业务，建立了大数据分析系统，辅助管理者进行决策。

2. 云计算转型

2012年，浪潮集团开始进行全面的“云”战略转型，“云”战略由云中心、云服务、云安全和云伙伴四个部分组成。在这一阶段，浪潮集团完成了可以实现智能制造、工业互联网、智慧矿山和数字营销的数字化转型，生产经营过程更加数字化，可以满足客户个性化、定制化的需求。

3. 智能化转型

2016年，浪潮集团开发出了世界上第一个可以做到大规模定制生产信息化高端装备、实现精益制造的智能工厂，该智能工厂拥有两个柔性自动化生产车间及智能仓储系统，产能提升了4倍，整机柜云服务器的交付周期缩短为原来的一半。智能工厂的运营基于浪潮集团探索出的联合设计制造（JDM）模式，这一模式改变了生产者与客户之间传统的单向线性的信息传递方式，用户可以参与到产品的设计过程中，在生产制造过程中产生的数据可以直接反馈给客户，实现了信息与价值的双向传递。2021年，浪潮集团进一步开发出了“透明供应链系统”，通过技术认证的合作伙伴，可以根据自身的需求对产品组合、整机方案和零部件进行自定义，生成自己的配置清单，按照配置清单进行产品交付。

三、数字化转型服务

在完成了数字化转型之余，浪潮集团发挥在数字技术方面的优势，帮助传统产业和政府进行数字化转型。

1. 企业数字化转型服务

浪潮集团把人工智能、5G网络等技术深度融合，并应用于传统产业生产全过程，实现了协同研发、仿真设计、柔性供应、大规模个性化定制和敏捷交付等，助力提高生产效率、质量和效益。按照这样的标准，浪潮集团为中国建筑、中铁工业、东方电气等大型企业提供了数字化转型服务。在软件方面，浪潮集团紧抓国家做大做强软件产业的机遇，在系统集成、行业解决方案等产品方面发挥优势，推动企业进行数字化转型，实现大型企业集团管理软件市场占有率连年第一。

2. 公共服务数字化转型服务

在数字社会方面，浪潮集团搭建的“城市大脑”，集成政府、企业、社会的信息化建设成果，实现共建共享、系统集成、绿色低碳发展，有效避免了重复建设。以“济南交通大脑”为例，该系统在2018年正式启用，实现了对城市交通的全域运行感知、超维业务研判、精准决策评估、全量信息发布，有效缓解了城市拥堵。

四、结论与展望

浪潮集团把数字化转型的挑战转变成新时代企业发展的新动力，从而做到经久不衰、历久弥新。未来，浪潮集团的数字化转型方案将为更多的企业赋能，应用于公共服务领域，让城市生活更加便利。

（资料来源：作者根据多方资料整理而成）

三、产业循环经济效能

1. 产业循环的概念

产业循环具体包括两个部分：一是要形成产业链的整合与闭环，对产业链的价值链、供需链和信息链进行调整。产业是由从事该产业生产的上、中、下游企业形成的，不同企业之间都存在着联系，产业循环就是整合这些联系的信息要素和流程要素，使上游企业向下游企业输送原材料或服务，下游企业向上游企业反馈信息，调整和优化上游企业的生产经营，提高整个产业链的运转效率。二是要用循环经济的思路完善产业的生产模式。循环经济是提升经济效能的一种途径。简单来说，就是让资源和产品成为可再生资源，让这些可再生资源循环利用、反复使用，产业链的下游企业向上游企业反馈信息，同时下游企业的最终产品也可以进行回收利用，经过一定的处理后成为上游企业的生产材料，实现产业资源的闭环流动。

产业循环具有节约资源、环境污染低、产业链自我优化等特点。产业链最终产品的包装、容器可以回收使用，被废弃的产品也可以从中提取一部分可用资源作为新的生产原材料，资源的利用率大幅提升，降低了一次性用品对环境的污染。产业链的上下游企业之间形成了信息反馈体系，方便企业及时按市场变化调节生产规模、优化工艺流程、找到更多的合作伙伴。产业内的每一个企业都必须保持自我更新和组织学习，一旦技术、产能和理念掉队，就会失去与产业内其他企业的联系，被市场淘汰。总体来看，产业循环使整个产业呈现出积极的发展趋势，企业间的沟通促成了产业链的自我优化。

2. 产业循环的模式

（1）工业园区模型。

工业园区可以实现产业循环，梳理好工业园区内企业的能量、物质之间的关系，就可以让一个企业的生产废料成为另一个企业的生产原料，不同企业以此建立关系，形成一张产业循环网络。

（2）产业链整合。

产业链整合是对企业运营的资金链、信息链、物流链进行横向、纵向的整合。横向整合是将产业链上相同类型的企业进行合并，以提高企业的集中度和竞争力，从而对市场价格的走势有控制力，使产业链中的企业获得超额利润。横向整合关注资源的广度，只有参与整合的企业数量增加，才能共享更多的资源，竞争优势才更明显。纵向整合是使产业链上下游企业接受一体化的合约，对产量或价格进行控制，实现产业利润最大化。

第三节　新时代的创新趋势

创新是一个全方位、立体化的综合过程。概括而言，创新方法方面的趋势是由产生价值转向共创价值，创新内容方面的趋势是由单点突破转向百花齐放，创新领域方面的趋势是由专精特新转向跨界融合，创新生态方面的趋势是由裂变思维转向共享思维。

一、创新方法

1. 价值创造的创新

创业活动的表现形式就是价值的创造过程，为谁创造价值、创造什么样的价值是创业必须回答的问题，因此对创业方法进行创新可以从价值创造的角度展开。价值共创理论的产生背景是在企业的价值创造过程中，消费者也逐渐参与到了价值创造的过程中，消费者除了可以提出对产品或服务的需求之外，还可以亲自投入到产品的设计与生产过程中，即消费者的角色改变了。创新型的价值创造模式就是让企业和消费者共同创造价值，提高价值创造的效率。

2. 共创价值的过程

共创价值是由消费者主导的，在共创价值视角下，企业与消费者之间需要进行高强度的沟通交流，沟通交流的方式就是企业把自己代入消费者的个人情境中，以顾客为中心，将价值创造的逻辑由“怎样为消费者提供产品”转变为“怎样帮助消费者用企业的产品满足自己的需求”。同时，消费者结合自身的需求及拥有的资源改变产品的部分功能，就可以为自己创造价值。

（1）产品生产环节的价值共创。

产品生产环节的价值共创是指企业将产品的设计和生产环节交给他人或是消费者进行，用其他人的灵感改变企业原有的产品生产流程。消费者是最清楚自己需求的，让消费者与企业进行产品的价值共创，可以激发消费者的兴趣，更精准地满足消费者的需求，提高价值创造的效率。

（2）产品消费环节的价值共创。

产品消费环节的价值共创是价值共创前沿问题，在此过程中，消费者是价值创造的主导者，消费者体验是核心内容。在此阶段，消费者作为资源的整合者，将企业提供的服务或产品与自身资源及技能相结合，在日常生活中创造价值。消费者可以将从两个或多个企业中获得的资源根据自身需要进行整合，以此获取全新的价值体验。

二、创新内容

新时代的创业创新应当改变传统单点突破的创新模式，在创新的内容方面做到百花齐放。单点突破和百花齐放指的是企业进行创新的角度，从哪个经营环节的具体内容入手进行颠覆，针对一个角度的内容是不能让创业活动发生质变的，尽管有时找到了影响创业运营的关键要素，但是与之相关的其他要素也需要进行相应的创新，这样才能使创新内容与企业实际情况兼容。因此，有必要树立一种让创新内容百花齐放的思路，从企业的系统、模式和技术角度思考创新的措施。

1. 系统创新

企业处于若干系统之中，企业是若干系统的要素，企业内部有若干系统。企业可以针对内部系统去创新，从构成系统的要素上、从要素与要素的作用上、从系统所处的环境上去创新。

2. 模式创新

拘泥于一种模式，属于模式依赖。单纯依赖任何一种模式，最终都会到达增长上限，陷入迷茫。可以试着从商业模式的某一方面进行改变，添加或减少一些元素，说不定能带来意想不到的效果，找到另一个获取市场的路径。模式创新还可以从盈利模式、降本模式、增效模式、保证质量模式、保障安全模式等方面入手。

3. 技术创新

技术创新是人们容易想到的。除了进行生产技术创新、产品设计创新、工程建造技术创新，还可以从设备设施、工艺装备、检测装备及技术方面考虑创新，更可从原材料、仓储、物流、交付技术方面考虑创新。技术创新的思路如图 1-4 所示。

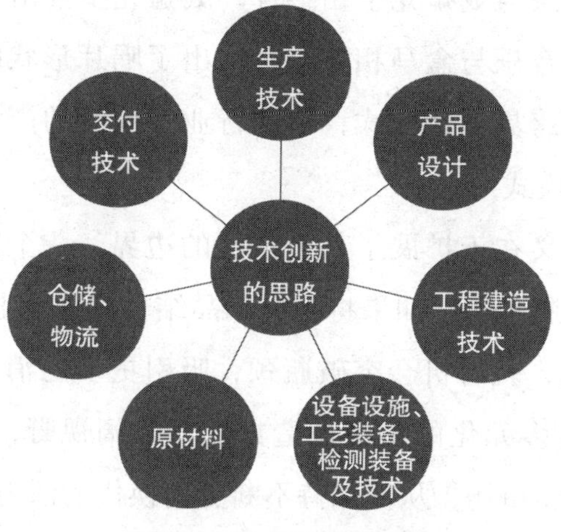

图 1-4 技术创新的思路

三、创新领域

1. 专精特新的概念

专精特新是一种创业理念，即专业化、精细化、特色化和新颖化。专业化是指创业者专注于某项业务，在这项业务中深耕，提升专业水平，提高产品的技术含量，开发有竞争优势的、可以完美融入产业链的专业产品；精细化是指在创业过程中精心运营、精细管理，用细致的规章制度、工作流程规范运营，同时也用精细化的标准要求产品的研发、生产和服务，提高产品的品质；特色化是指创业者针对特定的市场、特定的消费者开发出有特色的产品或服务，文化特色、地域特色、技术特色、工艺特色、功能特色都属于产品特色，产品有特色才能提升企业的知名度和影响力；新颖化强调创新能力，创业活动着重以提升技术为主，创造更多的自主知识产权成果，产品可以应用于前沿产业，拥有较高的附加值。

2. 跨界融合的含义

跨界融合是指某种创业模式并不属于传统意义上的某种产业分类，而是多种产业特点相互融合形成的一种全新框架。跨界融合是非常新潮的创业指导理念，如喜茶与威猛先生相融合，威猛先生推出了喜茶油柑饮料味道的清洁剂；虾米音乐与盒马相融合，推出了唱片形状的面包。当今社会涌现出越来越多的跨界融合模式，不同行业和地区的产业都有可能发生融合，产生新的商业模式。

跨界融合的意义在于扩展了某个市场的边界，一个行业发展到一定程度后，必然会来到瓶颈期，如果将现有产品结合其他行业的概念进行改造，重新定义这种产品，就有机会突破瓶颈，吸引更多的消费者。跨界融合本身就是让企业拥有多元化的价值创造方式，开阔视野，向其他行业学习，开发新产品，扩展新市场，从而保持不断更新换代的活力。

• 全民创业时代专栏 1-3 •

喜茶的灵感是怎样产生的

一、企业简介

喜茶是深受年轻人喜爱的新式茶饮品牌，2012 年喜茶的前身——皇茶在广东省成立，后更名为喜茶，当时喜茶仅在广东省就拥有 50 多家门店，如今喜茶已经有超过 1000 家门店，其品牌口碑、门店规模及供应链实力在国内的茶饮行业中具有一定影响力。灵感是喜茶这一品牌独特的基因，无论是产品设计、门店设计还是品牌的官方宣传，都在强调灵感这个词，跨界融合是喜茶灵感的主要来源。

二、跨界融合创造新市场

喜茶产品所在的市场被称为“新式茶饮”，而这个“新”正是以喜茶为起点开辟的一个全新的概念。传统茶饮就是简单的珍珠奶茶饮品，最早出现在我国台湾地区，20 世纪 90 年代末，台湾地区的奶茶品牌如雨后春笋般发展起来，进入大陆市场后，成为年轻人生活中不可缺少的一部分。传统茶饮的主要特点是种类比较单一且价格便宜。喜茶成立初期也是一个传统的茶饮品牌，后来喜茶的创始人聂云宸发现，如果在奶茶中加入果汁和芝士，那么奶茶的口感就会更加丰富，而且外观也更加吸引人。于是喜茶创新性地推出了一款颠覆性的新饮品——芝士奶盖茶，芝士和奶茶两种完全不相关的东西搭配在了一起。消费者品尝之后，发现奶茶不仅有甜味，还增添了更多的味道，这种新产品获得了超出预期的市场反响。顺着这一条跨界融合的思路，喜茶陆续开发出了更多的混搭产品，如芝士草莓奶茶、芝士芒果奶茶、葡萄果肉奶茶等，开辟了新式茶饮市场。随后，各种新老品牌纷纷效仿喜茶的产品，新式茶饮逐渐取代了传统茶饮，成为茶饮行业的主流。

三、跨界融合扩大受众

喜茶在扩大市场方面的主要做法就是和其他行业的怀旧经典品牌合作推出外形精美且口感独特的新产品，精美的外观刺激消费者的视觉，独特的口感刺激消费者的味觉，用怀旧作为一种元素激发消费者的共鸣，在提升品牌知名度的同时，也激发了消费者的购买欲。点都德是百年老字号粤菜品牌，喜茶将它的著名菜品——糯米鸡放入欧包中，用芝士点缀调味，联名推出“熔岩糯米鸡欧包”；徐福记是全国知名的糕点品牌，喜茶在咖啡味道的软欧包中加入椰浆和徐福记沙琪玛，让消费者回忆起了童年的味道；喜茶与知名啤酒品牌科罗娜联名推出葡萄口味的啤酒，啤酒、葡萄和青柠的味道相互碰撞，成为年轻人消暑解渴的首选。这些看似异想天开的跨界合作产品，却成为喜茶提高知名度、引发社交媒体热议的法宝。

四、跨界融合塑造品牌文化

从产品本身到门店设计，再到相关衍生产品，喜茶认为都可以用跨界融合的方式发挥灵感，让消费者记住，形成一种维系消费者的品牌文化。

喜茶有不少外观与中国传统文化相融合的门店。在西安市，喜茶将一家店铺的外观打造得与店铺周围的古城墙相呼应，店铺内部用兵马俑等西安市特色元素进行装饰，展现了现代文化与古代历史文化的碰撞；在深圳市，喜茶以《兰亭集序》中描述的“曲水流觞”为创作思路，在一家店铺中采用了外观像溪流的桌椅设计；在北京市，喜茶将一家门店命名为飞檐，复刻传统北京民宅的屋顶设计，消费者进入店铺之后就会产生“飞檐走壁”的视觉感受。

五、结论与展望

综上所述，喜茶用跨界融合的方式向消费者展示了一个又一个生动的灵感。人们渴望新的东西、有新的感官刺激，喜茶的方案就是不断地在品牌中融入新的东西，为消费者提供差异化的体验，让每一位消费者都能时常感受到惊喜，因而它可以在新式茶饮行业中居于领先地位。

（资料来源：作者根据多方资料整理而成）

四、创新生态

1. 裂变思维

顾名思义，裂变思维就是在解决问题时找到问题的中心点，由中心点向外进行发散、分裂。裂变思维在创业过程中有非常多的应用。一方面，创业规模的扩大需要裂变思维，创业者在创业取得一定的成果后继续扩大规模，成立若干个子公司，子公司依附于原公司相对独立运作，在不同的细分市场中成长，获取利润，为母公司积累资源，发展事业合伙人、开放连锁店加盟这类措施都是裂变思维的应用。另一方面，产品的营销过程、创业品牌的推广过程也需要让客户裂变，客户裂变就是让客户帮助你宣传产品，把客户变成你的推销员或合伙人。每一个客户背后都有亲戚、朋友、邻居、同学，这些都是潜在的客户资源，服务好每一个客户，让客户再去介绍背后的客户资源，这就是裂变思维的逻辑。

裂变创业、裂变营销的成本低，效果也比较好，但已经是应用较为广泛的扩大创业生态系统的方式，本身并不能称为一种创新；并且用裂变思维经营创业生态系统效率较低，近年来裂变思维的滥用对一些消费者的个人生活产生了不良影响，也引起了许多消费者的反感。在共享经济时代，共享思维取代了裂变思维，成为创业生态发展的创新。

2. 用共享思维搭建创业生态系统

共享是新时代的热门概念，从层出不穷的共享经济模式开始，共享这个词开始进入人们的视野，共享思维逐渐从共享经济中独立出来，创业者可以将共享思维应用到创业活动的各个环节，从项目共享、技术共享与客户资源共享几个方面进行生态创新，提高资源的利用效率。

（1）项目共享。

企业发展到一定规模后，就会产生挣更多的钱、获得更大市场的欲望，但是无限制地进行规模扩张并不现实，即使企业有资源、有实力获得项目，但是人力资源、创业者的精力也存在局限。这时可以用项目合作和共享的方式，分“半碗粥”给他人，同时自己也能受益。如果凡事独自包揽，那么效果未必会好。

（2）技术共享。

很多企业有较强的技术和执行力，甚至认为自己从研发到推广再到系统的维护都可以包揽，但现实往往是让技术人员压力倍增且得不到好的效果。技术共享是一种很好的方式。与其他企业形成技术联盟，各自在擅长的领域深耕，在把自己的技术分享出去的同时获得其他企业的技术，这是一个互惠互利、事半功倍的事情。

（3）客户资源共享。

客户资源是企业最宝贵的财富，大多数创业者都不愿意将客户资源分享给别人，认为客户资源的共享就意味着客户资源和利润空间的流失，但这恰是能让企业最快获得最大利益的共享方法。当然，不一定是在同行业进行客户资源共享，要找的是与自己的行业相关，面向同一批客户群体，但是具体业务又与自己的业务不冲突的企业。

第四节　创业机遇与创业实践

创业就是发现创业机遇，用一定的方式将创业机会转化为创业实践，创业实践是创新的落脚点。本节从人才创新、模式创新、市场创新和政策创新四个方面介绍如何将创业机遇转化为创业实践。

一、人才创新：强化创业动力

员工就是创业的动力，创业团队的员工数量充足、斗志昂扬、将个人利益与团队利益融合在一起，那么这样的创业团队就有充足的动力。创业人才的创新应当从吸引人才和激励人才两个方面进行。

1. 吸引人才

（1）扩大招聘渠道。

扩大人才招聘渠道有许多新颖、高效的方法，可以发动内部员工进行推荐，鼓励员工在自己的社交网络或业务网络中挖掘人才，内部员工对企业的文化、价值观更加了解，能够招募到符合企业发展要求的人才。

（2）灵活用工。

灵活用工就是不拘泥于传统意义上的雇用形式，根据创业的实际需求灵活地聘用人才。灵活用工提升了创业的灵活性、降低了人工成本，是企业未来的发展趋势。灵活用工已广泛应用于一些流动性较强的行业（如物流、销售、电商、科技行业）。常见的灵活用工形式包括劳务派遣（将一些项目的岗位委托给第三方企业）、招募实习生（与学校合作，招募学生到公司实习，表现好的实习生可以转为正式员工）、返聘退休人员（招募有意向继续工作的退休人员进入企业）和共享员工（不同的企业达成协议，员工数量富足的企业将员工暂时借给员工稀缺的企业），如图 1-5 所示。

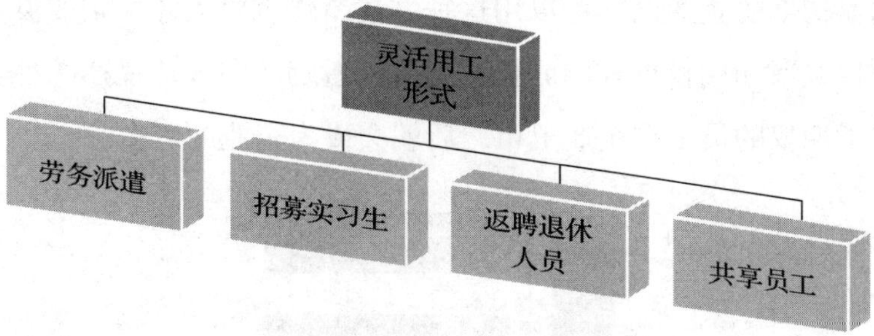

图 1-5　灵活用工的主要形式

2. 激励人才

（1）创新员工福利体系。

员工福利逐渐成为企业薪酬体系的标配，采用新颖独特、针对性强的福利措施会对人才激励产生奇效。

（2）事业合伙人制度。

可以邀请部分重要员工、核心员工成为企业的事业合伙人，这些员工以参股、投资公司创业项目、独立经营项目等形式成为创业的合伙人，与企业共担责任、共享收益，会让这类核心员工产生一种“与企业共命运”的意识。如果创业项目盈利与否与自身利益息息相关，合伙人会发自内心地希望通过自己的努力促进创业的成功，从而激发个人的工作积极性和促进工作能力的提升。

（3）股权激励。

股权激励是在大型企业中非常流行的一种激励手段，成为互联网企业、高科技企业避免人才流失的长效激励机制。企业将股份权益分给员工，员工与企业间的关系由单纯的雇用关系变为利益共同体。

股权激励的形式有许多种，有限制性股票激励、股票增值权激励、虚拟股票激励，以及股权、期权激励，如图 1-6 所示。限制性股票激励是指企业业绩达成一定程度之后，企业才将自己的股权赠送或低价出售给员工。期权形式的股权激励并不直接发放或出售给员工股票，而是给予员工在未来某个时期获得股票的承诺，员工获得了购买一定数额企业股票的资格，这种资格就是期权，员工可以将这种期权与他人进行交易。成熟企业常用股权激励的方式，创业初期的企业同样可以用这种方法留住重要人才。企业没有上市也可以用虚拟股票和期权形式的股权进行股权激励，向人才描述一种美好的愿景，获得了期权的员工在企业上市之后就会成为企业的股东。

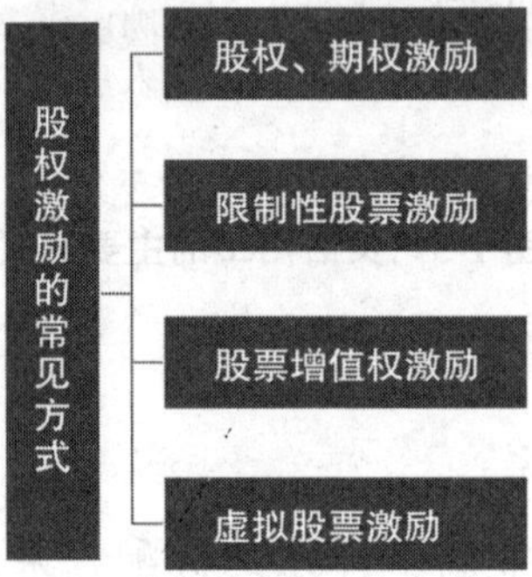

图 1-6　股权激励的常见方式

二、模式创新：突破创业瓶颈

最常见的创业模式是传统意义上的“白手起家”，创业者招揽一个创业团队，成立公司，从产品开发到产品销售一步一个脚印地进行，逐渐积累利润和资源，发展壮大起来。大部分企业都是这样发展起来的，但这样的发展模式容错率较低，企业发展过程中容易遇到风险和瓶颈。为了突破创业瓶颈，可以在创业模式上开辟新路，找到一个成功率最高、最安全、最适合自己的创业模式。

1. 市场创业模式

市场创业是以创业机会和想法为产品的创业模式。创业者发现了一个商机，对商业模式进行一个初步设计，这时创业者完全可以不亲自创业，而是把自己想到的创业机会和商业模式设计出售给想要以此为创业蓝本的其他创业者，赚取“想法的价值”。创业者构思创业想法，这一过程其实就是产品的生产过程。创业的想法成为产品，这种产品甚至还衍生出二级市场、三级市场。有些创业者甚至不构思创业想法，而是专门从事创业想法的交易，利用自身的社会关系网络寻找有价值的机会，然后卖给那些寻找机会进行开发的人。

2. 网络创业

网络创业是现在最流行、门槛最低的创业模式，其风险小，不需要太多的启动资金，创业者可以灵活地安排创业时间。网络创业的模式有很多，常见的方式包括电子商务、网上加盟、利用网络平台提供服务及自媒体运营，如图 1-7 所示。

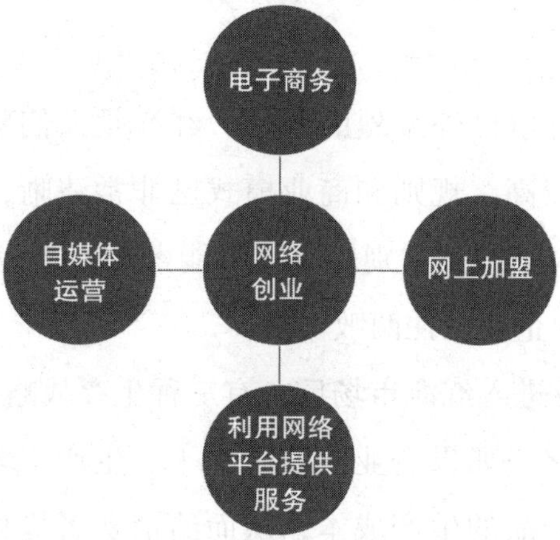

图 1-7　网络创业的模式

3. 知识型创业

知识型创业是指将知识转化成商业成果。一方面，个人的知识和技能可以成为一种商业成果的原型，创业者为有需求的人提供知识咨询、技术支持，知识型创业的过程就是使商业成果转化路径变得更加清晰、服务过程更规范化。另一方面，高校、研究所等可以是知识型创业的主体，这类社会机构的研究成果往往技术含量较高，有望成为一种先进产品的雏形或者对其他企业的发展起到辅助作用。近年来，越来越多的社会机构开始探索如何转化学术成果，知识型创业是一种热门的创业模式。

4. 模拟孵化创业

社会为有意向创业的人提供了许多模拟创业的机会，创业大赛就是一种典型的模拟孵化模式。在创业大赛中，创业者模拟企业的运营，与其他创业者、行业专家沟通交流自己的创业思路，接触真实的市场环境。模拟孵化创业就是让创业者在正式创业前有一次预演的机会，对可能发生的情况做好心理准备，积累企业运营经验，提高创业容错率、成功率。在创业大赛中表现优秀的创业者还可能获得一定的创业启动资金，降低了创业的难度，可以快速积累资源步入正轨。

三、市场创新：避开创业红海

1. 创业红海

红海是指市场竞争格外激烈的领域。红海是人们熟知的市场领域，产品的同质化程度比较高，规则和商业模式已非常清晰，创业者在红海中面临着激烈的竞争，由于产品差别较小，只能寄希望于和竞争对手打价格战，因此卷入红海市场的企业往往两败俱伤。

一般来说，企业进入红海市场后，有三种生存战略，如图 1-8 所示。一是采取成本领先战略，如果企业的技术水平、生产工艺水平较高，并且资金充足，可以降低产品的生产成本，从而给消费者提供低价的产品，先发制人，占据市场；二是采取差异化战略，企业选择消费者比较看重的产品特性，针对这些产品特性改进自己的产品，使自己的产品明显区别于其他企业的产品，从而吸引对这些新产品特性较敏感的消费者；三是采取专注化战略，专注化战略就是企业专注于某个特殊的消费者群体或某一个地区的市场，围绕特定的消费群体提供更高的服务，满足其需求。

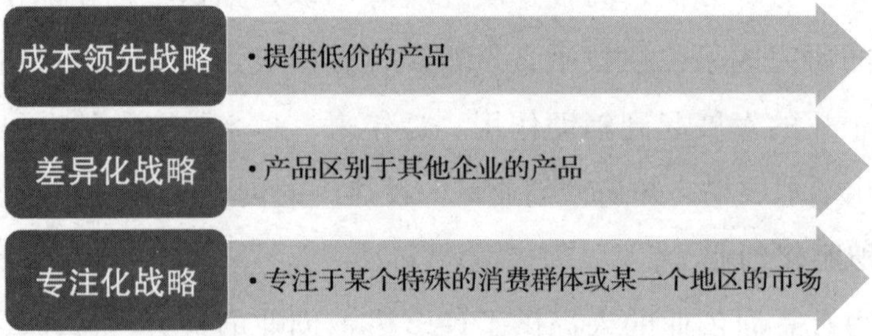

图 1-8　红海市场的生存战略

2. 创业蓝海

蓝海是红海的反义词，是指目前仍然不存在或开发程度较低的市场，意味着将产生大量的市场机会和利润空间。创业者一旦进入蓝海市场，就意味着成为"第一个吃螃蟹的人"。与进入红海市场的创业者相比，进入蓝海市场的创业者必须具备一定的创新能力和信息获取能力，具有敏锐的市场观察力，面对新生事物的态度更开放，可以更容易、更低成本地获取用户、进入市场，从无到有地打开局面。

3. 远离红海，投身蓝海

创业红海与创业蓝海的对比如图 1-9 所示。

红海市场与蓝海市场之间可以发生转化，如图 1-10 所示，这同样说明了创业者应当投身蓝海市场。因为在许多情况下蓝海市场产生于红海市场，当红海市场的利润增长空间开发殆尽时，一部分竞争者会继续在红海市场里挣扎，而另一部分竞争者会在红海市场的内部挖掘可以扩展的市场方向，从某一个具体的方向开始扩展，在这个过程中就会发现新的消费者需求，一个全新的蓝海市场诞生了。也就是说，蓝海市场的产生本身就是逃离红海市场的结果，蓝海市场应当是创业者的首选。

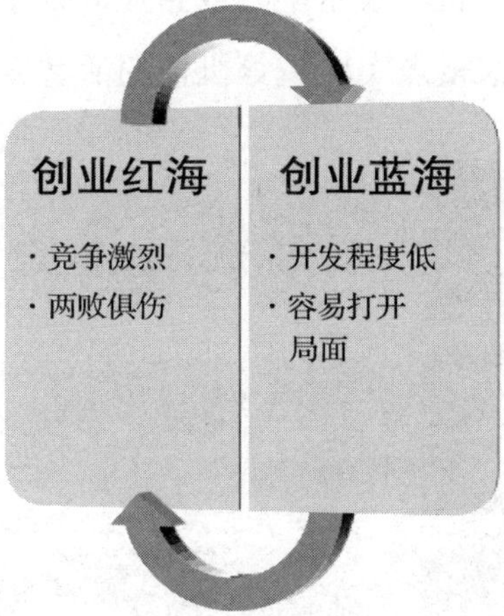

图 1-9　创业红海与创业蓝海的对比

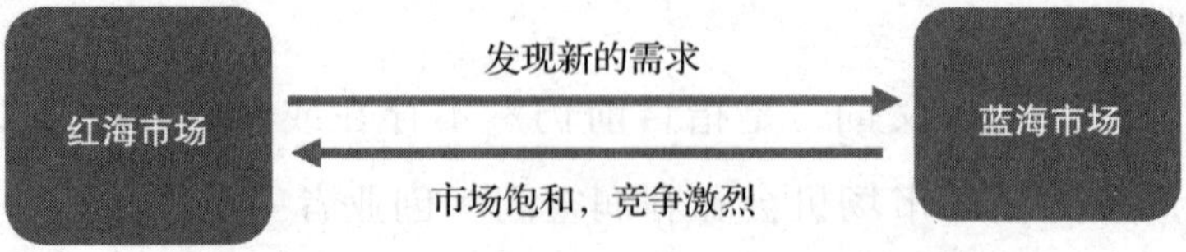

图 1-10　红海市场与蓝海市场的转化

四、政策创新：激活创业机制

为了扶持创业，国家及各地区都出台了相应的创业扶持政策，在层出不穷的创业政策面前，创业者需要做的事情是理解各种创业政策的内涵，并且使创业政策为己所用。

1. 创业政策的内涵

目前，大部分创业政策包括提升企业科研水平、帮助企业打开销路和降低企业经营成本三个方面，如图 1-11 所示。

（1）提升企业科研水平。

在国家重大科技研发项目中，企业可以参与由科研机构、高校牵头的项目，组成创新联合体，以此为契机积累科研实力，与科研机构合作将科研成果转化。创新资源向科技型企业集中是政策的引导方向，各种创业政策支持创业企业建立内部研发平台、技术中心或企业间技术创新联盟，还可以参与国家技术创新中心、国家重点实验室等机构的活动，主动争取科研机会。

图 1-11　创业政策的分类

（2）帮助企业打开销路。

各地区为创业企业提供信息服务平台，创业者通过平台了解市场信息、上下游企业的经营动态，从而合理配置生产资源。政府会通过直接采购企业的产品或者举办产品博览会等方式，帮助企业推广产品、打开销路。

（3）降低企业经营成本。

经营成本降低的政策主要包括企业所得税减免、技术开发及技术转让收入免征增值税、小型微利企业免征增值税等支持政策，并推动研究制定提高科技型中小企业研发费用加计扣除比例、科技型初创企业普惠性税收减免等新政策。

2. 怎样利用创业政策

（1）理性看待创业政策。

创业者应当理性地看待创业政策。创业政策只是创业成功的推动力量，不可能完全依靠政策去取得创业的成功，政策对于创业的作用是辅助性的，政策发挥作用的前提是创业者进行了科学、合理的商业模式设计，当企业满足了一定的条件后才能让创业政策为自己助力。

（2）提前了解创业政策。

当创业者确定了创业项目之后，有必要在进行实际活动前就了解创业政策。不同地区、不同行业甚至不同时期的创业政策都有差异，这关系到具体的创业地点和时间的选择。资金类型的创业扶持往往有数额限制，需要较长的审核、等待时间，创业资金要尽量提前申请，避免因审核时间较长而耽误创业进度。技术支持类型的创业扶持往往有名额限制，因此需要提前申请。

（3）让政策发挥实际作用。

要让创业政策发挥作用，必须选择适合自己的创业政策。每一项具体的创业政策都有一定的适用范围，如果不了解某些创业政策的具体细节或者不清楚创业政策是否适合自己，创业者可以向专业的机构咨询，寻求指导意见。任何一项政策都不会自动发挥效应，让政策发挥作用最重要的是企业要付诸实际行动，脚踏实地进行创业实践。

• 全民创业时代专栏 1-4 •

安防设备领域中龙头企业的创新探索

一、企业简介

海康威视是全球安防设备领域的龙头企业，主要深耕智能物联、人工智能、安防设备等领域，可以提供高质量的监控产品和技术解决方案。海康威视成立20多年来，紧跟时代发展，把握市场变化，首先从安防监控硬件产品入手，扩大市场规模。随着安防监控硬件市场逐渐饱和，海康威视转型为安防整体化解决方案供应商，从生产产品到提供服务，公司的业务逐渐向产业价值链下游延伸。近年来，物联网技术及对大数据研究的兴起，海康威视扩展自己的业务版图，推出了“智能物联 AIoT”战略，综合安防、智慧业务和大数据服务进行业务全覆盖，成为制造企业服务化转型的新标杆。

二、人才创新

海康威视早期的创业团队成员大多数有国有企业背景，如果采用传统的员工收益分配模式，原有的老员工缺乏工作积极性，工作努力的员工分配的收益也和其他人相差不多，不能起到激励的作用。因此海康威视结合企业实际，在人才创新方面采用项目跟投和股权激励的方式激励员工。

1. 项目跟投

经过一系列考察和调研，海康威视创造性地提出了项目跟投模式，让员工与企业共同成立子公司、投资新项目，个人与公司在共同分担创业风险的同时，也可以共同分配高额收益。2015年，海康威视正式推出了《核心员工跟投创新业务管理办法》，员工可以在创新业务上与公司共创子公司。依靠这种模式，核心员工和公司陆续成立了萤石网络、海康存储技术等子公司，参与项目跟投的员工就成为事业合伙人。这些子公司发展迅速，逐渐成为海康威视重要的收入来源，事业合伙人也因此得到了较高的收益。

2. 股权激励

海康威视在视频监控行业始终具有领导地位，这离不开企业优秀的技术研发人才。2021 年，海康威视公布了最新的股权激励计划，这是海康威视自 2012 年以来的第 5 个股权激励计划，前面 4 次分别是在 2012 年、2014 年、2016 年、2018 年。与前面 4 次的股权激励方案一致，海康威视的股权激励主要面向管理人员和核心技术人员，以定向发行新股的方式进行，参与股权激励的员工共有 9973 人，占 2020 年年末公司总人数的 23.3%。海康威视的股权激励对象覆盖面广，核心技术员工是主要的激励目标，每一次股权激励的有效期均设置为 10 年，能够真正体现激励的作用。

三、市场创新

海康威视所处的安防设备市场已经属于红海市场。一方面，安防设备市场的规模已经接近饱和，用户不集中且用户需求难以满足。另一方面，该市场的竞争较为激烈，华为、旷视科技等实力较强的科技企业纷纷加入安防设备市场，海康威视的领先地位受到了挑战。2021 年，海康威视的公共设施安防产品的增速已经开始放缓，公司可能会面临发展瓶颈。

为了突破经营瓶颈，海康威视开始布局新的蓝海市场，推出了“智能物联 AIoT”战略，成功地将产品应用于智能家居和汽车智能化等领域，在人工智能领域发掘新的机会，与人工智能领域的英特尔、英伟达、西部数据等十家企业率先启动了共建、共享的生态圈建设。

海康威视在物联网、人工智能业务方面的底气来源于深厚的技术积累，早在 2014 年，海康威视就成立了进行云计算、云存储、深度学习、智能感知研究的海康威视研究院，其中深度学习技术的研究团队多次在世界级技术大赛中获奖。

四、结论与展望

海康威视通过人才创新和市场创新，一方面继续维护安防设备领域的霸主地位，另一方面开辟了物联网和智能家居新市场。2021 年，海康威视的大数据、物联网产品迎来了业绩爆发，在未来将继续扩大该领域的市场份额，多个市场同时发力，使企业始终走在稳健的发展道路上。

（资料来源：作者根据多方资料整理而成）

第五节　创业面临的挑战

天时、地利、人和出自孟子，在创业中同样适用，创业时机、创业地区和创业团队是创业可能面临的挑战，如果创业者将这三方面的挑战处理好，那么创业进程将畅通无阻，企业会顺利走向成功。

一、天时：时间与时机的选择

1. 创业时机

创业时机对创业成功与否影响较大，具体的影响在于每一个不同的时间点都会有不同的创业环境，同样的商业模式在不同的创业环境中产生的效果是完全不同的。对创业时机的选择就是选择合适的创业环境，当创业环境恰好处于一个创业难度低、有利于创业的状态时，就意味着好的创业时机近在眼前，创业者应当立刻把握天时，果断地开启自己的创业之路。

2. 行业或产品的发展周期

一个行业或产品往往会经历四个发展周期，每一个发展周期都会呈现出不同的特点和创业难度，识别一个产品正处于哪个发展阶段，然后再结合自己的实力、资源，就可以把握住创业时机，如图 1-12 所示。

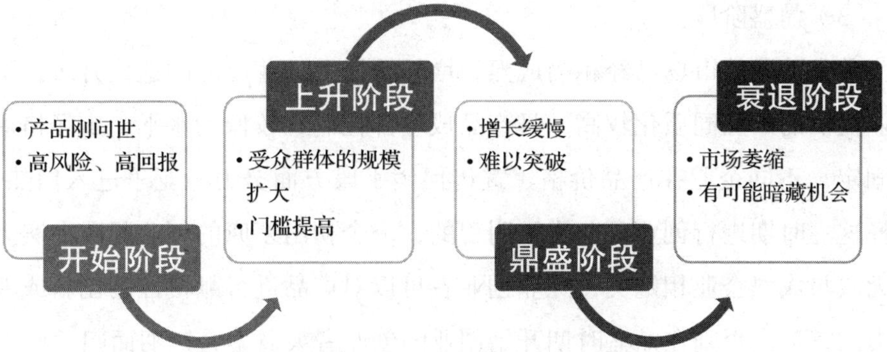

图 1-12　行业或产品的发展周期

（1）开始阶段。

开始阶段就是某种产品刚问世，开始推广的阶段或者市场上还没有该种类产品的阶段，选择这一阶段进行创业的特点是高风险、高回报。产品问世初期，是没有消费者了解这种产品的，而新产品的研发与推广需要投入大量的成本，如果产品市场反响很差，消费者不能接受这种产品，就意味着失败，所有的前期投入都白费。许多创业者往往在创业早期就把全部希望寄托于一种产品上，用所有力量开发一种产品，那么产品的失败就等于给企业宣判了死刑。

相反，如果这种新产品获得了消费者的青睐，由于市面上有且只有自己销售这种产品，创业者轻易地就获取了市场。即便有后来者看中了这个领域，那么最先进入该市场的创业者也具备先发优势。选择产品的开始阶段创业，需要有很大的冒险精神。

（2）上升阶段。

上升阶段的产品的受众群体已经形成了一定的规模且仍在逐渐扩大，市场总体上呈供不应求的局面，但市场空白逐渐被填补，许多企业认为该产品有利可图，于是也投身于该领域。这一阶段是创业的最佳时机，已经有人证实这是一个有潜力的市场，创业风险合理且市场尚未饱和，创业者可以在该领域分一杯羹。但是，在这个阶段，越早进入市场的创业者就越有利，一旦市场发展到一定规模，就会出现跟风现象，主要的几家企业占据绝大多数市场份额，行业的性价比就不如开始阶段，且行业的进入门槛也随之提高。

（3）鼎盛阶段。

鼎盛阶段的市场已经相当成熟，增长缓慢。随着产品的迭代升级，不同企业提供的产品同质化较高，且产品成本都控制在较低的水平，市场格局几乎固定，不同企业在产品价格、宣传促销手段方面努力，竞争进入白热化。选择这一时期进行创业是非常不明智的，一个初出茅庐的创业团队在实力方面无法与成熟企业相媲美，除非创业者可以对产品进行颠覆性的创新或者强有力的宣传，否则在鼎盛时期开始创业的创业者大概率会铩羽而归。

（4）衰退阶段。

衰退阶段的表现就是市场萎缩，有大量的企业退出，产品利润降低。一般来说，处于衰退时期的市场是不适合创业者进入的，但这并不绝对，衰退的背后可能蕴藏着巨大的机会，因为任何行业都是周期性发展的，产品的衰退也有可能是周期性的，和地区、季节、社会环境有一定的联系。因此，对产品进行适当调整或者保存力量静观其变，等待下一个产品的上升期，同样可以获得创业的成功。事实上，有许多大企业都是在市场低谷、衰退期成立的。

3. 创业时机的其他影响因素

创业者需要密切关注国家的产业扶持政策，这些被扶持的产业将会享受税收优惠、行政审批简化、财政补贴等帮助，降低创业难度，使产品或项目可以快速落地。国家的战略重点就是未来的发展方向，其中蕴藏了无限的商机。

二、地利：地域与地区的确定

任何创业企业都要选择一个安身之地，如制造业企业需要选择工厂的位置，服务型企业要选择业务地点，平台型企业要选择运营人员的办公地点。创业地点决定着运营成本的高低、人员的招募难度及与外界沟通的便利程度，一旦做到地利，那么整个创业活动将如同顺水推舟，效率会大幅提升。

1. 人员招募与氛围

互联网企业、科技企业一个非常显著的特征就是总部扎堆在同一个区域，如深圳的南山科技园，这个区域内有腾讯、华为、中兴等知名企业。这样做是因为一个地方的产业聚集化程度越高，就越有好的创业氛围，许多求职者慕名而来，希望可以在这里找到工作，这就降低了创业者招贤纳士的成本。此外，创业氛围好的地方往往有许多高校和管理咨询类、创业服务类机构，创业者就可以与高校的相关科研项目展开合作，把科研成果作为自己的创业突破口，将公司的部分业务外包出去，与专业的管理咨询公司合作，优化自身的创业运营模式。

2. 成本与地区的发展水平

不同地区的创业成本是不同的，如果创业者选择一个发展水平较高的地区，那么这类地区的用地成本、人员成本、税收都会比发展水平较低的地区高，员工将承担更高的生活开销。但是，这类地区的优点在于可招聘的人员质量高，有更多的发展客户机会、投资机会。企业总部设置在发达地区，产品容易进入当地市场，获得高质量的客户和更高额的利润。有一部分员工不介意生活开销，他们更喜欢发达地区便利的生活条件及更高的教育质量。较发达地区与欠发达地区创业条件的比较如图 1-13 所示。创业者可以思考这样一个问题：选择一个欠发达地区，节省出来的那部分资金用于投入企业的其他业务是否值得？是否有必要用金钱换取更多的市场机会和更高的便利性？

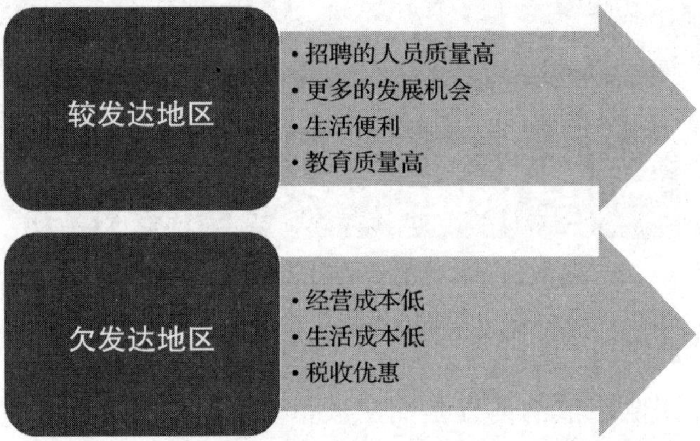

图 1-13　较发达地区与欠发达地区创业条件的比较

3. 外界沟通

创业地点的选择直接决定了与外界沟通的难易程度，从产品的研发到销售，每一个环节都需要与外界进行沟通。企业地点的选择要尽可能地融入商业生态，拉近与消费者、上下游合作企业的距离。例如，一个滑雪运动器材的创业者，不可能将公司的地点设置在非洲地区，而是尽可能选择在滑雪场、雪山的附近，可以随时接触到产品的原材料供应商、渠道商及滑雪运动爱好者。这个区域可能不适合其他创业项目，但对于滑雪器材创业者而言，却是一个完美的地点。

创业地点一旦选择就会长期跟随企业的发展，经常更换创业地点是不现实的，因为企业搬迁成本很高，而且不是所有员工都赞同企业搬迁。强行搬迁会流失一部分员工，需要新的适应成本。因此，创业者必须全面权衡创业地点，选择一个能最大程度满足需求的地点。

三、人和：成员与团队的构建

一个和谐的创业团队需要具备以下特点，如图 1-14 所示。

图 1-14 和谐的创业团队应具备的特点

1. 共同的价值观

一个创业团队组成的前提是团队成员有共同的价值观。为了提高初创企业的生命力，使其更容易取得成功，团队成员首先要致力于为客户创造更多的价值，通过自己的工作为企业创造最大的价值。只有这样，产品才能受到消费者的追捧，获得更大的市场。每一个团队成员都应当尽量避免短视，都应考虑到创业企业未来长远的发展情况，从长期出发，维护企业品牌形象，筑牢经营根基，这关系到企业的长期生存。此外，诚信经营、安全生产、保证产品质量也是很重要的价值观，把这些良好的企业经营理念上升为价值观，可以让创业团队健康发展，规避市场风险。

2. 创业精神

创业精神将创业团队成员牢牢地聚集在一起，增强了团队的凝聚力。创业精神在创业过程中形成，每一个创业团队都会形成不同的创业精神，无论发生了什么样的人事变动，创业精神就像是一种灵魂般的存在，长期存在于创业团队，影响着创业团队中的新老成员，推动企业高效运转。进取精神、冒险精神、探索精神、创新精神等是创业团队宝贵的精神财富。

3. 合作与信任

创业有分工，有分工就有合作，没有什么事业是可以独立完成的。团队协作可以最大限度地发挥个人的工作能力，协调创业经营的整体进度。优秀的创业者应当学会促进团队成员展开合作、化解矛盾，消除团队协作的障碍。而信任是合作的前提，每个人都有不同的性格、需求及做事方法，对他人产生一定的戒备之心可以理解，但是创业者有必要让企业的氛围变得更好，维护成员之间的信任。

4. 利益共享

利益的分配问题令不少创业者头疼，无论怎样制定利益分配方案都会有人不满意，这种不满意会导致团队的分裂。公平是利益分配的首要原则，以每一个成员的贡献、绩效为参考依据，尽量将利益分配过程做到透明公开，不能让所有人满意就让尽可能多的人满意。如果有成员产生不满，最好可以与之沟通，安抚情绪，消除其不满。创业者承担了最多的责任，理应获得较多的收益，但是如果压缩自己的部分收益，向团队成员发放额外的奖金，也会提升团队成员的满意度。

章末案例

中科闻歌：数字技术开创美好未来

一、企业简介

北京中科闻歌科技股份有限公司（以下简称中科闻歌）“孵化”于中国科学院，是技术领先的数据与决策智能服务商。基于数据智能、人工智能及运筹学的智能计算技术是中科闻歌的核心技术，可以为企业、政府提供大数据、人工智能平台和解决方案。作为2017年成立的“新企业”，中科闻歌增长迅速，2021年被评为国家级专精特新“小巨人”企业，吸引了深圳创新投资集团、中科院资本管理有限公司等多家知名投资机构的投资。中科闻歌在创业过程中，成功最重要的原因就是把握住了新时代的机会和创新趋势，冷静、稳健地进行发展。

二、中科闻歌的创业之路

虽然中科闻歌成立较晚，但在成立之前，中科闻歌的核心创业团队成员就参与了中国科学院的许多项目。中科闻歌的核心科研团队成员主要来自中国科学院互联网大数据研究中心，该机构成立于2006年，成立以来获得了多项重要的知识产权，承担了多项国家级科研项目，积累了大量的产品技术和商业服务经验，企业的创业起点较高。

2017年，中科闻歌正式成立，其创业发展大致经历了三个阶段。第一个阶段是感知智能，主要挑战点在于数据的获取能力，包括多模态数据、全媒体数据等；第二个阶段是认知智能，考验对数据的理解、对行业的认知，这也是与领域客户合作的关键；第三个阶段是决策智能，这也是中科闻歌目前正在努力的方向，通过对数据的抓取和分析，结合领域智算模型，帮助客户在决策上赋能。以数智媒宣领域为例，中科闻歌的红旗融媒体智能操作系统依托大数据和人工智能技术，服务于媒体“策、采、编、发、管、馈、评、控”全周期生产环节，真正实现了技术与业务的相加相融。

在创业历程中，中科闻歌遇到的最大挑战是将科研的思维转变为商业运营的思维，将科研成果与企业经营思维相结合解决市场化难题。在中科闻歌成立之前，团队成员专注于课题组的工作，将课题研究的成果以论文或项目报告的形式呈现出来，一旦开始了创业，团队成员的工作导向就转变成给股东、投资人创造更多的价值。在中科闻歌的初创阶段，企业从零开始探索了从产品的市场定位到如何获得市场的产品运营方式，使科研成果与行业应用场景建立联系，真正做到解决行业痛点和客户的核心诉求。

三、成功经验

1. 把握创业趋势

面对当前的市场环境特点，中科闻歌主要从以下三个方面发力。

一是推动产品化改革。中科闻歌在成立之初提供的服务是以项目解决方案为主，然而这条路径面临交付周期长、不可控因素较多等问题，只有提升产品化能力，企业才能更好地发展。中科闻歌打造了天湖数据智算平台、闻海全球开源数据平台、红旗融媒体智能操作平台等产品，业务范围聚焦数智媒宣、数智安全、数智城市等五大领域，在产品化进程上取得了很大突破。

二是发展企业的商业化。从业务数据来看，中科闻歌有较大体量的业务为政府端业务，要想实现长远发展，必须开拓企业端业务。当然，这并不意味着放弃政府端的市场，而是在继续推进政府端业务的同时，把企业端业务的市场做大，这也是中科闻歌商业化转型的战略设计。中科闻歌制订的目标是政府端业务占比保持在30%左右，而企业端业务的占比将达到70%。依托“天湖”数据智算平台和“闻海”全球开源数据平台，中科闻歌已经在企业端业务方面取得了一系列进展，与北京银行、以岭医药、海尔、凯度咨询、幸福西饼等行业标杆客户达成了战略合作协议，很多项目已经落在了实处。

三是加快企业管理模式向精细化方向发展。中科闻歌自成立以来，经历了组织扩容、人员激增的过程，也经历了市场规模、人员规模“野蛮增长”的过程。面对现状，如何实现从粗放式管理到精细化管理的转变成为企业必须思考的问题。

2. 助力数字化转型

在新时代背景下，各行各业都在积极地进行数字化转型，与数字化转型相关的市场领域也将迎来发展。为更好地把握数字化转型赋予的机会，中科闻歌制定了企业未来发展 5 ～ 10 年的技术谱系。具体而言，就是从感知智能到认知智能，再到决策智能。

在感知层面，中科闻歌已解决了多语种、跨模态、全媒体的数据处理、智能标签和完备的数据服务问题。在认知层面，取得了领域知识图谱、意图计算和事理因果的抽取与分析等成果。在决策层面，运用决策解析、强化学习和多智能体方法，实现了博弈环境下的建模与推演，为商业、安全等领域提供了准确的量化决策依据。中科闻歌的目标是实现决策智能，更好地利用数据解决客户的问题，满足客户的需求。

在具体的产品和服务方面，基于数据智能、人工智能和运筹学智能计算核心技术研发，面向行业转化，中科闻歌可以提供完整的大数据和人工智能平台解决方案。依托在数据与决策智能领域多年的技术积累，中科闻歌已构建出一套丰富的产品体系，以“天湖”数据智算平台和“闻海”全球开源数据云为企业的两大能力基础，可以为安全、媒体宣传、城市、金税和商业五大领域的 26 个具体行业提供数字化转型解决方案。

“天湖”数据智算平台秉承深耕核心领域、抽象共性思路、构建共生平台的设计理念，定位于解决核心技术和行业应用之间面临的数据感知与理解、建模与推理、规划与决策三个层面的问题。该平台包含 15 种主流数据源格式，涵盖 12 大类领域的数据标准、10 万个数据标签维度，目前已在诸多领域展开实践。例如，在金融风控领域，为非法集资监测预警、银行精准营销及银行智慧风控等业务场景带来了一站式解决方案。在数智城市领域，通过提供统一平台与服务，基于大数据与AI的决策处置与调度指挥，让城市运行更智能。在智慧新商业领域，能够高效打通线上线下、挖掘数据价值、支撑决策推演，全面优化生产、流通与销售过程，赋能利润增长与产业升级。

“闻海”全球开源数据云是一个多语言跨模态开源数据搜集与分析的云平台。其优势在于海量的开源数据、百余个AI组件、多语智能分析服务、跨领域知识库和多维快速可视化能力。该平台包含5款基础产品：“智搜”能够提供一键智能搜索服务，支持跨度10年的数据搜索，帮助客户获取精准数据；“智析”可以智能制作分析专题，基于300余个AI分析模型，提供观点、趋势等各维度分析；“云简报”可以一键自动生成周期性舆情、商情、竞品分析、行业分析报告；“云数屏”作为新一代大数据可视化设计平台，可以通过图形化拖拽、配置的方式，高效、智能地设计出个性化数据大屏；“闻海智看”聚焦于精准信息的推送和预警，通过24小时全网信息监测，提供实时热点资讯服务。开放API（应用程序编程接口）服务可以将企业的数据及AI能力输出给客户，如为公关公司提供广告监测分析，为金融创投企业提供垂直信息服务，为中央媒体提供资讯热点、账号运营和传播分析服务等。

3. 创业中的天时、地利、人和

（1）天时。

2020年4月，《中共中央、国务院关于构建更加完善的要素市场化配置体制机制的意见》中首次明确数据成为五大生产要素之一。在此背景下，数据作为企业核心资产的定位越来越明晰，中科闻歌认为数字经济的核心驱动是数据智能技术，百行万业对从数据、信息、知识到决策的数据智能技术具有强需求。

毫无疑问，中科闻歌的创业时机正处于时代的风口，并且中科闻歌在风口来临前进行了充分的技术积累，这才使它在风口来临时一飞冲天。作为一家“硬科技”公司，中科闻歌团队早在2006年就开始在大数据与智能计算领域开展研究。也正是在这10多年间，数字化转型已渗透到千行百业，海量的行业数据在这一进程中快速积累。浪潮之下，越来越多的企业面临两个矛盾：一个是数据中蕴藏的巨大的价值正在成为行业共识，另一个是大部分企业缺少能够充分挖掘数据价值的数字化工具。困局之下，中科闻歌聚力打造数据与决策智能引擎，为行业带来破局答案。

（2）地利。

在全国区域布局上，中科闻歌也有清晰的规划。2021年，中科闻歌立足北京市和深圳市启动了双总部机制，将围绕京津冀、珠三角、长三角和川渝四大经济区和四大经济带进行区域布局，正式启动四总部机制，也就是依托北京总部辐射京津冀、深圳总部辐射珠三角、上海总部辐射长三角、重庆总部辐射成渝双城，届时还会在这些总部周边布局以职能型发展为主的子公司和合资公司，使业务范围逐渐扩大到全国。

（3）人和。

实力强大的创业团队成员及良好的团队氛围、团队精神也是中科闻歌成功创业的一大原因。中科闻歌的核心科研团队成员主要来自中国科学院互联网大数据研究中心，创始人大部分都是行业内的资深专家：中科闻歌董事长王磊、首席执行官罗引及首席科学家曾大军都是中国科学院研究员。

中科闻歌科研团队的核心成员秉承了科研院所的严谨精神，营造了良好的团队氛围：团队拥有家国情怀，中科闻歌自诞生起就拥有“国家队”基因，大数据、人工智能等对安全性要求较高的项目需要企业提高政治站位，培养大局意识；团队拥有世界眼光，高素质、高水平的人才结构和专家团队让中科闻歌可以面向全球赛道，形成持续敏锐的感知力，所以公司不仅聚焦于国内市场，也具有全球化的竞争格局和视角；团队拥有一流人才，团队紧密围绕国家人工智能战略做相关布局，中科闻歌从科研院所实验室孵化而来，其结合产业化资源，不断吸纳行业科学家和领域工程师加入，研发团队的学习能力和市场环境适应能力非常强；团队风格务实，不讲浮夸故事，做事风格稳健，踏踏实实地站在客户立场做项目和产品的精神赢得了百余家“头部”客户的认可；团队拥有顶尖技术，中科闻歌在大数据、人工智能领域有多年的技术积累，通过人工智能技术谱系解决数智复杂系统场景问题。

除了科研团队的高质量之外，中科闻歌不断完善市场化营销体系的搭建，包括营销队伍的组建、产品审核机制等。团队营销人员的占比达10%，未来随着产品成熟度的不断提高，销售团队的占比将逐步扩大。

四、结论与展望

把握特殊时期的创业机会、助力数字化转型及科学布局应对创业过程中的挑战是中科闻歌创业的三条成功经验。中科闻歌所在的行业是一个大赛道，数字化和数字产业化具有非常广阔的市场前景，而数字经济的核心驱动是数据智能技术，百行万业对从数据、信息、知识到决策的数据智能技术具有强需求。中科闻歌基于“行业数据＋行业知识＋行业决策全链条构建”的战略思想，推出的数据与决策智能引擎，响应了时代发展的主旋律。

（资料来源：作者根据多方资料整理而成）

章末小结

本章主要探讨新时代的创业环境和创新特点，介绍了创业的基本概念、创业管理的基本概念和创业的主要过程，并详细分析了当前的创业新选择。从互联网时代的发展、数字化转型的挑战和产业循环经济效能三个方面介绍了新时代的创业风险与机会。新时代的创新趋势包括创新方法、创新内容、创新领域和创新生态四个方面。将创新机遇转化为创业实践，创新化的创业实践要从人才创新、模式创新、市场创新和政策创新入手。创业时机的选择、创业地区的确定及创业团队的建设是创业者可能面临的挑战，本章对此提出了合理的应对方式。

第二章 商业计划书

初创企业能否得到投资人的青睐并获得融资取决于很多因素。许多企业融资失败，并不是创业模式存在缺陷，也不是企业的投资回报不符合投资人的预期，很多情况下是因为创业团队编写的商业计划书让投资人感到失望。

那么，如何完成一份好的商业计划书呢？针对目前我国企业对于商业计划书认知把握不足的现状，本章针对商业计划书的构成要素、书写原则、写作重点及成功案例进行深入、具体的探究，可供目前正在创业、有商业计划写作需求的企业团队学习、参考。

我觉得最长远的事情，一个是你做的事情，从什么时候开始做，到现在有多长的时间；另一个是你想的事情能够影响多远。所以，我们努力把美团点评打造成一个基业长青的公司。

——美团创始人　王兴

开篇案例

氢电时代：创新商业设计为行业赋能

一、企业简介

福建省氢电时代科技有限公司（以下简称氢电时代）是亿成集团旗下全资子公司，主要负责二手车市场板块。十年的风雨兼程，十年的勤耕不辍，氢电时代现已成长为福建省泉州市二手汽车市场的翘楚。公司成立之初，以“创新、卓越、品质、共赢”为理念，初心不改，矢志不渝，以“管理至精，品质至上，服务至诚”为经营宗旨，践行“利他”之心的经营理念，构建用户值得托付的二手车“家平台”：为车商赋能，加快周转速度，提升利润空间，让消费者购买到舒心实惠、性价比高、有安全保障的心仪爱车；创新融合，聚势未来，借助互联网科技，打造二手车行业全产业链闭环，努力成长为行业的领军者。

二、商业设计

氢电时代主要对二手车交易市场的运营模式进行了创新，引领汽车生活新风尚。融合数字科技，链接二手车上下游和消费者，整合各领域资源，实现政策、法规、市场、消费者与服务多维联动，构建“多元、高效、智慧、安全”的二手车交易生态圈。氢电时代以二手车为基点，撬动全行业的聚合力，让管理更高效，让交易更简单，让服务更贴心，让生活更美好。氢电时代的商业设计主要围绕降低车商运营成本、解决车商痛点、解决客户痛点、采用集中化管理和新营销方式五个方面展开。

1. 降低车商运营成本

对于二手车商来讲，资金成本和固定开支是非常大的开销，为企业经营带来了较大的负担。

所谓资金成本是指借款利息，在进行二手车交易时，二手车商采购车辆必须向车主一次性付清全款，二手车商的资金是有限的，所以必须通过多方面的融资渠道获取资金，保证现金流。二手车商的资金大部分来源于借款，借款自然就会产生利息。对于库存周期较长、库存资金使用金额大或者货物周转速度较慢的二手车商来讲，利息是一笔不小的开支。为了降低二手车商的资金成本，氢电时代向二手车商提供免息借款，打消了二手车商的借款顾虑，为车商赋能。

除了资金成本之外，二手车商与所有的传统企业一样，还需要承担一定的房租、人工费用、水电费用。房租是最大的固定开支，若车商加入氢电时代的交易市场，氢电时代不向二手车商收取房租，所有车商都可以零房租入驻氢电时代的交易市场，这对于二手车商而言有很强的吸引力。

2. 解决车商痛点

库存、运营成本和销售能力是二手车商面临的三大痛点。

对于二手车商而言，库存的多少决定成交的数量。一般情况下，库存越多，门店成交的数量就会越大，提高产品库存成为每个二手车商的目标。加入氢电时代二手车市场，能够发挥资源共享的作用，每个二手车商不仅有自己的库存，整个市场的库存都可以为己所用。

二手车商无论是自己独立开展厅、在街边运营门店还是在二手车交易市场运营门店，一定少不了运营成本，而加入氢电时代，氢电时代可以向车商提供永久性零利息的资金，不收取门店房租，从而降低了车商的运营成本。

二手车商的销售人员是自己雇来的，需要承担一定的人员费用，但是花钱雇用的销售人员并不一定能提高车商的销售绩效，销售能力成为许多车商发展的瓶颈。而加入氢电时代二手车市场，所有的二手车商同时都是另外一个二手车商的免费销售人员，因为所有的二手车商都有一个共同的目标，那就是共同努力将市场上的车辆卖给消费者，不同车商之间紧张的竞争关系不复存在，因此不同车商就能够互帮互助。通过这种方式，每一个二手车商的销售能力都得到了增强，产品销量大大增加，同时缩短了二手车商的库存周转时间。

3. 解决客户痛点

车况透明度、交易价格和售后保障是消费者购买二手车时的痛点。在车况透明度方面，消费者在氢电时代二手车市场成交的任何一台车辆，都会有第三方检测报告，同时车辆在采购前都经过专业的采购人员严格把关，保证质量；在价格方面，氢电时代二手车市场的车辆实行统一销售价，且价格低于市场零售价，高于批发价，仅仅让车商赚取微薄的服务费，不让车商获取暴利，让利于消费者；在售后保障方面，市场方为客户提供了免费保养服务及质保，这相对于常规的二手车市场有很大的差别，使客户在氢电时代二手车市场购买的车辆得到了保障。

4. 采用集中化管理方式

区别于其他二手车市场，氢电时代的二手车市场对所有入驻的二手车商采用集中化管理的方式。在报价体系方面，整个市场采用统一报价、销售一口价系统，避免客户因信息差买到低性价比的车辆；所有车辆采购入库前市场统一整备，这样才能实现销售、报价的标准化；实行统一检测管理，进场车辆由第三方检测机构统一检测，确保车况的透明度，对消费者负责；加强金融服务管理，帮助不同客户解决各种资金问题。

5. 采用新营销方式

氢电时代采用线上线下相结合的营销方式，提高车辆销量，为车商赋能。线上利用新媒体加强宣传，设置新媒体部门，通过运营多个视频号形成线上营销矩阵，为二手车交易市场引流。线下有专业的销售团队，整个市场的二手车商氛围良好，合作共赢，鼓励不同二手车商相互引流、相互赋能，使车辆的周转速度加快。

三、结论与展望

通过对氢电时代商业模式进行分析，可以看出氢电时代的创新运营模式影响了行业生态，造福二手车商和消费者，会成为未来二手车交易市场的重要运营模式。对于车商而言，氢电时代真正意义上让车商做到了降低成本、提高利润、周转速度更快；对于客户而言，氢电时代解决了客户购车价格不明、车况不明、售后无保障的痛点问题；对于社会而言，氢电时代响应国家号召，推动共同富裕，为客户、车商、社会服务，是一家具有社会责任感的现代化企业。

（资料来源：作者根据多方资料整理而成）

第一节 商业计划书的撰写

任何企业寻找新投资者都离不开优质的商业计划书。创业团队在编制商业计划书的过程中，也对公司未来发展进行着规划。因此，本节主要就商业计划书的基本概念、相关要素、书写原则三个方面，对其进行初步介绍和分析。

一、商业计划书的基本概念

商业计划书是用一种全球通行的规范文本格式形成的专业商务公文，是企业或项目组针对招商融资，在对企业或项目进行深入调查分析的基础上，从创始人、核心团队、产品服务、商业模式、市场竞争、融资金额、财务规划等方面对即将展开的商业项目进行可行性分析，并按照一定的格式规范、遵循一定的书写原则撰写的书面文件。商业计划书的目的就是向投资者充分介绍公司及项目的历史背景、情况、计划及未来的发展趋势，并在最后形成切实可行的项目实施计划，运用信息和数据证明投资人能够得到高回报，最终打动投资人使企业或项目成功完成招商融资。

刘谨（2002）认为，在我国，商业计划书是由可行性研究报告转变而来的。陈峰（2012）提出，商业计划书在逻辑结构、书写形式、写作内容上都有一定的专业要求。谌永平（2009）指出，优秀的商业计划书可以帮助企业获得融资、跟踪监督企业各个阶段的发展情况、帮助企业寻找合作伙伴，是引导企业发展的一份计划书。维欣等（2001）认为，商业计划书主要包括执行摘要、公司简介、产品服务、财务分析、策略推行、团队管理等。李开孟（2007）认为，商业计划书的形式是经过长期商务活动逐渐完善形成的，包括摘要、内容正文、附录三个部分。

商业计划书作为一份全方位的项目计划，主要有以下三项功能。第一，投资人可以依据商业计划书掌握初创企业的基本情况、发展规划，判断企业或项目的发展前景和投资价值，这在企业的创业初期是吸引投资人最有效的方式，是企业成功获取融资的利器。第二，商业计划书对企业自身具备十分强大的管理功能。商业计划书中关于公司过去、现在状况的分析能够协助创业者实时地跟踪公司的经营发展，并监督公司的业务流程，而商业计划书中关于未来的发展计划也能够成为创业者分析公司现实与预设规划目标差异的重要依据，进而协助创业者及其团队适时对公司的发展策略和内部管控方式做出适当调整，从而协助创业者有规划、有步骤地进行商业创新活动。第三，商业计划书是一个受法律保护的商业承诺，这个承诺是作用在创业者与投资商之间，对投资人的利益提供保障，也是创业团队对企业其他成员的承诺，这种承诺保障了企业发展目标、战略决策及行动方案的坚决执行，杜绝了企业朝令夕改情况的发生。

商业计划书的内容涉及范围广，基本囊括了公司的方方面面，从创业团队、创业过程、股权结构、财务管理计划、投资方法，到业务模式、项目内容、市场竞争均有涉及。唯有内容详细、数据充足、系统全面的商业计划书才能够使投资人更充分地了解创业项目的相关情况，也能够将创业者的投资要求变为现实，所以商业计划书非常重要。

二、商业计划书的相关要素

上文提到，优秀的商业计划书在内容上是相对固定的。商业计划书在撰写中离不开以下几个要素，如图 2-1 所示。

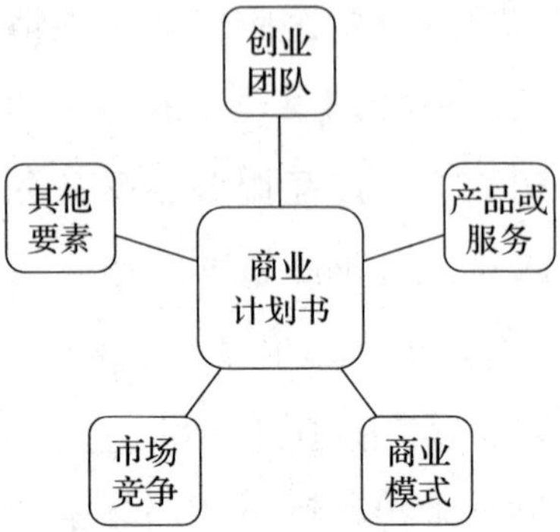

图 2-1　商业计划书的相关要素

1. 创业团队

在商业计划书中，最先应该给投资人展示的是创业团队。创业团队的质量决定了创业活动能否成功，如果对产品具备充足的信心和坚韧的创业决心，那么创业成功的可能性就会更高。所以，宁愿用一流的队伍、二流的产品，也不要选用二流的队伍、一流的产品。商业计划书中需要对企业的关键人物加以说明，如他的职业、工作经历、受教育水平等。关于员工的说明主要是利用以往的工作经验凸显员工的专业精神，创业团队要注重组织人员间的分工与互补。

2. 产品或服务

在介绍了创业团队之后，就应该介绍产品或服务：对公司的主营业务、基本情况、历史业绩加以概括，并介绍企业的发展理念、管理战略、价值观和远景规划，使用户了解企业的运营理念。

介绍企业的产品或服务，说明产品或服务的作用与特征，涉及发明专利、知识产权、行政审批等。在商业计划书中应主要介绍企业的产品或服务所具备的优势及市场地位，使客户认为企业推出的产品或服务有巨大的魅力，在进入市场后能够快速占有市场份额。此外，对技术性投资者而言，商业计划书要对企业的发展水平做出必要的评价，表明企业具备不断成长的实力。

3. 商业模式

除了创业团队的因素之外，决定创业项目好坏的另一个重要因素就是商业模式。简单来说，商业模式就是采用何种渠道或方法获利。投资者在了解企业可以盈利之后，就需要清楚为实现这一理想，创业者应该采取何种行动。投资人在投入资本后要考虑清楚如何能够盈利、哪些因素会降低收益等。投资者的目的是帮助企业把项目搞好，使员工得到优厚的报酬，所以，阐述商业模式是商业计划书的一个关键。

4. 市场竞争

除了独到的商业模式及优质的项目产品外，对消费者和竞争对手的准确识别也是投资者非常关注的内容。因此，商业计划书的另一个关键内容是对市场竞争进行分析。在商业计划书中应对公司的市场地位、市场容量、估计的市场占有率和销量、行业增长的趋势等采用比较专业的数据加以说明，剖析公司现在和将来的主要竞争对手、企业自身的竞争优势和劣势，以及消除劣势的办法。

缺少了市场，就算商品再好，投入之后也会毫无收益。假如这一市场早已饱和，再加入该市场也会无利可图。于是，通过市场分析就能够告知投资者该项目是不是有一定的市场发展前景，以及未来如何才能够在这一交易市场中取得一定份额。市场竞争分析之所以是商业计划书不可缺少的内容，就是因为具有竞争性的投资项目总是可以不断地发展下去。一旦该投资项目具有充分的优势且可以持久发展，那么这个投资项目在相当长的时间里是能够取得盈利和回报率的，而投资者关注的恰恰是盈利和回报率。在激烈的竞争环境下，竞争分析变得越来越重要，已成为商业计划书中最关键的内容。

5. 其他要素

除了以上重点内容之外，商业计划书还需要介绍融资计划、退出机制、财务分析及风险提示等。

既然撰写商业计划书的目的是获得资金，那么想要融多少资金、给投资人的回报是什么等是必须写清楚的。在商业计划书中需要具体说明投资规模和筹资途径，投资前后的资产构成表及未来投资人退出的方式和收益预期，让投资人心里有数。此外，创业团队必须对资本的来源和使用做好规划，对收入、支出和现金流量做好预估，对资本增值做好评估，并反映在商业计划书中。最后，向投资者表明投资风险也是商业计划书必不可少的一项内容，要真实地反映风险，否则就会使投资者对创业团队失去信任，这对于融资而言无疑是具有毁灭性的。商业计划书中对项目风险的描述大致包括以下几个方面：技术创新风险，包括研发风险、技术转化过程风险、产品生命周期风险；产品和市场环境风险，包括产品生命周期、市场外部环境、市场的适应时机和能力；公司风险，包括企业扩张的后期财力保障、投资项目的退出；个人风险，包括政府政策风险、团队的人事风险等。

在明确商业计划书的以上要素后，在撰写时就要把这些重点全部包括在内，并且这些内容不能只是泛泛而谈，要落到实处，进行深入挖掘。

三、商业计划书的书写原则

如果创业团队只是了解商业计划书这些必不可少的要素、明确商业计划书的写作内容，显然是远远不够的。商业计划书撰写者的写作方式、思路同样至关重要。实际上，优秀的商业计划书还需要遵循一定的书写原则。

1. 如实编写商业计划书

谈融资一定是诚信为先，如果投资人对这家企业的诚信度都打着问号，企业想要获得融资则无异于是痴人说梦。在商业计划书中不可避免地会引用行业数据、市场数据及自身的财务数据，这里一定要引用官方数据，数据内容要客观。如果是自身的财务、运营数据，一定要保证真实性，不能为了吸引投资者而隐瞒自身的缺陷，否则未来投资机构在进行尽职调查时发现数据造假或不真实，企业就不可能获得融资了。

2. 项目简介一定要吸引眼球

项目简介对商业计划书具有决定性作用。例如，一个电视广告，如果前五秒没能吸引人们的眼球，那么这个广告就很难让人完整地看完，更不要谈购买了。项目简介之于商业计划书的作用，就类似于广告的前五秒之于整部广告的作用。很多创业团队在撰写商业计划书时对于项目简介不够重视，只是对商业计划书的内容进行简单概括，甚至直接在商业计划书中跳过这部分内容。实际上，项目简介是最挑战商业计划书撰写者写作功力的部分之一，它就像是商业计划书的“浓缩版”，但它并非要包含商业计划书的每个方面，只需要讲述能够吸引投资人眼球的重点即可。项目简介可以包括的内容如图 2-2 所示。

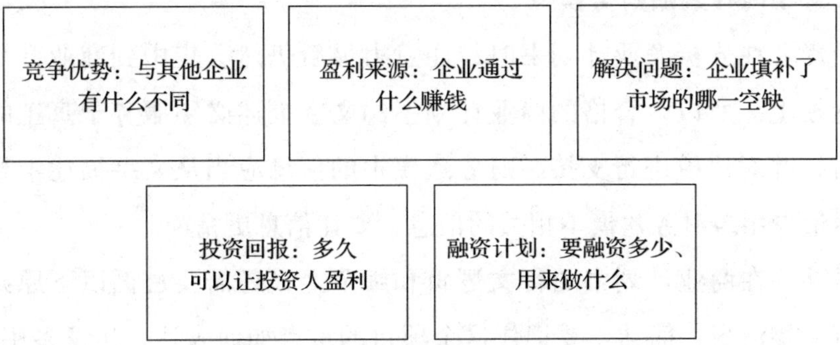

图 2-2　项目简介可以包括的内容

3. 正确评价竞争对手和项目盈利

在商业计划书中，市场竞争分析与项目盈利分析都是绕不开的内容，但在撰写商业计划书的过程中，撰写者通常会希望得到目标投资者的认可，不自觉地低估竞争对手，高估项目盈利，这是有违商业计划书的书写原则的。

轻视竞争对手在商业计划书中的表现通常是回避或不愿正视市场竞争的趋势，或者轻描淡写地进行了市场竞争研究，不但误导了投资者，而且麻痹了自身。原因往往是融资方在策划书上说“没有竞争者”，或随便介绍了一些同类公司，或毫无针对性地将所涉产业的企业进行对比研究。而经验丰富的投资者绝对不会轻易相信这样的信息，因为即使竞争强度低，也只是暂时的。所以，商业计划书应有的放矢地对现有的竞争者进行分析，并认真制定有效防止未来竞争者进入市场的措施，以便于保护投资者权益，减少资金损失。

如果问商业计划书哪个地方最容易也是最无法避免地会被“掺水”，那一定是融资项目的盈利预测。在商业计划书里，有关收益的内容往往很简单，而且很多时候只有简短的两三行，并没有给出预测的假设前提或依据，每年的收益变化似乎都是根据简单的数据测算的。这样的收益估计并不能让投资者完全信服，更不能直接按此测算投资的实际收益。创业公司在商业计划书中做的投资预期在大部分情形下都大大超过最后的真实情况。不管是什么目的“掺水”，投资者都不会被这种过分乐观的预期打动，反而会更加渴望能够更为理性地分析项目的盈利前景。

4. 文字内容紧贴财务模型

投资者在分析商业计划书时，注意力最后仍然会集中到商业计划书的财务建模上。所以，合格的商业计划书的文字描述必须服务于真正的财务建模者，并对建模进行支持。财务建模中的信息应当从文字描述中找出依据。尽量少用与财务建模不相关的信息，要让信息更精简。

另外，在商业计划书的行文逻辑和细节上，还需要遵循以下原则：首先，行文要清晰、简洁。要记住这个项目的重点如何表达，尽量多用图表，少用小图片，也少用很大的图片。颜色上尽量简洁、朴素，不要花哨。不要过分纠结文字编辑、美术设计，以把关键信息交代清楚为重。其次，重点要突出，关键内容一目了然。商业计划书的优劣不在于字数的多少。商业计划书中的观点要客观，切忌套用模板。各个问题都有差异性，关键是要体现不同的特点。不要过于在乎具体采用怎样的形式或是怎样的模板。再次，尽量少用形容性语句，多提重点与关键字。千万不要掺杂太多感情成分。最后，在如实撰写的基础上，商业计划书必须要展示自信、具有公信力。自信的态度不仅是对自身创业成功的充分肯定，同时也是对投资者的一种认可，这样才有可能吸引投资人。

第二节　写作重点之一：商业模式的形成

作为企业的顶层设计，商业模式是企业自觉地按照经营战略、产业条件及技术条件所形成的发展创新体系，确定公司的成长能力与运行质量。

商业模式的竞争早已超过市场竞争，成为公司之间竞争的主要形式。所以，在商业计划书中，商业模式是投资者最重视的信息之一。

一、商业模式的基本概述

管理学大师彼得·德鲁克（Peter F.Drucker）曾说："当今企业最大的挑战，并非市场相互之间的争夺，而是商业模式相互之间的争夺。"魏炜和张兵（2020）提出，商业模式就是利益相关者的交易结构。

Timmers（1998）在基于商业系统的观点分析企业模型时提出，它是商品、劳务、信息流的结构或系统，这一系统包含多个因素，如市场需求、外部经营条件等，就是由于这些因素的相互作用构成了各种类型的模式。翁君奕（2004）根据对企业组织内部管理环境与市场环境的分类，把整个公司系统划分成由价值主张、价值支撑与价值实现所构成的三维空间。李振勇（2006）认为，商业模式提供的是一种整体的解决方案，具备全面性、高效率和核心竞争力的特征，通过集成公司内部要素为顾客创造所需要的商品与服务，从而使公司利益达到最优化。

商业模式主要由以下四个要素构成，如图 2-3 所示。

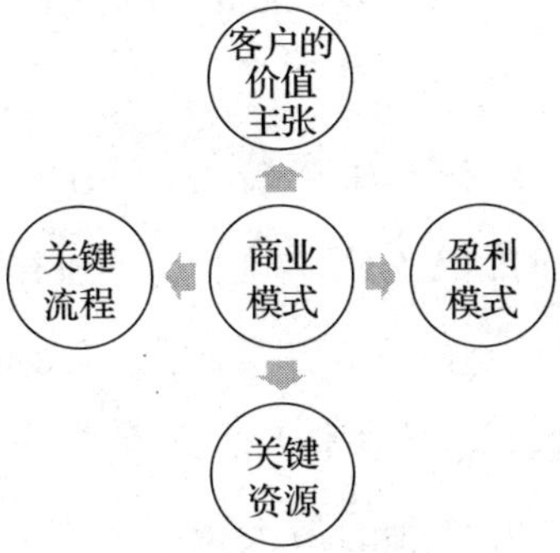

图 2-3 构成商业模式的四个要素

1. 客户的价值主张

凡是成功的企业都可以创造一个为顾客提供价值的途径：协助顾客进行一项关键工作。这里"工作"的意思就是指在某种情况下必须处理某个问题。只有掌握了工作的全部意义和所有维度，以及如何进行服务的全部流程后，你才能够给顾客提供解决方案。我们认为，提供顾客价值理念的最佳时机是：其他商品或服务项目没有充分考虑顾客的实际需要，而你此时能够充分根据顾客的要求提供完美的解决方案。

2. 盈利模式

盈利模式是公司对如何既为客户提供价值，又为自己创造价值提出的详细计划。公司能提供客户价值，不意味着就能盈利。这也是很多创业企业极易陷入的误区：他们总是需要研究一下当用户规模达到什么样的数量后才能获得多少收益。但事实上，这是虚无缥缈的，因为创业团队无法确保在一定时间内能实现理想中的客户规模，不能将有盈利的能力与真的盈利混为一谈。盈利模式中除了必须有正确的收入模式外，还必须有正确的成本结构。不然，顾客群体还没有达到一定规模，创业公司就先亏损了。或者客户群体达到了一定规模，但是客户的购买力不足，这都不能使企业正常获利。盈利模式考察的是一个企业的营销与管理。如果认真核算一下企业自己的成本费用结构，也许企业会有巨大的上升空间。很多企业的倒闭原因都在于挥霍过于严重，盈利模式不够科学，或者公司的成本费用结构不合理，最后不得不退出市场。公司的竞争力源于有市场竞争力的收入方式和有效的成本结构。

3. 关键资源

关键资源是指人才、科技、生产装备、品牌等固定资产，主要用于向目标顾客群体传达企业的价值主张。这里，我们关心的是能够给顾客和企业带来价值的基本要素及上述基本要素之间的互动方式。企业具有带来价值的基本要素，但有时这种资源根本无法产生有差异化的竞争力。

关键资源优势可表述为企业的最大依靠是什么。没有一个优秀的公司不了解自身的核心优势，没有一个优秀的公司不关注并开发自身的核心优势。人力资源考察的是一个公司的管理水平，创业者必须要思考的一个问题是，公司今天的重要人力资源在未来依旧重要吗？为了保证重要人力资源持续发挥作用，公司必须坚持把重心放在员工身上，要通过教育、训练、培养实现重要人力资源的可持续开发。

4. 关键流程

成功的企业通常拥有一整套的运作过程和管理程序，使其价值交付模式可以进行重复和推广，它涉及人员的培养和管理、产品制定、预算和计划、营销、客户服务这些反复进行的管理工作。另外，相关流程还涉及企业的规章制度与规范、业绩目标等。

制度和流程的建立始终是很多企业的软肋，企业领导往往过于相信个人力量和威望，却忽略了制度和流程的建立，使组织臃肿、发展缓慢、人浮于事、产品质量频繁出现问题。企业的主要竞争优势来源于提高企业的执行力与创造力、确保企业可持续发展。

以上四个因素是企业的主要构成因素。顾客的价值主张和企业盈利模式分别确定了顾客的价值和企业的价值；关键资源和关键流程则说明了如何形成顾客利益和企业资源。四项因素中的任意一项出现较大的变动，都可能对其他因素造成冲击。成功的企业能创造一种比较稳定的体系，使上述因素以持续的、相互作用的形式连接在一起。

目前，商业模式越来越被大众所认识。一个企业是否拥有优秀的商业模式，是评判该企业市场潜力、长期投资价值及其竞争优势的关键指标。

• 商业计划书专栏 2-1 •

无人机行业霸主的商业模式

一、企业简介

深圳市大疆创新科技有限公司（以下简称大疆）创立于2006年，通过不断地进行技术创新，大疆专注于为无人机设备工业、行业顾客和专业的航空应用者带来性能最佳、感受最好的革命性智慧飞控产品销售与方案。目前，大疆的客户已经遍布多个国家，是全球领先的无人飞行器控制系统及无人机解决方案的研发者和生产商。

二、商业模式分析

1. 价值主张

在讨论大疆的价值主张前，我们需要先了解一下大疆的目标客户。目标顾客即确立自己的顾客群。早期大疆的产品定位为消费型产品，主要面向世界各地的航空产品消费者，为其提供商品与服务。但随着应用领域的扩展，大疆产品也逐渐涉及航空、遥感测量、公安、水电巡线、社区救济、社会公益服务、影视广告等工程、商务和科技行业。

价值倡导影响实际的供给能力。大疆产品的创意原型源于一套飞控操作系统，早期的技术开发与制造多是围绕着这套核心技术进行的，也由此发展出功能型价值倡导的理念，强调为产品使用者带来实用性。大疆利用生产技术创新，制造出了符合消费者使用价值要求的商品。随着产业资本与社会资金的迅速累积，大疆逐渐树立了全新的价值主张与情感型价值倡导，注重生产定制化和人性化的售后服务方式，实现全面产品售后业务与针对性解决方案咨询，为消费者创造了良好的产品体验。

2. 盈利模式

目前，大疆的主要收入模式为产品与解决方案相结合的模式。一方面，无人驾驶系统、硬件设备逐渐成为盈利源泉；另一方面，以无人驾驶飞机为媒介的专业性解决方案也逐渐成为大疆的主要收入来源。而依靠更尖端的科技和个性化的高科技产品设计，大疆正在此领域挖掘更大的发展机会。

大疆的生产成本结构主要包括研究成本、生产成本和经营成本。而研究成本也是大疆的重点资金流出口。无人驾驶飞行器是新兴产业，必须投入大量经费去吸引研究人员，实现技术上的突破。大疆对研究投资不设限制，为科技突破和技术创新带来良好的环境。大疆在经营范围不断拓展后，逐步和企业形成合作伙伴关系，大大降低了生产成本。经营成本主要反映在信息数据系统的日常管理及公司经营过程的控制上。

3. 关键资源

大疆的关键资源是核心创新力，经营理念为“未来无所不能”。大疆积极创新尖端科技，不断追求子系统的完美。更加深入用户体验的协同创新也日益成为大疆发展的重要驱动力，通过和各领域的开发者密切协作来实现用户的多元化应用。美国的红点团队、中国的skycatch均为大疆协同发展的推动者，他们利用大疆飞行平台的开放模式实现了自己的开发创作，同时也丰富了大疆产品的应用场景。

4. 关键流程

大疆商业模式的关键流程就在于分销。大疆初期的商品主要是面对国内外的无人机飞行爱好者，而且公司也会参与一系列国际化的展会来推广自己的商品，此时的营销途径相对简单。随后形成了直营渠道，旗舰店通常会举办新品发布会及大型无人机的试飞演示活动等，使顾客在购物之前通过直观感受获得更好的购物体验。

目前，大疆的授权销售商已达数十家，与旗舰店相比，大大减少了经营成本，拓展了推广范围，企业认知度也大幅增加。在互联网时代，电子商务平台势不可挡，由于大疆不断革新理念，迅速形成了线上渠道。首先是大疆的官方购物网，接着是与中国电子商务先行者阿里巴巴和京东联合建立的天猫旗舰店、京东旗舰店。另外，大疆还和亚马逊、苹果、易趣网等商城建立了战略合作伙伴关系，以进一步拓展全国区域的营销渠道。线上平台的大幅度扩展，也减少了大疆的营销成本和普通消费者的购买成本。

三、结论与展望

近年来，越来越多的无人机企业进入市场，但大疆能够保持无人机行业较高的市场占有率和认可度。除企业自身技术具有优势外，大疆的商业模式同样值得深入研究。制造业企业不仅要关注技术突破，还需要关注商业模式的创新，大疆的商业模式值得其他企业借鉴、参考。

（资料来源：作者根据多方资料整理而成）

二、成功商业模式的特征

在这个世界上，没有完全一样的商业模式，也没有一种商业模式可以让企业照搬照抄、直接套用。但成功的商业模式还是相似的，其中所具备的一些共性值得我们深入学习，如图 2-4 所示。

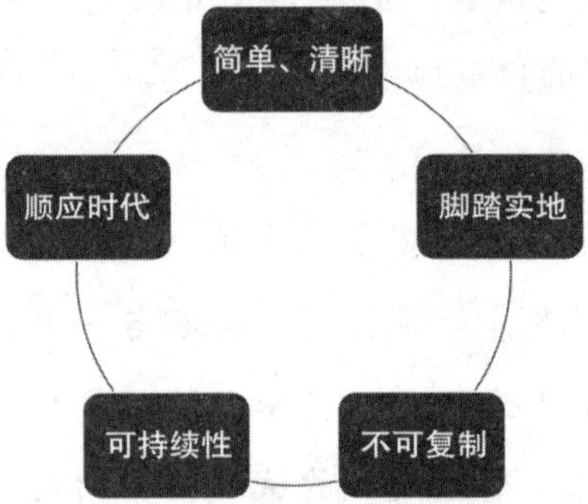

图 2-4　成功商业模式的特征

1. 简单、清晰

成功的商业模式一定是简洁明了的，复杂的商业模式想要讲清楚都难，更不用说落地执行了。企业商业模式最好的状态就是浓缩成为一个词、一句话。尤其是在商业计划书中，很多创业团队要用大篇幅去描述自己的商业模式，最后可能还没有讲明白，这时候投资人极有可能认为创业团队没有想清楚自己的商业模式。一个词、一句话能讲透，要求的是创业团队明白：为什么是你做、你有什么优势、现有资源与目标是不是匹配、商业模式的亮点在哪里等。企业的商业模式只需要针对客户的一个核心需求，将客户体验做到极致即可。

2. 脚踏实地

现实中的许多公司，无论是传统公司还是新时代的网络公司，对自己的资金是从哪里挣来的、为什么公司的产品质量与技术被看重等都还不甚了解。当市场一片低迷、经济大环境不景气时，最容易倒下的就是这类企业。所以，唯有拥有接地气、脚踏实地的模式，才能在国际竞争中站住脚。

脚踏实地就是实事求是，就是把商业模式建立在对客户需求的准确理解和把握上，也只有这样的商业模式才能让投资人放心。

3. 不可复制

如果一个商业模式很容易被复制，那么采用这套商业模式的企业就时刻面临着被模仿者、被优化改进者取代的风险。尤其是对于初创企业来说，成熟的资本方很容易拿走这套可复制的商业模式，这对于投资人而言是不可接受的。因此，一个优秀的商业模式应该具备一定的门槛，如技术的、资金的或者人力的，筑造不能被他人轻易模仿的竞争壁垒，从而为自己营造一个良好的发展环境。成功的商业模式通常很难复制，具备不同的特点，这些特点体现在它如何定位顾客、定义顾客需求与偏好、定义竞争对手、定位商品与服务、定位经营内容、吸引顾客并产生利益上。在探索适合自己企业的商业模式时，要寻找自身的核心价值。商业模式的竞争性必须源自完善的企业管理系统，包括企业和创业者自身持续的净化与自主创新。

4. 可持续性

成功的商业模式必须具备可持续性，能够受到投资人青睐的商业模式一定是能够持续、稳定地给投资人带来高额利润的。

5. 顺应时代

成功的商业模式应该与时代的大趋势为伍。创业团队的宏观判断很多时候要大于微观的努力。创业者要顺势而为，这点很重要，顺应时代需求才能获得更大的市场。

三、商业模式的创新之路

随着时代的发展，企业的转型升级势在必行，那么商业模式同样也需要升级更新。前文已经提到了商业模式对于企业的重要意义，因此这里又衍生出了一个命题：商业模式创新。商业模式创新是新时代企业转型升级的重要内容，是企业获得持续竞争力的有利保证。商业模式创新在公司的运营管理模式研究中取得了主导地位。那么，在分析完成功商业模式的特征之后，企业应该从哪些方面入手进行商业模式创新？这里提供三种思路。

1. 重新定义客户价值

对于企业来说，顾客的需求有不同的实现途径，因此产生了不同的商业模式。重新确定顾客目标就要求企业从顾客的新要求出发，从更宏观的角度重新确定顾客要求，了解商品开发的过程及所达到的目标。有时，为达到一个目标，顾客需要的往往并非一个商品，而是一个解决方案。只要确定了解决方案，也就确立了企业的服务目标，并可以此实现业务模式的革新。企业在满足顾客需要时，应从不同的解决途径入手，改变传统的思维，寻求一个全新的解决途径。带给正在需要或有潜在需要的顾客意外惊喜会使他们无法抗拒，从而使顾客群体快速扩张，促成全新商业模式的产生。

2. 改变企业的产业定位

从产业链的角度进行商业模式创新，跳出了企业内部，站在整个产业的角度，从供应链最上游的原材料生产为起点，到成品被顾客利用完成后废弃为结束展开研究。借助这条链，企业能够发现行业的利润流向，便于及时布局和赶超同业。

一个企业的经营一般包括整个价值链的一两个组成部分。评价目前产业链中各个环节的盈利能力，包括营业收入及收益率水平，然后分析企业的发展走向。企业往往会进入价值链上较新的阶段，因此企业必须寻找这种新型的生产环节并提早布局。

企业犹如池中的清水，它的特点在于流动。最关键的不是现在企业的盈利情况是怎样的，而是必须预测企业未来的盈利状况。目前企业感兴趣的区域正是未来的利益蓝海，因此企业为防止在利润外流领域中纠缠恋战，必须要提早规划好利益流向领域以掌握先机。不论在何种情形下利益开始流出，或是未来会流入哪些区域，企业都必须找到自己的位置。

3. 打破行业边界

其实，大部分企业都是被定位在产业先驱者细分下的某个领域中进行利益的争夺，竞争的积极作用也使整个产业体系日趋完善。而随着行业竞争的日渐激烈，产业中各个因素方面的竞争差异也会以“回归”的趋势逐步减小，有的企业就步入了深度同质化阶段。随着微利时期的来临，整个产业将面临再次洗牌。在同行业中，企业为了形成优势，通常要以企业关键的成功要素为主导。

那些经济实力相对较小的企业很难寻找到快速发展的途径。而这也势必形成马太效应的催化剂，从而导致处在相对劣势地位的中小企业陷入更加不合理、不平等的境遇。一言以蔽之，冲不破产业边界的藩篱，就是中小企业发展无法有所突破的根源。中小企业如果想发展壮大，就需要保持可持续的创新能力。传统产业的竞争已经基本饱和，中小企业如果想赢得巨大的发展空间就需要转向边界之外进行投资创业。

• 商业计划书专栏 2-2 •

四维图新：从导航地图发掘创新模式

一、企业简介

北京四维图新科技股份有限公司（以下简称四维图新）成立于2002年，总部位于北京市。四维图新是中国导航地图产业的开拓者。经过20多年的发展与成长，四维图新已经成为汽车导航地图技术、引导系统软件、移动交通数据、车辆位置大数据，包括为乘用车与商用车定制人车互联方案策略行业中的技术领先者。如今，四维图新以全方位的科技研发战略迎合了汽车行业“新四化”（电动化、智能化、网联化、共享化）时期的到来，致力于精确版图技术、精确位置、云服务系统，包括广泛应用于高级驾驶辅助系统（ADAS）和手动行驶的车规级芯片等核心业务的发展，打造出“智能汽车大脑”，赋能智慧交通，助力美好生活，成为国内市场最大乃至世界上更值得用户信任的智慧交通技术企业。

二、商业模式创新

早期四维图新作为传统的地图供应商，商业模式创新主要经历了四个阶段：一是与终端设备厂商合作，主要销售车载导航和消费电子导航地图，按销量收费；二是吸引互联网厂商入局，借助导航工具App打造流量入口，并收取广告费和增值服务费；三是线上场景与线下场景结合日益密切，利用地图数据，为企业与开发者提供基于位置的服务（LBS）；四是面向未来，高精度地图需求爆发，地图需要更加精细化、实时化，商业模式将走向云化和年费相结合的模式。车端高精度地图需求爆发，一方面地图与自动驾驶软件打包绑定，深度绑定车厂客户，提高客户黏性；另一方面，高精度地图需要不断更新，对实时性的要求提高了，数据上云是必然选择。因此，未来地图商业模式有望转为向终端客户收取SaaS年费，打开盈利空间。下面从客户价值和产业定位两个角度对四维图新的商业模式创新进行分析。

1. 客户价值

四维图新从曾经的一次性售卖地图服务变为汽车的全生命周期服务。公司聚焦于ADAS领域，商业模式转变为出行即服务（Mobility as a Servic，MaaS）云服务，MaaS云服务的商业模式相较License更具黏性、可持续性和高价值。过去四维图新在License模式下为一次性收费，而目前自动驾驶地图、数据合规、高精度地图等实现对车的全生命周期业务进行收费。例如，公司对微控制单元（MCU）的商务模式进行了调整，MCU的毛利率大幅度上升至80%左右，车规级MCU芯片持续供不应求，系统级芯片（SoC）将有更大的突破。

（1）车规级MCU芯片。

2021年，四维图新两款MCU开始量产，并处于供不应求的状态。2022年一季度，四维图新点亮了首款满足车规级功能安全要求的中端MCU芯片AC7840。

（2）系统级芯片 SoC。

AC8015 芯片已经与德赛、华阳等国内知名 Tier1 实现方案导入，目前已经获得上汽、广汽多个项目定点，累计超过 20 个车型。

2. 产业定位

四维图新产业定位的改变用一句话形容就是公司由传统供应商转变为自动驾驶服务综合解决服务商，并以 Tier1 身份面向客户提供相关方案。四维图新将传统地图、智能辅助地图、自动驾驶地图、停车场地图合并打造为车规级 OneMap（一张图），形成了面向复杂场景的数据底座并成为公司智舱、智驾业务的重要支撑。2021 年，随着四维图新产业定位的变化，智能驾驶产业链全面爆发。根据四维图新的公告，四维图新 2021 年的营业收入为 30.60 亿元，同比增长 42.5%，主要得益于公司在国产替代趋势及缺芯背景下，抓住了智能座舱及 MCU 放量的机遇。2021 年 MCU 出货量及收入贡献与 2020 年相比实现 10 倍以上的增幅。得益于产业定位改变导致的企业角色转变，四维图新 2021 年归母净利润为 1.22 亿元，同比增长 139.5%，实现了扭亏为盈，未来的发展前景广阔。

三、结论与展望

在未来，地图需要更加精细化、实时化，商业模式将走向云化和年费相结合的模式。因此，未来四维图新的商业模式有望转为向终端客户收取 MaaS 年费，从而打开盈利空间。

（资料来源：作者根据多方资料整理而成）

第三节　写作重点之二：产品与服务

投资人对创业项目的考察，最后一定会落到企业的产品或服务上。因此，商业计划书的第二个写作重点就是企业的产品与服务。一个创业项目赚不赚钱，就取决于企业的产品与服务好不好。那么，创业团队应该如何在商业计划书中呈现产品与服务？本节主要从定位目标、产品规划、打造优势三个方面提供指导。

一、定位目标

一个企业的产品与服务想要在市场上立足，首先需要的是产品定位。特别是对于创业公司来说，如果创业团队自己都说不清楚自己产品的定位是什么，那么这个产品就很难成功，这样的创业团队也很难获得投资人的信任。

1. 什么是产品定位

产品定位是根据消费者或顾客对特定商品某些特点的关注度，树立商品或企业的鲜明个性或特点，打造商品在市场上的特定地位，以便让市场上的消费者知道并认同该产品。

2. 为什么要做产品定位

一个正确的产品定位，不但可以让用户更容易找到正确的商品，还可以帮助企业集中精力，更有针对性地研发商品。对于一个创业项目来说，产品定位是项目规划的主要目的。有了适合市场需求的产品，再配以模式创新的营销策划，该项目才能立于不败之地。

3. 如何进行产品定位

进行产品定位主要分为以下四个步骤，如图 2-5 所示。

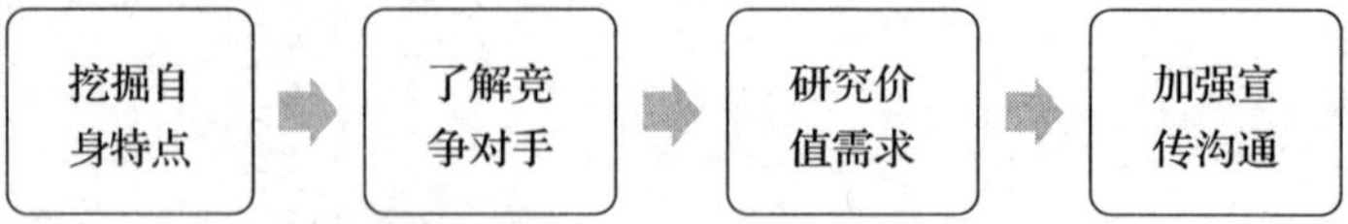

图 2-5 进行产品定位的四个步骤

（1）挖掘自身特点。

许多市场营销专业人员和研究者都强调市场的作用，却没有对产品本身做任何事情，而只是让产品在潜在消费者的头脑里确立了一种合理的市场地位，也就是将产品定位在未来潜在消费者的心目中。产品定位的基本工作便是全方位透彻深入研究产品的所有属性，以便在诸多属性中发掘出来能够让人眼前一亮的、直击人心的产品定位点。

（2）了解竞争对手。

对每个市场竞争者的产品定位都进行深入研究，防止产品定位上的雷同，并找出市场地位的间隙，是成功产品定位的关键。当确定了某个关键的市场竞争者以后，就必须对其做出尽量广泛、细致的剖析，以发现其长期发展目标、基础假设、当前策略和潜力，以确定其行为的基本轮廓，尤其是市场竞争者在面临产业变革或者受到竞争力威胁时可能做出的反应等。研究市场竞争者的产品定位时，可通过排比图展开。所谓排比图就是把已经挖掘出的产品属性排列起来，对每一种属性依次分析，对比不同竞争品牌的产品定位和特点，并寻找各竞争公司在产品定位中使用过的产品属性，在此基础上明确本公司产品定位中需要避免使用的产品属性。

（3）研究价值需求。

从客户的角度来看，努力解决客户的实际问题、需求和痛点永远不会错。在从产品的众多特点中提炼出定位点后，有必要思考目标用户对产品最关心的点是什么。也就是说，差异化去除后留存下来的产品特征并不一定都是目标用户喜欢的，不一定就是目标用户在选择该产品时所格外关注或关心的。所以，此时就必须对目标用户选择该产品所注重追求的目标进行调查分析，把不符合用户要求的、用户不太关心的产品特征进行剔除。

（4）加强宣传沟通。

最成功的产品定位应是当人们看见并马上想起特定类型的企业时，就能马上联系到某个具体品牌、具体品牌的某些个性特点。当人们想起该类产品的某些个性特点时，也会马上联系到某个具体品牌。所以，对产品定位的另一项关键要求便是必须大力做好宣传沟通工作。可通过广告沟通方式，将产品定位确立下来的产品独特个性和凝结定向意义的具体标志告知目标受众，使他们了解、认知，让他们对该品牌的鲜明特点形成差异化的深刻印象。

• 商业计划书专栏 2-3 •

长安汽车的产品定位之道

一、企业简介

中国长安汽车集团有限公司（以下简称长安汽车）是中国汽车四大集团之一，其前身是成立于2005年的中国南方工业汽车股份有限公司。整车、零部件、动力总成和商贸服务是长安汽车的主营业务领域，在10多年发展历程中，长安汽车形成了强大的汽车制造与零部件生产供应能力，对产品有清晰、明确的定位。

二、定位策略

1. 挖掘自身特点——智能驾驶

顺应汽车智能化、网联化的大趋势，2015年长安汽车开始深入布局智能汽车领域，此后数年长安汽车取得了一系列的突破。2018年3月，长安汽车首发L2级IACC集成式自适应巡航系统，包括单车道自动辅助驾驶、交通拥堵辅助驾驶、自动减速过弯、智能限速辅助、车道保持辅助及场景重构六大功能。以上成就标志着长安汽车已成为国内智能驾驶领域的领军自主车企。2018年，长安汽车发布“北斗天枢计划”，宣布2020年长安汽车将实现全部联网，全部搭载驾驶辅助系统，标志着企业智能化、网联化的全面转型。2025年，长安汽车将全部实现语音控制。长安汽车将在自动驾驶、智能交互、智能互联三大领域深入布局，“北斗天枢计划”是长安汽车深入挖掘自身产业特色后所制定的发展规划，是企业智能化转型的重要里程碑，确立了企业的市场地位。

2. 研究价值需求——性价比为王

在长安的产品策略中，性价比被视为极为重要的一环。这里以长安汽车最新的UNI-K车型为例，分析它是如何在众多品牌的激烈竞争中获得成功的。

（1）价格。

在价格方面，UNI-K 的价格比其他品牌汽车的价格都要低，其他品牌的对应车型顶配价格均超过了 20 万元，而 UNI-K 的顶配价格却只有 18.5 万元。同时，该车最低配置的价格也是最低的，占据低价优势。

（2）智能驾驶。

在智能驾驶方面，UNI-K 搭载 5 个毫米波雷达、12 个超声波雷达及 5 个摄像头，硬件配置超过传祺 GS8，配置和星越 L 接近，结合 UNI-K 相对较低的价格，该车硬件配置在同等级的车型中也是十分出色的。

（3）车内空间。

在车内空间方面，UNI-K 比同价位的其他车型都宽敞许多。车辆的车身尺寸在同类车型中最大。在车内空间上，UNI-K 拥有 2890 毫米的超长轴距，而其他汽车平均而言都少了 100 毫米以上。

（4）动力。

在动力方面，长安汽车该系列的全部车型都搭载了长安汽车自研的 2.0T 发动机，而其他车型只是部分高配车型搭载了 2.0T 发动机；UNI-K 的最大功率为 171kW，相比于市面上的合资车型的动力丝毫不逊色，系列的统一配置对中低端消费者显得极具性价比优势。

3. 加强宣传沟通——组建用户生态圈

2020 年，长安汽车摒弃了传统 4S 店的销售模式，推行了全新的营销策略。长安汽车通过线下品牌门店 UNI 星球地球站，配合线上品牌 App 长安引力，构建长安汽车的品牌生态圈。

在线下，区别于传统的 4S 店，UNI 星球地球站拥有推广产品、介绍品牌、休闲娱乐、介绍科技成果等多项功能，目的是与客户紧密连接，提供一个高效的沟通交流渠道，从而提供让客户满意的服务。长安汽车还通过举办 UNI 荣耀之夜、空投“UNI 星球神秘盲盒”等一系列营销活动吸引了大量的年轻用户。

在线上，长安引力仅安卓端的用户数量就已经超过了107万。以“共创共享”为核心的UNI星球生态是长安汽车向多元销售渠道模式转型升级的又一次重要尝试。凭借卓越的产品力和出色的创新能力，UNI系列实现了线上线下营销深度融合，多层次、多维度深化粉丝互动，打造以用户为中心的实时交互生态圈，进一步提高了用户凝聚力与品牌粉丝黏性。

三、结论与展望

长安汽车从挖掘自身特点、研究价值需求和加强宣传沟通三个方面进行产品定位，思路清晰，始终从消费者的实际需求出发，这便是长安汽车可以在竞争激烈的汽车市场中叱咤风云的核心竞争力。在新能源汽车普及的风口下，长安汽车一定能够继续发挥行业先行者的引领作用，带领中国汽车企业走向崛起之路。

（资料来源：作者根据多方资料整理而成）

二、产品规划

产品与服务的定位应立足于企业现状，在商业计划书中需要的则是产品规划。

1. 什么是产品规划

产品规划指的是企业经过调查研究后，在了解市场、顾客需求、竞争者、企业外在机遇和风险及其市场环境与科技发展条件的基础上，针对企业自身状况与技术发展方向，进行数据采集和分析，确定能抓住市场机遇、适应企业业务需求的新产品销售的前景方向，以及实现该产品销售前景的策略。

2. 为什么要做产品规划

首先，产品规划能够让创始人及时对产品的完整生命周期有清晰的认识与理解，知道产品各个阶段的主要任务，解决了企业未来发展阶段该做什么、不该做什么、什么时期该做什么、什么时期不该做什么等各种问题；其次，产品规划还能够让创始人及时地对企业资源的配置有一个认识，对优先的顺序也能够心里有数，而不会临时抱佛脚；再次，产品规划还能够使整个创新团队对产品的发展方向与目标有一个更清楚的认识，从而能够聚合整个团队；最后，针对商业计划书的编写者而言，编写商业计划书有助于锻炼自身的逻辑思维，安排在各个阶段的自主学习与规划，也有利于自身的职业发展。

3. 如何进行产品规划

要明确产品销售各阶段的目标、里程碑，最后形成一条路线图，也就是上文提到的在什么时间做什么、为什么做这些、如何做好、需要使用什么资源等。为了做好产品销售策划，要明确产品销售的核心意义，不仅是长远策划，还有月度策划、半年策划等，然后根据主要路线和总体目标做好产品销售策划，离开了这些核心意义和总体目标的产品销售策划都是没有意义的。如何确立企业的核心意义和目标市场？如图 2-6 所示，我们必须从目标顾客、使用场景、核心价值三个要素入手，要了解企业真正的目标顾客是谁，用各种方式搞清楚目标顾客在什么情景下会购买产品，思考企业提供给目标顾客的核心价值将如何具有连续性和延伸性。

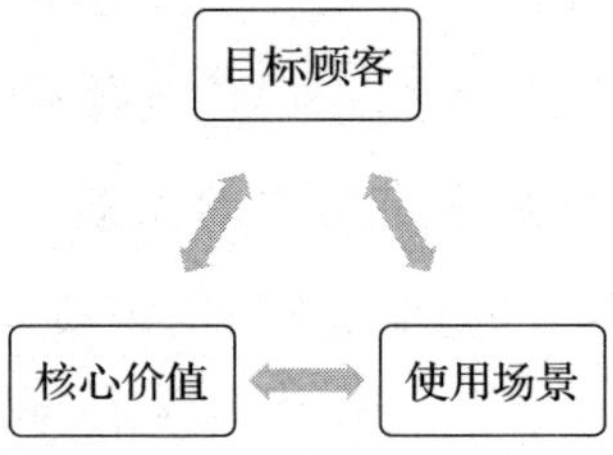

图 2-6　产品规划三要素

4. 产品规划的方法

以上是撰写产品规划的大体思路，那么，采用什么方法做产品规划呢？目前，较受业界认可的主要有两种方法：一种是生命周期法；另一种是问题分解法。

（1）生命周期法。

顾名思义，生命周期法是根据产品在不同生命周期的阶段进行的计划，如图 2-7 所示。在最小可行产品设计（Minimum Viable Product，MVP）阶段要做哪些工作、在成长期要做哪些工作、在稳定期要做哪些工作、在衰退期又要做哪些工作。

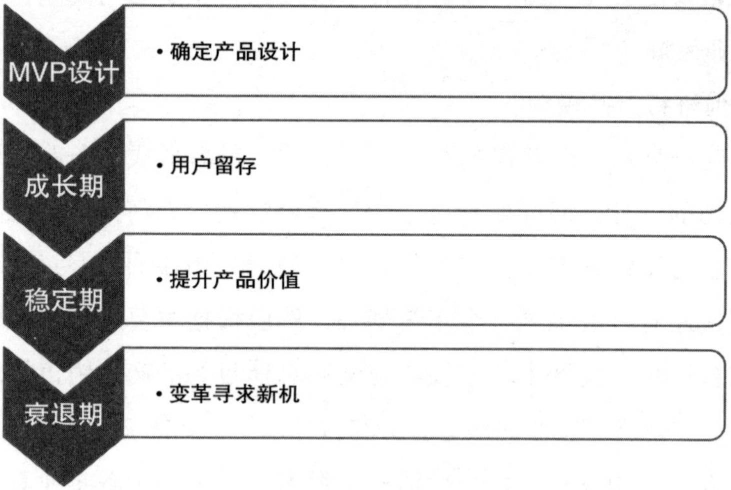

图 2-7　产品生命周期法的内容

MVP 的主要任务就是要以最快的速度保证你的产品设计理念在目标用户里的认可度和欢迎度，降低产品刚开始走错路的可能性。在这个阶段的产品设计就需要思考怎么让目标用户尽快地接受相对完善的产品设计，怎么筛选相应的核心用户，怎么收集用户的反馈，怎么根据这种情况快速迭代。根据上述目标去完成这个时期的产品销售布局。

成长期的重点是用户留存。目标用户要快速、稳定地增长，并且留存度也有提高。这个阶段的目标则是要看用什么样的战略（产品销售、运营管理、市场推广策略）和各种功能（包括各种技术优化手段）达到这些指标。

在稳定期，活跃用户的成长已经基本停止，核心用户的成长可能已经非常慢了。这个阶段的产品规划需要着重注意：怎样提高产品用户的转化率与获利水平，怎样提升企业目前的产品价值，才能使企业重新走向成长期，或是怎样挖掘新的产品，确保整个企业的生存。衰退期与稳定期非常相似，主要任务是寻求变革，使企业重新回到成长期。

（2）问题分解法。

问题分解法实际上是生命周期法的扩展。问题分解法就是要根据问题的基本内容与方向，不断提出问题。沿着产品的主方向，不断分析问题，在分析问题的时候需要先找到解决问题的方式。而问题规划则是把问题的求解方式按照产品优先级的顺序列举出来，并建立一条路线图。具体项目计划将会划分为许多的问题，项目管理者必须把这些问题尽可能地列举，进而根据问题想到解决办法，从而建立一种“在什么阶段解决什么问题”的项目计划方法。

生命周期法与问题分解法在实际应用中各有优势，并且彼此弥补了对方的短板。问题分解法的短板在于产品的发展规划只是一个整体的思路框架，不够具体，缺乏实操性，对于一些短、平、快的产品与服务来说效率不高。相比而言，具有明确的产品阶段分割、时间线明确、目标清晰的生命周期法就显得更为适用。而一些产品生命周期各个阶段的划分并不清晰，这个时候生命周期法就很难派上用场了。另外，虽然生命周期法时间线明确、目标清晰，但比起问题分解法来说容易造成“产品近视”，很容易让人认为产品进入了衰退阶段，就把实际上仍有市场价值的产品淘汰，而问题分解法则能够认识到该产品是否还具有市场价值，并加之合适的策略，从而重新创造产品的生命周期。

三、打造优势

说到产品优势，我们第一个想到的就是价格优势。但是，在不同的人眼中，同一件产品的价值也会有所不同。在激烈的竞争中，许多初创企业为了快速打造产品优势，选择用压低价格的方式立足市场，从而导致市场上越来越多的企业加入价格战中，争相压低价格，最终只会两败俱伤。因此，压低价格这一策略是不可取的，这里我们也不做过多的讨论。

说到产品优势，也绕不开另一个词：竞争。所谓的优势，就是产品在与其他产品竞争时所获得的优势。竞争产品，都是在争夺目标客户需求所带来的价值。几乎所有的产品或者服务都是为了满足某一个特定的需求而诞生的，这是人所共知的。只是满足这一个特定需求的难易程度有所区别而已。当客户的某一需求被满足后，在这个需求重新释放前就不会再去使用满足这个需求的相同功能的其他产品，这就意味着其他的产品会暂时失去被使用的机会，对于客户使用的这一产品而言，也就形成了产品优势。

那么，在面对同类产品市场竞争时，我们要如何提升产品的市场价值，与同类产品产生差异度，形成产品优势呢？主要有如图 2-8 所示的 5 种方法。

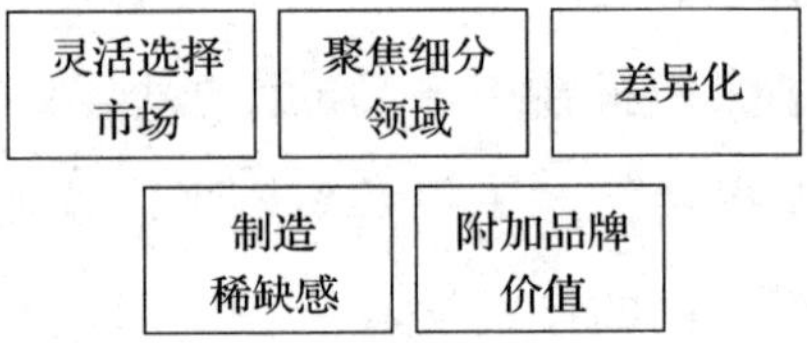

图 2-8　打造产品优势的 5 种方法

1. 灵活选择市场

品牌陷入价格战，往往就是因为市场上的普通消费者在做同类产品的价格比较，企业无法逃脱这样的竞争压力，应战是为了求生存。如果不加入，会更快地被淘汰。有一个办法能够帮助产品摆脱困境，就是改变对商品的归类，和同类产品区别开来，不仅能避免参与到价格战中，还能提高产品价值。

2. 聚焦细分领域

除了灵活选择市场以外，深入细分消费人群也是建立品牌竞争力的途径之一。很多中小企业的目标消费人群是大众消费者，而这一点在快速消费品领域中的中小企业体现得尤为突出，因为市场与营销知识的欠缺，在进入新行业后往往只能跟风而行，谈不上行业划分、锁定目标消费人群等。而处在这种特殊市场中的中小企业，最佳的突围之策便是细分大众消费者，或者集中专业资金服务于某一些特殊的目标消费人群。

3. 差异化

差异化也是市场竞争中最主要的优势来源。如果缺乏差异化，一个商品就很难在市场中脱颖而出。产品的差异化主要依靠技术，因此一般人比较易于模仿。但由产品个性形成的差异性已深入消费者的意识，并奠定了最关键、最稳固的差异化优势。个性也赋予了产品一种脱颖而出的机遇，从而在消费者脑子里保持了自己的独特地位。

服务内容应当是独立的、与用户健康密切相关的、具有吸引力和可靠性的。一些产品使用数字、图片、标语、声音、特别技巧或某些形式带给人们一种独特的信息。它不仅是传递产品信息，最关键的是要激发人们的购物意愿，这需要深入挖掘产品内涵。在和消费者的交往中，由标志到产品形象再到个性，其中个性是影响最大的因素，通过产品形象引起社会认识，产品个性才能受到关注。

4. 制造稀缺感

在制造稀缺感之前，我们需要明白，消费者对稀缺产品的争抢，并非因为产品稀缺，而是因为需要该产品。我们常常认为大家都在争抢的东西就是好东西，也正是这种心理使稀缺营销屡屡奏效。商家打出“只剩 ×× 件”“前 ×× 名享受优惠”等口号，都是为了营造更高的产品价值，向消费者传达一种紧迫感，抓住消费者怕错过的心态，引导消费者快速抢购。

5. 附加品牌价值

消费者在接受一种产品后，除了产品本身，额外联想到的东西，就是这件产品的品牌价值。每当提起该产品，消费者就能立刻联系到另一样东西，这就形成了区分于同种企业的品牌竞争力。这种附加联系是对品牌发展最核心且影响最大的资产。要增加品牌价值首先就要建立品牌价值基础联系，让消费者一下子就能知道你是做什么的、什么定位、有什么产品、优势在哪里。在消费者认知品牌的基础上建立品牌附加联想，寻求情感共鸣，让消费者有惊艳的感觉，以此与消费者产生情感共鸣，抓住消费者的心，产品优势就产生了。

• 商业计划书专栏 2-4 •

科大讯飞是怎样打造优势的

一、企业简介

科大讯飞股份有限公司（以下简称科大讯飞）成立于1999年，是亚太地区知名的智能语音和人工智能上市企业。自成立以来，科大讯飞一直从事智能语音、自然语言理解、计算机视觉等核心技术研究，并保持了国际前沿技术水平。科大讯飞积极推动人工智能产品和行业应用落地，致力于让机器“能听会说，能理解、会思考”，用人工智能建设美好世界，是国内一流的专精特新高科技企业。

二、打造行业优势

科大讯飞作为亚太地区领先的智能语音产品供应商，一直坚持以创新为先导，并持续投入了大量的科研经费，成功抓住了“平台＋赛道”的机会，在人工智能技术和智能语音产品方面呈现出了良好的成长态势。

1. 深耕语音交互技术，聚焦细分市场

语音交互技术是科大讯飞的核心技术，科大讯飞的语音交互技术不断优化迭代，在行业内始终处于先进水平。随着物联网概念的兴起，语音交互技术逐渐走向消费者，成为消费者日常生活中的实用工具。基于智能终端设备的新语音技术不断涌现，科大讯飞基于公司长期的语音技术实践，需要进一步加强技术标准研究，以促进公司语音交互技术规范的进一步完善。

2. 建立语音开放平台，打造差异化

面对规模越来越大的人机互动市场，科大讯飞建立了语言开放性网络平台。2010 年，科大讯飞发布了讯飞开放性网络平台，提出了包含语言组合、识别、语义分类等基本技能内容的 AI 技术能力。2015 年，科大讯飞宣布将打造 AIUI 开放性网络平台，依托原来的讯飞开放性网络平台生态圈，着力将人机交互技术向合作者敞开。经过技术创新，AIUI 网络平台已经从 1.0 版本进阶至 3.0 修订版，并完善了技术研发工具和提高了平台技术能力。科大讯飞开发智能物联云 AIoT（人工智能物联网），并提出了基于网络的云计算能力与依托局域网的雾计算技术，前者将提出开源、整合、高智能的云端服务平台，后者利用设备上原本空余的运算资源，以减少延时和降低成本。

3. 开辟市场新赛道，附加品牌价值

通过几年的发展，科大讯飞在智能教育、智慧医院等领域 To B 端已处于世界领先地位。近年来，随着可穿戴设备等电子消费市场的蓬勃发展，科大讯飞也开始在 To C 端进行产品布局，并采取了 To B+To C 的双轮驱动策略，以进一步开拓市场的新赛道。在 To C 端，科大讯飞发布了语言交互操作系统 iFLYOS，并发布了翻译器 3.0、智能学习本、智慧录音笔、读书机等多个新品。同时发布的讯飞魔飞 MORFEI 智能麦克风，具有分布式、能量跟随的优势。科大讯飞将开发智能语音技术扩展到图像技术领域，在智慧安检领域，开发了 X 光安检图像智能识别系统，已经可辅助识别刀具、枪支、压力容器罐等 30 多种违禁品，平均识别率达到了 85%；在智慧医疗领域，利用智能影像识别技术辅助医生阅片，可提高放射科医生的工作效率，降低阅片的漏诊率。

三、结论与展望

基于以上三点分析可以看出，科大讯飞通过聚焦细分市场、打造差异化、附加品牌价值三个思路构建自身的行业优势。在未来，物联网时代数据量将大幅增长，人工智能数据处理需求旺盛，相信科大讯飞能够发挥自身优势，取得长足发展。

（资料来源：作者根据多方资料整理而成）

第四节　写作重点之三：市场竞争

在商业模式、产品服务之后，商业计划书的第三个写作重点是市场竞争。分析市场竞争对创业团队的发展有巨大的作用：一是分析市场竞争可为企业的经营决策提供基本依据，为创业团队做出正确、科学的决策提供保证。二是紧盯市场还有利于企业及时发现新的市场机遇，从而及时改变战略，把握住机会。

进行市场竞争分析主要有三大内容，分别是产业现状分析、市场状况分析、企业竞争分析，如图 2-9 所示。

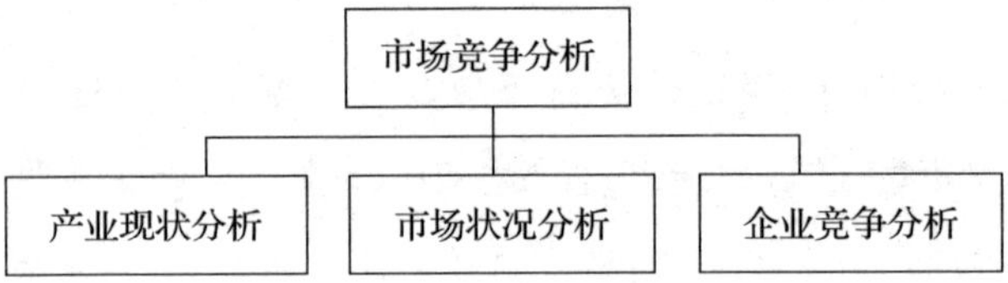

图 2-9　市场竞争分析的三大内容

一、产业现状分析

通常情况下，产业现状分析主要从行业概况与趋势、产业特征、细分领域三个维度进行。

1. 行业概况与趋势

在研究行业概况与趋势的过程中，人们通常会深入研究整个产业链结构，即整个行业中由上游到下游的每个环节，以及其产品在整个过程中的价值流动。通过对产业链结构的深入研究，可以快速掌握整个产业情况，便于把握研究中的重点。而深入研究整个行业的产业链结构后，人们又会开始深入研究整个产业的发展。外部条件研究一般涉及宏观环境、政策环境、社会环境和技术发展现状。外部条件研究的主要意义就是探讨产业目前身处的环境及其对产业自身所产生的作用，某些外部因素也可能会变成推动或阻碍产业发展的关键原因。

当分析了产业链和外部环境以后，分析的焦点将会转向产业规模和发展前景，这二者往往密切相关，且是产业概况分析的重点，通常包括产业规模、发展历程和驱动因子。发展历程分析通常关注产业目前的发展过程，如萌芽阶段、发展阶段、开发阶段、成长阶段和衰退阶段。驱动因子主要是对未来的预期，如未来若干年里推动该产业发展的要素是什么、这些要素对产业的作用有多大。产业发展的预测通常从供应端和需求端入手，进行交叉检验。产业未来的发展态势可通过对驱动因子的定量分析而获得。

2. 产业特征

当了解了产业的基本状况以后，则应研究产业的特点。通常某个产业最重要的特征就是该产业的进入壁垒。进入壁垒是新企业进军该产业可能会遇到的困难，即产业内既有公司在多年运营中所形成的优势。进入壁垒通常有顾客满意度、政策和政府关系、资金支持、大规模经营、技术积淀、品牌效应、投资渠道、运营经验和产业差异化等。

潜在危机是第二个考虑要素，由于危机和风险影响产业的发展趋势，有可能会威胁甚至破坏一个产业。公司遇到的危机通常包括：政治和法规风险，如贸易保护、产品管制、反倾销等；企业风险，如市场价值下降、竞争对手规模扩大等；社会风险，如市场劳动力过剩、产品成本增加等；财务风险，如坏账、市场资金流中断等。

根据对壁垒和风险因素的研究，能够分析出产业的重要成功因素（KSF），即在这个产业当中，哪些因素能够帮助公司取得成功。一般来说，产业的重要成功因素包括品牌效应、顾客满意度、政策和政府关系、投资渠道及产业差异化等。不难看出，重要成功因素和产业进入壁垒之间有着很大重合性，在某种意义上，KSF 也可简要诠释为“达到产业顶尖水准的障碍”。

当上述分析结束以后，将会再进一步分析产品的盈利能力。反映项目收益能力的数据通常包括毛利率、净资产收益率和息税折旧摊销前利润率；

在分析具体投资项目时，通常会考虑投资回报率和内在利润率。

3. 细分领域

人们在深入研究行业特征的同时，一般也会开展细分领域的研究。因为每一个产业都是很复杂的，会有许多不同的成分，所以需要划分产业、分块研究。根据企业的性质可以分为国有企业、民营企业和外商投资企业；有的行业产业链上下游关系相当密切，可根据产业链的上下游进行分类。

另外，对于细分市场规模的调查同样至关重要。细分产业中会有一些特殊的行业特征，且同一产业的细分行业特性也可能大不相同。上述在整个产业分类中所必须涉及的点，在分析或细分产业时亦同等重要。

此外，在产业细分的研究中还要关注行业集聚度。对行业集聚度的评价方式，通常是计算行业中几个最大的公司所占市场份额的平均值，一般为 CR5（市场前五名占比）和 CR10（市场前十名占比）。考察产业集中度最大的目的就是分析产业的竞争和垄断的真实情况。集中度越高代表进入难度较大，但通常利润水平较高；集中度越小则意味着进入难度较小，但产业分散，竞争比较激烈，利润水平相对较低。

二、市场状况分析

1. 宏观经济分析

宏观经济分析主要包括国内市场环境分析和全球市场环境分析两个方面。分析内容涉及消费增长指标、消费价格指数、国民经济增长速度等。分析方法涉及价格政策和税率、关税政策与我国进出口控制、人工成本、通货膨胀率、政府政策和投资情况、市场供求问题及产业政策和经济增长方式等。

宏观经济分析可以使用 PEST 分析方法。

P 代表政府，也指对公司运营产生现实和潜在影响的法令、规章等。当某地区出台了对公司运营产生约束力的法规条例时，公司的运营策略应相应地进行调整。处在竞争中的公司应当认真研读一个地区与商业有关的政策法规与思路，如研究各国的税收政策、反垄断法和解除某些监管的趋势。这些相应的法规和措施可以涉及各个领域的经营和业务。

E代表国家经济，包括本国的宏观经济体系、宏观经济结构、行业格局、资金形势、国家经济增长能力和未来的国家经济发展趋势等。因为企业是处在宏观经济大环境中的一个微观单位，宏观经济条件决定并制约着企业策略的选择，所以企业在制定各种政策时必须收集、观察、预测和判断本国及其他各国的宏观经济情况。

S代表社区，包括所属社区人员的道德水平、文化传承、价值观念、信仰、文化程度等要素。形成复杂社会的因素还有人口数量、年龄结构、收入分布、消费结构与生活水平、人员流动性等。

T代表科技，技术不但包含可以带来革命性改变的发明创造，还包含与公司产品相关的新科技、新工艺、新材料的产生和发展及其应用前景。目前，科技的变革浪潮几乎席卷了社会的所有领域，众多高新技术企业的出现彻底改变了世界环境和人们的生存方式。

2. 客户和消费者行为分析

客户和消费者行为的研究主要与其需求有关，在市场分析中也是不可忽视的一环。客户分析多是研究某些客户特点，进行客户画像，用某些特点识别客户，包括年龄、性别、职业等。客户调查的对象通常有个人客户（消费者）和公司客户两种。尽管这两种客户群体的属性、行动等特征迥异，但调研的具体内容却常常相同，大致都是客户属性、消费行为和客户价值。

个人客户的特征通常包括性别、年龄、职业、收入和所在城市等。而公司客户的特征主要涵盖产品与服务细分行业、所在地区、营业收入和总产能等。

消费行为主要是指客户在实际购物中的倾向，如价位、品质、渠道的选择。客户价值则主要体现了客户消费水平和消费意向。根据他们的特征、行为和价值，就能够把他们分为不同的群组。用户分群的作用与产品划分类似，把广大的用户人群分为不同的几个类型，之后再选择具有差异化的产品战略和市场营销战略。

3. 投资并购分析

与其他模块的研究一样，投资并购在市场研究中的作用也比较独特。由于这些市场研究所面向的主要用户群体为投资并购机构。因此，我们可以用过去数年的市场交易量和销售额研究投资趋势。最后，进行地域研究，找出投资重点。

典型交易过程是指业内最近进行的具体交易过程，主要涉及交易各方的价格信息、交易量和市场估值水平等，估测未来交易的发展趋势，并通过比较近期业内的投融资状况，预计业内投融资的发展趋势。潜在标的评估则比较具体化，因为必须整理可能的并购目标名录（包含长清单和短清单），以及这个目标的特征（主营业务收入、盈利性等），进而估算可能的评估指标。但是，由于会触及某些敏感信息，因此这些通常并不会在公开的新闻报道中反映，而是采用某些公开或非正式的会晤、访谈等形式，由咨询企业的合伙人向投资机构推介。

三、企业竞争分析

在瞬息万变的金融市场上，选择往往是多元化的。当企业的产品不能很好地适应客户的需要时，他们很容易“移情别恋”。因此，创业团队在了解自己之外，也要更好地了解竞争对手。当你拥有的信息越多、洞察能力越强时，就越能在市场中保持领先地位。

竞争对手分析是对竞争对手的产品及其营销优劣势的识别，可以让创业团队更了解自己的优劣势，也可以帮助团队清晰地认知自己的产品及服务及其在市场中的定位。通过有效的竞争分析，企业可以了解客户如何评价本企业的产品与竞争对手的产品。

1. 竞争对手的长远目标

分析竞争对手的长远目标有助于预测竞争对手是否对位置感兴趣，从而确定竞争对手会怎样转变策略，以及他们对外部事件会做出怎样的反应。

2. 竞争对手的战略能力

无论是目标，还是渠道，都要以实力为基础。在分析了竞争对手的目标和渠道以后，必须研究竞争对手是否有实力达到其目标。这就涉及企业怎样规划自身的策略以适应竞争对手。如果企业已经拥有了全部的竞争优势，那就不用担心会发生冲突。如果竞争对手已经拥有了全部的竞争优势，则有以下两种方法：一是不触怒竞争者，甘心做优秀企业的跟随者；二是避而远之，如果本企业没有绝对的竞争优势，或者只是在某个方面、某个领域拥有差异优势，也可在自己拥有的差异优势方面或领域内将文章做好，扬长避短。

3. 归类竞争对手

在充分了解竞争对手后，最后一步是将竞争对手进行归类，企业的决策者可以依据这些结论对企业的发展战略进行相应的调整。竞争对手主要分为四类，如图 2-10 所示。

图 2-10　竞争对手的种类

（1）市场领导者。

市场领导者通常是指占据较大市场份额的企业。市场领导者通常在市场变动、新商品上市、营销覆盖及销售支出方面遥遥领先于其他企业。换言之，市场领导者是主导市场占有率的企业。市场领导者不仅是最顽固的，往往也是最保守的，因为它们倾向于不改变任何影响其领导地位的东西。

（2）市场挑战者。

市场挑战者是最危险的。挑战者可能会攻击市场领导者或与其规模相当的其他企业或较小区域的竞争对手。

（3）市场追随者。

市场追随者专注于自身的商品、价格和市场营销计划，追求一定的市场占有率与收益。换句话说，市场追随者是一家希望保持其份额而不过度摇摆的亚军公司。可能是因为它们认为市场正在衰退，也可能是它们的精力集中在其他地方。

（4）利基玩家。

利基玩家是最具有挑战性的角色，利基市场的参与者通常是市场中较小的企业，甚至可能是缺乏既定地位的较大的企业。它们通过在需求、客户、产品或营销组合方面进行专业化深耕，避免与大企业的对抗。

第五节　成功的商业计划书

在介绍商业计划书的写作要素、写作原则和写作重点后，本节讲解评判商业计划书成功与否的三个标准：可验证性、可实施性和可展示性。

一、可验证性

对于投资人而言，商业计划书的可验证性是最重要的，因为投资人在认可商业计划书的部分内容后，还想得到企业更多的信息，还会进行第二次会面。此时，企业将会继续介绍投资项目的具体内容，并对部分内容进行证实，对此前提交的商业计划书的具体内容加以证实，争取得到投资者的信赖。所以，在制订商业计划时，企业必须运用大数据分析，精准是商业策划书可检验性的一个关键因素。

投资并非一个简单的过程，商业计划书也并非每次出现都可以让企业立即拿到投资。商业计划书的可验证性，可以认为是能否得到投资者认可的最后一个助推器。投资者之所以会和公司复约见面，不过是对公司有了初步的认识，并对公司的项目发生了兴趣。所以，一本收集了大量资料验证的商业计划书是复约面谈的有力工具，可以让投资者更加深刻地了解公司的目标。借助大量资料的展示，投资者能够快速掌握投资的可能性及其发展趋势，经过评估后确定投资结果。

商业计划书要具有可验证性，公司就需要进行各方面的分析，包括市场调研、产品销售信息、财务报告分析等。这些数据分析结果实际上都关乎公司投资项目的可行性，投资者也必须通过这些数据分析结果确定投资项目的发展前景。制作实证式商业计划就必须提供大量的数据分析，同时也必须详细而准确，如此才可以说服投资者，进而推动项目投资的顺利完成。公司简介、项目经理团队等需要用文字加以着重说明的内容，可以相应删减，用文本简单描述即可。如果投资者想和公司展开复约面谈，还是想了解更多的项目信息，并对其加以证实。所以，在其他地方耗费过多的时间和精力无法说服投资方，而且还有可能事与愿违。

具体而言，可以从以下三个方面提升商业计划书的可验证性，如图 2-11 所示。

图 2-11　提升商业计划书可验证性的三个方面

1. 善用数据

在运用数据分析时，必须要立足融资项目的全局，使数据对分析项目发挥重要作用。如果商业计划书可以扩大视角，站在公司所在产业的角度对该项目加以分析，得到的结论就会更具有比较性和科学性。投融资项目一定不是在企业内部进行，而是要面对整个行业市场。如果只分析企业内部的数据，由于没有比较，得到的结论就会显得较为片面，投资者就难以相信该数据分析的客观性。所以，企业在撰写商业计划书时，所采用的数据要立足于产业全局，使数据更有说服力。

2. 聚焦重点

创业企业撰写的商业计划书，如果不将全部的信息和内容加以分类整理，不突出重点，商业计划书给投资者带来的感受就不会太好。大量的信息会使人感到目不暇接、无所适从，会让投资者分不清哪些信息才是自身需要的，容易对投资计划产生不满。所以，在编制商业计划书前要厘清关键信息，并在商业计划书中对关键信息加以重点解释与说明，这样投资者才能够轻松地抓住自己最需要的信息，从而迅速地做出决策。

3. 严谨细致

企业要做出一份优秀的、可验证的商业计划书，就必须认真地对待每一个图表和每一条数据，绝对不能发生偏差。所以，在撰写商业计划书时，工作人员的态度必须严肃且仔细，要厘清表格与数据之间的逻辑关系及其要传达的信息，让商业计划书中所有的图表内容都是有联系、可衔接的。此外，通过商业计划书呈现出的一丝不苟的工作作风，还可以让投资者对企业产生好感，让投资者感到这份商业计划书是经过仔细准备及运用数据分析得出的结果，这种结果也是非常值得信赖的。

二、可实施性

商业计划书不仅是给投资人看的，对于创业团队来说也是一份企业未来的发展规划，能够帮助企业跟进业务流程，并在企业的不同时间节点及时调整发展战略。如果商业计划书中的内容只是天马行空的想象，根本无法落地，那么商业计划书就是一张废纸。因此，可实施性也是商业计划书必备的特性之一。

一个企业想要得到更长远的发展，一份明确的指导意见是必不可少的，这就需要制作一份能够对企业内部人员进行指导的计划，而商业计划书则承担了这样的角色，它可以提供给企业内部人员使用，用于服务企业内部的发展。编写商业计划书时，创业团队需要对企业内部的数据、计划等进行梳理，这样不仅可以加深团队对企业经营、市场环境的认识，还可为企业内部的工作人员提供一份行动准则。

具备可实施性的商业计划书通常具有以下三个特点，如图 2-12 所示。

图 2-12　具备可实施性商业计划书的三个特点

1. 精准全面

要让商业计划书具备可实施性，就不能只进行简单的描述，而是应该对公司信息做出全面、精准的报道，让企业内部人员在不受时间限制的条件下，对其进行充分阅读和理解。当企业针对内部工作人员制订指导方案时，工作人员更愿意看到一些工作的详细计划，而不是粗略的、大致的方针内容，因为详细的信息更利于指引他们前进的方向。因此，在撰写商业计划书时，企业应该全面列举企业内部某段时期所有项目的所有内容，让员工的工作有具体条例可对照。如在介绍企业的团队时，不仅可以介绍主要的管理团队、技术团队，还可以介绍这些团队下属的机构情况，让工作人员更加深入地了解企业架构。

2. 详略得当

具备可实施性的商业计划书虽然不用于招商，但是也要区分轻重缓急。在制作具备可实施性的商业计划书时，企业需要着重考虑企业内部的重点问题，并突出计划重点。商业计划书的篇幅也是有限的，如果报告内容、工作细节不加筛选，篇幅过长的商业计划书会让投资人、企业内部人员感到厌烦，企业工作人员翻阅计划书的时间也会加长，还难以记住里面的内容，反而会导致可实施性下降。因此，为了避免出现这种情况，在撰写具备可实施性的商业计划书时，需要区分信息的重点与非重点，并将篇幅安排妥当，争取内部工作人员在翻阅时能够及时发现重点问题。

那么，什么是重点内容呢？一般情况下，面向内部工作人员，企业近期的销售业绩、新产品与新项目、具体工作方法等都可以作为具备可实施性的商业计划书的重点内容，企业可以在这些方面多加描述。而对于企业情况分析、防范措施分析等内容可以少着笔墨。这样的分配方法既能让具备可实施性的商业计划书覆盖全面，又能让内部工作人员一眼看清重点问题。

3. 重视数据

在制作具备可实施性的商业计划书之前，应该积极收集企业的各项数据及内部人员的意见，最后总结出最合适的具备可实施性的商业计划书。在具备可实施性的商业计划书中，企业应该将每个季度的财务报表分析总结出来，并对下一季度的财务计划做出规划，促使工作人员朝着目标努力。数据事实不限于财务状况，还可以是企业的市场占有率、客户群、产品信息等。通过这些信息，工作人员可以更多地了解企业的发展状况，并明确自身的差距与不足，完善自身的工作内容。

三、可展示性

商业计划书一定离不开使用场景，那就是项目路演。在项目路演中，枯燥无味的商业计划书只会引起投资人的厌烦，那么，什么样的商业计划书能够获得投资人的青睐呢？这就要求商业计划书还要具备可展示性这一特质。

商业计划书的可展示性主要体现在以下三个方面。

1. 精练而全面

企业在进行项目路演时，时间是一个需要着重考虑的因素。在项目路演过程中，投资方没有充足的时间及耐心倾听所有内容。因此，商业计划书应该短而精，就像是一本微型手册。

不过，企业也不能为了做到精练就分不清商业计划书的重点，让投资方看得云里雾里。商业计划书应该像微型手册一样，可以清楚地把项目重点展示出来。不仅如此，商业计划书需要面对的投资方通常数量繁多，商业计划书需要着重考虑如何打动潜在的投资方。因此，商业计划书的展现形式显得尤为重要。虽然投资方众多，但是投资方并不会在路演时将企业所有的信息都收入眼底，在短时间内展示出企业的关键信息是商业计划书的必备条件。

2. 直奔主题

通过上面的内容大家可以得知，项目路演的时间较短，企业没有足够的时间将所有的内容都一一展示出来。为了让项目路演更生动、更有效，企业在制作商业计划书时应该直奔主题，直接对投资方想看到的内容、关心的问题进行充分介绍，如融资项目的发展前景、企业的优势等。这些内容很容易吸引投资方的目光，并引导投资方快速了解企业的项目，加速融资进程。

当然，不仅在制作商业计划书时要直奔主题，企业在项目路演介绍中也要做到这一点。有的企业会先入为主，认为在项目路演时做一个前期的铺垫有利于促进投资方进入状态，投资方在接下来的了解过程中也会有更深的体会。其实投资方对企业的很多基本信息都有一定的了解，他们能够快速进入状态，企业这种先入为主的想法，在投资方看来是多此一举的。所以，在项目路演时，无论是制作商业计划书还是宣讲商业计划书，企业都应该直奔主题，不啰唆。

3. 视觉冲击

假如你是一位投资人，在炎炎夏日的午后，一场各大企业齐聚一堂的项目路演正在进行，并且这已经是你在听的第三个小时了。台上的这位讲解者展示的商业计划书铺满了文字，而他也只是把 PPT 上的文字复述一遍，如图 2-13 所示。在这种场景下，你一定会觉得心情烦躁，无心再去了解这个项目的任何信息了。

工程项目咨询：编制可行性研究报告、项目建议书、项目申请报告、资金申请报告等申报性质文件	**规划设计：**提供总体规划、概念性规划设计、修建性规划、旅游景区规划设计及产业园区规划等服务	**招投标咨询：**编制工程类投标书、设备类投标书和服务类投标书等
风险评估咨询：编制节能评估报告、社会稳定风险评估报告、项目社会稳定回报论证报告、项目投资价值及未来收益分析报告等风险评估性质文件	**融资咨询：**编制商业计划书、资金管理实施细则、微观经济指标分析、项目计划书、投资计划书、创业计划书等融资类文件	**企业营销策划：**编制广告策划方案、市场调研报告、市场营销方案等营销类文件

图 2-13　枯燥无味的画面

然而，下一位讲解者从一开始就用图片铺满了屏幕，还用铺满图片的商业计划书展示了企业的数据、信息等内容。在这种场景下，投资人会忍不住多看几眼他的商业计划书，对于他讲述的内容也愿意多听几句。

一份生动有趣的商业计划书会比枯燥无味的商业计划书吸引人，哪怕是同样的项目，生动有趣的商业计划书成功的概率会远远大于枯燥无味的商业计划书。对于项目路演来说，商业计划书更像是一个辅助工具，通过生动形象的图片展示诠释讲解者所需讲解的内容，达到提纲挈领的目的。因此，在项目路演时所使用的商业计划书，可以更多地使用图片、图表，通过简洁、好看、大气的设计给投资方带来视觉冲击，制造出震撼感。不仅如此，大量图片还有利于带动投资方的情绪，帮助投资方快速进入状态，从而理解商业计划书所要表达的内容。

章末案例

派能科技：打造有世界影响力的储能产品

一、企业简介

上海派能能源科技股份有限公司（以下简称派能科技）成立于 2009 年，

总部位于上海市。派能科技专注于锂电池储能产品的开发和应用，提供领先的锂电池储能系统综合解决方案。派能科技垂直整合储能锂电池研发与生产、BMS研发、系统集成三大核心环节，以高性能储能锂电池和先进的BMS技术为核心，以市场需求为导向，为客户提供先进的储能产品。派能科技是国内较早从事商用锂电池储能系统的厂商之一，具有丰富的技术积累和全产业链布局优势，是一家优秀的高科技制造型企业。

二、发展历程

2009—2022年，派能科技一直专注于锂电池储能业务，是我国第一批专注储能赛道的企业之一。回顾派能科技的历史可以发现，其在储能领域经历了比较明显的三个阶段。

第一阶段是起步阶段，主要是指2009—2012年，派能科技尚处于专注于储能行业的技术研发阶段。派能科技成立后，就分别组建了材料研发中心、电池研发中心和电池系统研发中心，逐步打磨和掌握产业链核心技术，至2012年年初步具备磷酸铁锂电芯、模组及储能电池系统的自主研发能力和生产能力，完成了垂直产业链布局。在这三年的打磨中，背靠中兴通讯的派能科技成为中国联通、中国移动和中国电信三大运营商的客户。

第二阶段是成长阶段，主要是指2013—2016年，派能科技实现从家用KWh等级到电网MWh等级的产品应用。经过第一阶段储能领域的技术储备之后，派能科技开始打造产品矩阵。派能科技于2013年实现了首套家用储能电池系统在欧洲市场的商用。2016年，派能科技集装箱式大型电网级储能电池系统正式商用。由此，派能科技的储能产品在家庭、工商业、电网、通信基站和数据中心等场景均实现了商业化的应用。

第三阶段是崛起阶段，主要是指2017年至今，在此期间派能科技发展成为全球户用储能市场占有率第二的企业，并逐年缩小与特斯拉的差距。完成技术和产品的布局后，派能科技开始了全球销售渠道的布局，尤其是全力拓展境外市场，并迅速崛起为全球户用储能市场的“巨头”。如今，派能科技产品也逐渐转型为以户用储能为主，户用储能主要需求基本都来自海外，所以公司的营业收入也主要由境外业务贡献。

三、派能科技的商业模式

派能科技的商业模式也很简单，专注于磷酸铁锂电芯、模具和储能电池技术的开发、制造与销售，以境外发展家用储能的 To B 产业为主要业务，就是典型的面向大客户 B2B 的设备制造商。派能科技标准的 B2B 业务流程为：由派能科技根据集成商客户订单把产品生产好，卖给集成商，然后集成商给最终客户家庭进行安装并服务。因为储能系统中集成所包含的电气设备数量较多、专业化程度较高，所以通常是由系统集成商对整个储能体系中的电气设备进行综合选择，匹配集成给系统下游的设备安装商，才将最终安装任务交付给终端客户。派能科技主要是专注于储能电池及管理系统供应商这一核心上游领域，并通过大客户战略，重点研发与维护优质管理系统集成商。强势的大集成商会要求派能科技进行贴牌生产，小的集成商销售派能科技自有品牌产品。派能科技处于母公司地位，主要承担开发、营销、经营等责任；电芯产品主要由全资子公司扬州派能承接，而扬州派能的电芯产品与昆山派能的电芯产品组合成其主要功能模块，黄石派能和昆山派能将电池模组与 BMS 电路板等组装成系统成品。派能科技的业务重点聚焦于家用储能设备和通信备电，下游市场中绝大部分是设备集成商市场，营销方式主要包括自主品牌营销和贴牌营销。

派能科技的商业模式可以从以下四个方面进行分析。

1. 主营业务

派能科技垂直整合整个产业链，是目前业内极少数同时拥有电芯、功能模块、动力电池系统、能源管理系统等储能核心部件自主开发与生产的公司。公司产品采取模块化设计，便于配置与扩充，智能电池系统可自主适配 5 ～ 1500V 不同等级的电力环境，灵活实现从家居千瓦·时级别至国家电网兆瓦·时级别的储能要求，并为家居、工业、国家电网、通信基站、信息中心等各种场景提供“一条龙”式储能服务。

2. 产品模式

派能科技的生产过程主要是自建生产线自行生产制造，少部分非核心工序采用外协生产模式。目前，派能科技的PCB贴片、线束设计等工作已通过外协技术实现。

3. 分销方式

由于储能电池体系为整套储能体系的中心元件，因此必须先将储能变流器等其余元件集中形成整体的储能体系后供应给终端顾客，所以存在控制系统设计、集成和配置等环节。由于系统整合中包含的设备数量较多、专业性较强，所以通常是由系统集成商对整套储能体系中的设备实行统一选型，通过外购或自主制造储能变流器及其他设备，再配套给集中于整个系统上下游的装配商，装配商则在安装施工后交给终端客户。公司总部一般设有国内市场营销部与国外销售业务部，分别承担国内外市场的产品销售任务。

在网络方面，派能科技率先与15个主流家储逆变器产品进行了联调互测，并成为业内第一家实现普适式连接的镍氢电池储能技术制造商。与这些光伏系统集成商的深入合作，解开了“行业秘诀”，并做到了与使用环境的良好配合。

4. 技术路线

在动力电池工艺道路层面，与当下在储能行业主推铁锂方型技术路线截然不同的是，派能科技始终坚守磷酸铁锂软包技术路线。派能科技在技术发展方面强调软包的主要原因是，软包在能量密度和稳定性等领域中的优点更加突出，并且可以针对客户的实际要求进行量身定做，在产品设计上更为灵活多样，所以在开发新产品上具有优越性，并且可以更好地适应复杂、多变的储能应用要求。

四、市场竞争

1. 产业现状

提到派能科技的商业模式，首先介绍近年来储能领域的技术特点：储能不是技术含量特别高的精尖科技，不过由于使用规模的扩大及信息技术的推动，储能技术也随之得到快速发展。而当下储能的主流形式是氢储能、电储能及热储能，其中电储能是目前使用范围最广、技术发展较完善的技术之一。电储能又分为电化学储能与机械工程储能，前者一般以锂动力电池居多，由于原材料成本低、能源消耗少，已经逐渐得到了行业认可。储能的应用一般包括两种：一是发电侧，一般是作为对国家电网的削峰填谷；二是客户侧，一般是为使用光伏住户和企业用户进行储能服务。

2. 市场状况

将储能技术应用于发电侧显然更科学合理和更有发展前景，然而，客户侧储能技术的应用同样具有广阔的前景，尤其是在国外市场。由于国外可再生能源市场开发迅速，屋顶光伏、电动车等的普及促进了用户侧，同时欧美国家地广人稀及适宜的气候条件和住房构造，都很易于开发分布式储能市场。从应用端来看，由于国外居民对光伏等清洁再生能源的需求较多，也间接带动了储能产品需求量的增加。

3. 企业竞争

存储能量管理系统大致有两种主体：电池制造企业与储能变流器（PCS）制造商。PCS 制造商以太阳能电源公司为重要典型，拥有在逆变器产业累积了几十年经验的全球化平台，并携手三星等电芯制造商向上游产品市场扩张。动力燃料电池生产厂家一般以 LG 化学、宁德时代、派能科技等为典型，主要是基于传统电芯生产基础向上下游扩展，宁德时间等厂家的动力电池企业仍以生产动力燃料电池居多，对电化学体系也比较了解，目前主要是供应存储能量电芯与功能模块，基本上位于产业链上下游。而派能科技则专注于储能领域，由于产业链更长，可以直接为客户提供与产业发展相匹配的储能管理体系。

在海外户用储能方面，派能科技的主要竞争对手是美国的特斯拉、LG新能源、比亚迪。2020年，派能科技户用储能商品配送额约为全球总配送规模的13%，排名全球第二，仅次于特斯拉。

五、成功经验

1. 精准定位：用电侧储能

派能科技所属的储能产业本身就是值得关注的一个领域。储能技术广泛运用于电力，能够补充电力中不足的“储放”功能，保证洁净电力规模化发展和国家电网安全、经济运行。改变了能源制造、运输与利用同时进行的方式，让实时均衡的刚性发电变得更为柔性，在平抑大型的清洁再生能源发电接入电网所造成的问题波动方面作用尤为突出。总之，储能电池管理系统具有削峰填谷、调控负荷的功能，因此可以有效提升发电效益，减少供电成本。除可再生能源市场的规模化发展推动了储能电池市场的蓬勃发展之外，微电网和电动车技术的普遍使用更是储能市场强势成长的关键原因。

从整个供电系统的视角来看，家庭储能的使用领域主要包括家庭发电侧储能、输配电侧储能和企业供电侧储能三个领域，供电侧储能分为家庭储能和企业储能。派能科技的储能电池技术主要适用于供电侧的家庭储能和通信备电两大细分领域。未来，中国将成为世界上储能电池出货量最高的国家，派能科技位于储能电池装机数量最高的电力侧行业，在电力侧细分行业和家庭储能行业中处于领先地位。在多个利好因素的影响下，海外家庭储能市场的容量将继续扩大，派能科技将继续分享产业发展的红利。

2. 发展规划：大胆进行产能扩张

储能已经成为当下新能源行业的热点，派能科技创立之初以科技立身，历经10多年研发逐步掌握了磷酸铁锂电芯、模具和储能设备等多个领域的核心技术，现已打破技术工艺局限。2020年，派能科技的家用储能系统出货量就占据世界总出货量的8.5%，位居世界第三，排名仅在特斯拉和LG化学之后。2017年，派能科技扩大投资产能和公司规模，在扬州建设储能设备制造产业基地。派能科技的业务主场在国外，2020年派能科技国外市场总收入占比达八成，而专注的又是家用储能市场，符合国外产业的发展趋势。而且，企业的国外客户服务十分优秀，如欧洲储能系统集成商Sonnen、英国光电厂商Segen、欧洲光电厂商Krannich Solar及西班牙储能供货商Solar Rocket等，这些客户都是欧盟不同国家新能源应用领域中的佼佼者。

3. 融资选择：找到强大的投资方

2021年营业收入只有20多亿元的派能科技，之所以能在海外巨头云集的户用储能市场中取得一席之地，除公司战略优秀外，也得益于公司背后的力量——中兴通讯的支持。中兴通讯属于全球前列的通讯设备厂商，在全球160多个国家和地区开展业务，服务全球1/4以上的人口，再加上电信运营的特点，决定了公司的运营渠道是非常全面的，不只在大城市，在各种下沉市场都有相应的网点，而这遍布全球的网络也为派能户用储能奠定了一定的基础。

2020年，凭借中兴通讯的支持，派能科技96%以上的产品被关联方中兴康讯采用。但仅靠兄弟公司的帮助，要在行业中取得一定的领先优势，似乎还不够。近年来，派能科技也在不断加大研发投入，研发费用一直较高。2022年上半年，派能科技研发投入1.3亿元，同比增长132.4%。在这些资金中，中兴通讯作为大股东的作用十分明显。

六、结论与展望

随着世界家用储能电池市场的飞速扩张和派能科技国际知名度的提高，派能科技在国外市场的开拓将越来越成功，新品牌形成后，产品盈利水平将得到进一步提升，企业前景将更加广阔。但是，必须注意国内储能的主要应用重点是清洁燃料发电侧和工业电力侧，而派能科技的主要产品属于家用储能方面，重点应用侧在国外。所以，派能科技若要继续维持旺盛的增长趋势，有必要开发储能技术在工业储能方面的应用。

（资料来源：作者根据多方资料整理而成）

章末小结

与创业一样，企业商业计划书的撰写也是一项复杂的工作，不但要对企业自身、市场、产业进行深入研究，而且还需要遵循一定的逻辑思路，对撰写者的文字功底也有较高的要求。

本章就商业计划书的撰写展开了详细的论述，研究了合格的商业计划书的相关要素和写作原则，接着分别深入解析商业计划书的三大写作重点，最后总结了成功商业计划书的三大特性，可操作性非常强，可供有撰写商业计划书需求的创业团队参考。

第三章 项目路演

时代在发展，科技在进步，优秀的企业需要获得更多的资金资助。良好的现金流对于企业的发展起着至关重要的作用。融资是企业获取资金的一个非常重要的方式。如何获得更多的融资，如何让投资者对企业产生信任，如何让大众自愿为企业掏腰包，这就需要企业通过项目路演的方式展示企业的魅力，吸引各方力量与企业合作，实现共赢。

一块砖没有什么用，一堆砖也没有什么用，如果你心中没有一个造房子的梦想，拥有天下所有的砖头也是一堆废物；但如果只有造房子的梦想，而没有砖头，梦想也没法实现。

——新东方集团创始人　俞敏洪

开篇案例

德方纳米的全景路演

一、企业简介

深圳市德方纳米科技股份有限公司（以下简称德方纳米）成立于2007年1月25日。德方纳米致力于研发与锂电池相关的产品，纳米磷酸铁锂产品广泛应用于新能源汽车等领域。德方纳米专注于产品的研发，目前已拥有两个生产试验基地，一个位于广东省佛山市，另一个位于云南省曲靖市。目前，德方纳米已经申请了多项专利，并且开发的产品也获得了国家级、省级等多个奖项。2021年，德方纳米的营业收入总额为48.42亿元，2022年前三季度的营业收入就已达到了144.16亿元，接近2021年全年营业收入的3倍，呈爆炸式增长。

二、德方纳米的路演规划

德方纳米通过网上路演的方式公开发行股票，邀华泰联合证券有限责任公司为保荐单位，以深圳市全景网络有限公司为平台，通过企业的路演规划帮助企业更好地募资。德方纳米网上路演的规划包含以下几个方面：介绍德方纳米的募资方式和资金用途，通过视频介绍德方纳米的现状及发展状况，积极回答网上投资者提出的相关问题，德方纳米总经理进行路演总结。

三、德方纳米的路演实施

2019年4月2日，德方纳米通过网上路演的方式募集资金，此次募集资金将用于每年1.5万吨纳米磷酸铁锂项目和锂动力研究院项目及信息化建设项目，同时也会进行流动资金的补充，帮助企业完善公司治理结构和主营业务的发展，实现产业和资本双翼发展，在确保公司稳健快速发展的同时，推动行业健康蓬勃的发展。德方纳米的视频展示环节表明了当前社会所面临的社会痛点和企业的产品技术及优势。由于不可再生资源的大量使用导致空气污染，使人们生活的环境日益恶劣。德方纳米注意到了这点，便以纳米材料技术革新为自身使命、以“还地球一片蓝天，留子孙一片乐土”为企业的目标，开展新能源电池的研究。

在投资者提问环节，针对德方纳米优质客户的寻找和如何与老客户达成长期合作关系、企业现如今的纳米磷酸铁锂生产技术水平达到了什么标准、下游新能源商用车及储能产业政策变化会对企业产生什么影响等一系列问题，德方纳米都一一进行了回答。

首先，客户质量决定企业收益。德方纳米表示目前的发展资金有限导致产能仅够满足几个优质客户的需求，但是伴随募集资金的增加，企业也将进行项目投产，同时，企业也会根据市场环境选择更多的优质客户，以帮助企业更好地拓展市场。其次，产品实力决定了企业立足市场的实力够不够稳固。对此，德方纳米给出了明确的回答，德方纳米一直坚持自主研发，不断创新产品技术和开拓不同的技术路线，来确保产品能够适应不同市场需求。德方纳米采用的“自热蒸发液相合成纳米磷酸铁锂技术”，被“中国材料学之父”师昌绪先生所在的国家纳米科学中心专家组鉴定为国际领先技术水平，技术实力完全值得投资者信赖。国家政策对企业发展也起到了推进作用。自2009年我国优先发展客车等新能源商用车，新能源汽车受益于技术规范、政府补贴、税收优惠等因素，德方纳米的锂离子动力电池有效渗透到城市公交、城市配送及出租车等领域。随着客车、专用车等新能源商用车产销规模均实现飞速增长，德方纳米的业务规模也得到了快速增长。这几年，随着新能源汽车产业由导入期进入成长期，国家对其补贴政策也在不断调整，呈现退坡幅度较大、技术标准逐步提高的趋势，对市场发展和产业竞争格局产生了一定的影响。目前在锂离子储能电池领域，随着储能产业发展进入产业化初期，并逐步向规模化转变，磷酸铁锂电池凭借优异的循环性能、较低的生产成本，在通信及电网储能领域的应用前景广阔。

德方纳米积极回应了业绩、政策、管理等方面的一系列问题，帮助投资者更加全面地了解德方纳米，网上投资者将更加关注企业的发展。

四、成功经验

德方纳米的这次路演取得了巨大的成功，这与企业在路演前做的充分准备有关。德方纳米采用网上路演的方式能够很好地打破线上路演所带来的局限性，如时间局限性、熟练度局限性和临场反应能力局限性。网上路演能够很好地帮助对本企业感兴趣的投资者有专门的平台和足够的时间深入了解企业的整体情况。德方纳米路演为投资者详细讲述了企业的过去，并且对企业未来的发展也做出了详细的解释。德方纳米网上路演的成功不仅在于选址的有效性，企业的资料也准备得非常齐全，做了充分的准备便能有效地回答投资者的问题。同时，企业的技术加成、奖项加成、商业伙伴加成和大环境都表明，企业的发展前景广阔，并获得了投资者对企业的信赖和支持。对于这种信任，企业将以良好的收益回报投资者。

五、结论与展望

成功的路演能帮助投资者发现企业光芒，一个好的路演既要明白路演的目的，又要制订详细的路演规划，巧妙地把握投资者的投资偏好，将企业的过去讲述完整，对企业的未来发展表述清晰，运用正确的价值导向帮助企业完成路演，获得更多投资者的信赖与支持。

（资料来源：作者根据多方资料整理而成）

第一节　路演前的准备

古语云："谋定而后动，知止而有得。"自古以来，将军不打无准备之仗。由此可以看出，充分的准备对于一个人、一件事而言是多么重要。所以，企业在参加路演前需要进行一系列的规划和准备。路演者不仅需要精心制作 PPT，还要非常清楚此次路演的参加者有哪些、投资者的偏好是什么、企业的产品有哪些、企业的市场占有率是多少、企业的市场口碑好不好、企业所解决的社会痛点是什么、企业的自身优势有哪些、竞争对手的优势有哪些、相较于竞争对手自身的优势有哪些及企业的宏伟目标是什么。"知己知彼，百战不殆。"所以路演者必须非常清晰地知道自己所处的位置及对手所处的市场地位。除了知己知彼，还需要天时、地利，所以在路演前需要知道适合自己路演的时间和地点。将路演前的天时、地利、人和皆考虑进去后，那么一场完美的路演便可以开始了。

一、路演的目的

路演就像一场"相亲会"，是企业和投资者相互认识、了解，最后相互认可和信任的过程，通过路演，企业和投资者达成互利共赢的共识。企业参加路演的最终目的是融资，企业获得更多的投资便可以快速地成长。路演前的准备、路演时的演讲、路演后的投资者提问都是为了让投资者了解企业的情况。要想保持与投资者、消费者及客户之间的良好关系，就要了解投资者关心的问题。

1. 投资者的情况

一些参加路演的企业认为只要他们的演说足够漂亮就一定会有人愿意为他们的企业买单，但事实是绝大多数投资者都具有超强的行业分析能力，他们有着独特的眼光和不一样的见地，他们对于路演者所处的行业认知可能比路演企业自身的认知更加深刻。对于这些投资者而言，投资就是一场生意：投资者出钱、企业出力、投入资金、赚取收益。所以，这些投资者会对企业的综合能力进行评判，如团队能力、领导者能力、发展战略、企业秘密、客户情况、产品能力，这些都是投资者非常关心的问题，如图 3-1 所示。这些问题的处理方式决定了企业未来的发展是否值得投资者信任且进行投资。

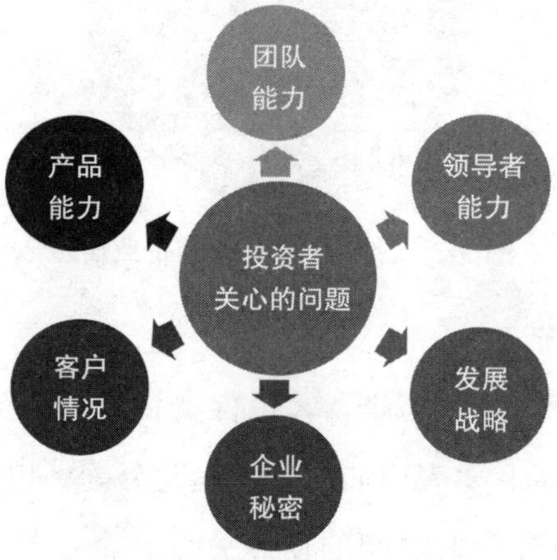

图 3-1 投资者关心的问题

2. 企业的自身信息

路演的目的就是获得更多的融资，如何获得更多的投资者投资取决于企业自身的优势，如何在有限的时间内详细地介绍企业的优势是一件非常重要的事情。企业在路演中需要详细介绍的一些事项包括企业的名称及企业口号，一个朗朗上口、通俗易懂的口号会加深投资者对企业的印象，企业还需要介绍团队内部的成员，如核心的技术人员所拥有的技术优势是什么及团队其他成员的协同作战能力如何，领导者领导能力的表现也是十分重要的，需要详细介绍。企业所做的项目是什么、为什么要做这个项目及该项目所解决的社会问题有哪些，也应该包含在路演中。投资者最关心的项目市场占有率如何、竞争对手有哪些及企业与竞争对手之间的差距有多大，这些也应规划到路演之中。企业的宏伟目标决定了企业的初心，在路演的最后也要表明，因为一个企业能保持用良好的初心完成美好愿景的品质也是投资者非常期待的企业特质。路演中应介绍的企业信息如图 3-2 所示。

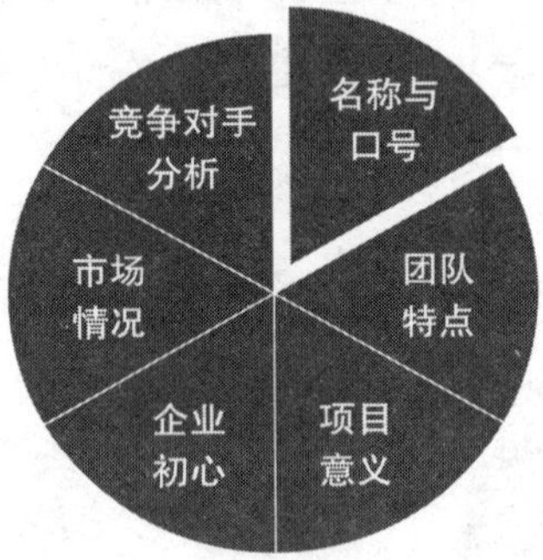

图 3-2　路演中应介绍的企业信息

3. 保持良好的关系

创业者与投资者、合作伙伴、客户保持良好的关系能够帮助企业更好地发展，如图 3-3 所示。要表明如何进行利益分配，以免日后产生纠纷，也能够有效维持企业与合伙人之间的良好关系。企业与合作伙伴、客户之间建立良好关系的方式则需要以优质的产品为基础，通过销售优质的产品、提供优质的服务、完善售后平台等方式来实现。一个良好的关系可以保证企业正常且快速地发展，企业与投资者、合作伙伴和客户之间保持良好关系的方法不仅需要法律的约束，也需要彼此的信任和坦诚，这可以帮助企业更好地成长，从而实现互利共赢、共同发展。

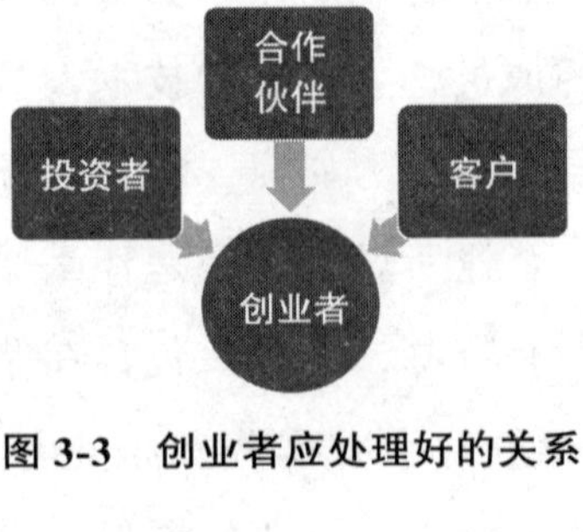

图 3-3　创业者应处理好的关系

• 项目路演专栏 3–1 •

清航装备：无人直升机企业

一、企业简介

北京清航紫荆装备科技有限公司（以下简称清航装备）成立于 2015 年 10 月，创业团队由李京阳、王贤宇、海日汗、印明威、包长春五位成员组成，分别负责测试系统、动力系统、机械系统、飞控系统和总体设计的部分，这个由博士组成的研发团队荣获“北京市工人先锋号”称号。清航装备的注册资本为 1481 万元，属于国家高新技术企业，并且是中关村金种子企业。企业总部设立在北京市中关村延庆园，属于北京市知识产权试点单位，并且企业研究的项目被列为延庆区政府重点工作项目。

二、路演的实施

2019 年 10 月 14 日，在中国“互联网 +”大学生创新创业大赛的决赛现场，清航装备的创业团队进行了项目路演。创始人李京阳以自己的梦想“造飞机”为引讲出了企业研究无人机的起因，针对无人机市场存在的缺陷和痛点问题进行了分析。他说，目前该行业的主要痛点问题包括国内现有的无人直升机飞行高度低、速度低、载重能力小等。尖端无人直升机处于被“卡脖子”的窘境和人民群众日益增长的物质文化需求，促使企业积极研发产品来解决问题。

清航装备的研发团队打破了国外垄断且填补了国内市场的空白，企业研发的无人机产品包含了 JZ-300 型号、JZ-60 型号、JZ-TT 和仿生鸟型号，并研制出世界首架交叉双旋翼复合推力尾桨无人直升机，该直升机起飞重量 300 千克，航程 400 千米，行程可以往返杭州市到上海市。交叉双旋翼复合推力尾桨无人直升机相比传统的无人机，载重提高了 30%，速度提高至 100 千米 / 小时。清航装备研发的交叉双旋翼复合推力尾桨无人直升机性能在国内独领风骚。

清航装备有核心研发人员21人，其中教授3人，博士10人。清航装备具备创造性思维，且产品和研发技术都处于行业领先水平，这些优势帮助企业在三年内完成了三轮融资1.2亿元。五吨型号被列入国家规划，研制经费数亿元。在工业领域，清航装备获得应急消防采购订单2000万元，意向订单6000万元，客户已基本覆盖居民单位。从销售额方面可以看出，清航装备已经获得了很好的市场认可度。

清航装备荣获“2022年北京市知识产权示范单位”称号，获得了企业民用无人机驾驶员训练机构合格证、武器装备质量管理体系认证和无人驾驶航空器经营许可证及北京市JMRH重点支持项目。其产品被列为北京市应急科技先进装备，企业也被中央电视台新闻联播栏目和教育部等报道。这些强大的实力都标志着此次路演的成功是必然的，同时演讲者精湛的演讲技巧、所展示的自信状态也得到了投资者的信赖。

三、投资者提问环节

投资者认为清航装备的能力非常强，对企业的技术方案、对客户痛点问题的解决能力、企业商业模式和团队能力及融资能力等方面都给予了认可，并且针对企业的规模、市场销售等问题提出了意见。当投资人问企业最大的软肋是什么的时候，李京阳毫不避讳地说——发动机是进口的，这种真诚的态度深得投资者认可。

四、结论与展望

清航装备在本次路演大赛中获得了冠军，不仅因为实力强大，也因为企业整体的团队精神和演讲者诙谐幽默的语言艺术及诚恳认真的回答态度，从企业实力到路演者的人格魅力无一不是企业路演成功的因素。

（资料来源：作者根据多方资料整理而成）

二、路演的规划

古语云:“台上一分钟,台下十年功。”要想完成一场完美的路演则需要进行非常精准的设计。不论是对演讲时间的把握,还是对演讲地点和演讲时所处位置的角度,都需要在路演前进行巧妙设计。在演讲前,演讲者需要非常清楚对本行业感兴趣的投资者所处的位置在哪里,然后确定好自己在台上演讲时的角度,以保证更好地吸引此类投资者的兴趣。

1. 把握路演的时间、地点

选择什么时间、在什么地方进行路演才能获得最大的关注,是企业必须考虑的一个关键性因素。有当地投资者为了寻找更加优质的企业而举行的大型活动,也有当地政府出资举办的企业路演比赛,或者是当地的其他具有影响力的活动,这些都可以帮助企业在路演过程中获得投资者的青睐。所以在举办这些大型活动之前,企业应当好好把握时间,对即将到来的路演谋篇布局,充分准备所需的路演材料,如产品展示、产品的战略定位、企业的市场规模及企业现在的商业模式和盈利模式,并且规划好这些内容所占据的时间。

一场完美的路演不是长篇大论、夸夸其谈的演讲,而是经过深思熟虑后精准分析行业所在市场行情及未来发展趋势,同时分析企业所处的行业地位、财务状况、合作伙伴及竞争对手的市场情况,将这一系列内容进行融会贯通,并在 10 ～ 15 分钟完成。在路演中,除了企业的自我介绍,还会有投资者对企业进行提问。一般而言,投资者对企业所处的市场环境是十分了解的,所以当投资者提出问题时,企业应该在一定的时间内完成回答。而专业的投资者提出的问题往往是企业未来发展的关键,这时企业必须清楚地记住投资者提的问题,当遇见解答不了的问题时则需要深刻反思,为企业未来的发展提出相应的计划。

2. 路演所需的材料

一场完美的路演还需要演讲者对准备的 PPT 内容进行理解和提炼,因为演讲者不仅要演讲，还需要面对潜在投资者的问题。如果演讲者不能了解企业的整体情况，那么当投资者提问时就会手足无措，使场面陷入尴尬。所以，对演讲者的选择及 PPT 的制作都需要精准地把握，这不是一个人的路演，而是一个团队在协同作战，企业团队协作收集资料、整理资料、分析资料，路演者融会贯通地掌握资料且铭记于心。项目路演前需要准备的材料如图 3-4 所示。

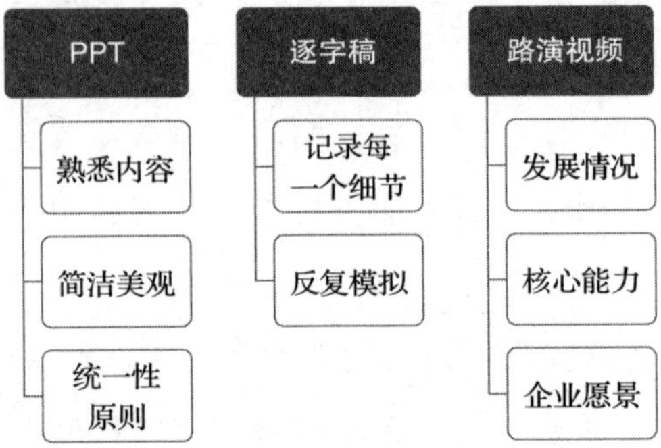

图 3-4 项目路演前需要准备的材料

（1）PPT。

一场生动的演讲不仅能够提升企业形象，还能很好地调动投资者对企业的兴趣。所以，为了将 PPT 与路演者演讲时的情境完美融合，就需要路演者熟悉演讲内容并制作属于自己风格的 PPT。PPT 所呈现的内容要简洁明了、抓住要点、不浮夸，同时整体排版格式要一致。

统一性原则不仅体现在 PPT 的图画风格上，在文字方面也要进行统一规划，统一格式的 PPT 会使投资者认为企业是工作态度严谨且认真负责的。另外，PPT 的图片颜色和字体颜色尽量不要超过三种，过多的颜色会让人产生一种凌乱的感觉，同时还不能加强投资者对 PPT 内容的记忆。在 PPT 制作过程中会发现有很多的字体格式可供选择，但是在 PPT 中最好也不要超过三种字体，因为每一种字体给人的感觉是不一样的，例如，行书会给人一种洒脱的感觉；华文行楷会给人一种古典风雅的感觉，最适合应用于茶叶行业的路演当中；微软雅黑则会给人一种正式且端庄的感觉，所以不同的字体表达出来的意境是不一样的。在路演的PPT中，巧妙地运用文字和图片，将色彩与内容巧妙结合，再搭配上路演者演讲时的感情基调，可以很好地传递给听众及投资者所要表达的思想。

（2）逐字稿。

路演者不仅要自己完成一份清晰明了的PPT，为了更好地呈现演讲效果，还应该在演出前写一份逐字稿。写逐字稿就是将从上台开始的每一句话都写在稿子中，包括打招呼及当说到某一个片段的时候需要运用的肢体语言，将在台上每一个瞬间呈现的内容都写下来，就相当于已经在台下进行了一次路演的模拟，这样可以帮助路演者完美地完成路演。通过写下路演的过程，路演者大脑中就会勾勒出路演时的场景，以很好地克服临场的紧张感，对投资者所提出的问题可以镇定自若地分析和解答，这种自信将获得投资者的好感。路演者还应将实在解决不了的问题铭记于心，在路演结束后，与团队一同协商解决方案，为日后的企业改进提出意见。所以，采用逐字稿的方式进行PPT的制作可以使路演者在演讲过程中有更完美的状态。

（3）路演视频。

在路演的过程中，除了需要准备逐字稿外，还可以准备一些企业视频，尤其是即将上市的企业会进行一些网上路演，这部分企业由于进行网上路演，所以路演时间都会持续两三个小时，这对于企业而言是非常有利的，把握住这段时间会大大增加企业的市场认可度。在这段路演时间里，企业应当好好准备相关的数据和资料，以便在投资者提问环节可以做出很好的回答。在参演嘉宾推介环节，企业的参演嘉宾也应该了解企业的发展状况，以便增加投资者的信心。企业发布介绍企业状况的视频应该包含企业的发展历史、营业收入状况、市场占有率、核心技术的实力、企业研发团队实力、领导者水平和企业的最终梦想等内容，这些都可以让投资者了解企业发展状况和未来趋势。

• 项目路演专栏 3-2 •

可孚医疗：可以带回家的“医生”

一、企业简介

可孚医疗科技股份有限公司（以下简称可孚医疗）成立于2009年，并且在2021年10月25日正式上市，为企业提供健康监测、康复辅具、呼吸支持、医疗护理、中医理疗和听力解决方案等一站式解决方案，目前拥有的旗下品牌包括好护士医疗器械、科源医疗、健耳听力、氧立得。可孚医疗2018年获得了长沙市发展和改革委员会颁发的“企业技术中心”，2019年获得了湖南省工业和信息化厅颁发的“湖南省小巨人”，2020年获得了湖南省发展和改革委员会颁发的“湖南省企业技术中心”，2022年获得了第19届中国慈善榜“年度慈善榜样”。

二、路演现场

可孚医疗的网上路演选在全景网，路演时间为2021年10月12日下午两点到五点。此次网上路演的主题是可孚医疗首次公开发行股票并在创业板上市，本次企业拟公开发行的新股数量为4000万股，占公司发行后总股本的比例为25%。

1. 路演活动的嘉宾

此次路演活动的嘉宾张敏是可孚医疗的董事长兼总裁，张志明是可孚医疗的董事兼常务副总裁，薛小桥是可孚医疗的董事兼副总裁和董事会秘书，陈望朋是可孚医疗的财务总监。除此之外，还有保荐人李锋、邹扬、瞿孝龙、韩星四人，李锋是西部证券投资银行华南总部的总经理，也是首批保荐代表人，韩星兼任西部证券投资银行华南总部的业务总监。

2. 企业网上路演视频

首先是企业介绍环节，可孚医疗是一家国内领先的大型、综合性家用医疗器械企业，专业从事家用医疗器械的研发、生产、销售和服务。此次网上路演筹集的资金将用于长沙智慧健康监测与医疗护理产品生产基地建设项目、湘阴智能医疗产业园建设一期项目和研发中心及仓储物流中心建设项目，以及补充流动资金。其次是参与嘉宾的网上推介环节，通过各位嘉宾的介绍来增强网上投资者对企业未来发展的信心。最后是展示环节，通过播放企业制作的介绍短片帮助网上投资者直观地了解企业的生产规模、技术实力及企业的发展前景。

3. 企业短视频介绍

可孚医疗通过一则广告讲述了企业发现的社会问题。随着经济的发展，人们对身体健康的关注度也越来越高，大众对健康的管理从传统诊疗升级为全周期健康管理，家用医疗器械的普及率也越来越高。为此，可孚医疗紧跟时代步伐，深耕医疗器械领域。可孚医疗致力于为客户提供终身信赖的医疗健康产品和一站式解决方案。可孚医疗拥有近万个型号及规模的产品，产品覆盖健康监测、康复辅具、呼吸支持、医疗护理和中医理疗五大领域，已成为国内全生命周期个人健康管理领域的领军企业，实现了较高的研发转化效率，在深圳市、长沙市、杭州市设有三大研发中心，现已拥有156项专利。可孚医疗也获得了国家专精特新“小巨人”企业称号，与多所知名高校和医疗机构产学研合作，为企业可持续发展构建了人才储备和科研实践双重基础。

目前，可孚医疗已拥有完整的产业链，核心生产工艺及关键质量控制节点均可以自主控制，部分生产线也设置为柔性生产，这样大幅提高了生产效率。可孚医疗自主研发的一系列信息化管理系统打通了研发、生产及销售等各个环节的数据流通，实现了全周期信息化管控。可孚医疗凭借对消费者行为和多元化渠道特性的深刻认知，建立了完全自主控制的销售网络，线上线下深度融合，最大限度覆盖了用户的主要消费场景，树立了良好的口碑和品牌认知度。在移动互联网飞速发展的时代背景下，可孚医疗在2014年就率先切入电商领域，此后逐步扩展至国内主要的第三方电商平台，并在电商交易的医疗器械项目中长期保持行业领先地位。可孚医疗在全国30多个重点城市设立了300多家自营门店，通过与50多家连锁药房百强企业携手合作，入驻20余万家药店。自主创新、柔性生产、全渠道扩张的战略帮助可孚医疗迈入快速增长车道，企业营业收入从2017年的8.5亿元增长到2020年的23.75亿元，年均复合增长率超过40%，良好的产业布局和沉淀为企业可持续发展奠定了坚实的基础。

三、投资者提问环节

在此次网上路演的投资者提问环节，可孚医疗积极回应，其中有投资者提问：在企业行业监管方面存在的风险有哪些？保荐人李峰做出了回答：医疗器械行业是我国重点监管行业，所以国家市场监督管理总局对医疗器械行业企业的生产经营的众多方面均制定了严格的管理制度，企业在发展过程中绝对不可以出现违法、违规等情形，不然，严重的话会被要求停业整顿。由于医疗器械的很多证书都存在有效期，所以如果到期后企业不能满足相应的续证条件，将使企业相关业务开展受限。除此之外，还有关于企业的经营战略及线下线上的销售情况等问题，企业均给出了详细的回答。

四、结论与展望

可孚医疗深耕医疗器械行业多年，对市场局势具有超强的洞察能力，企业自身实力雄厚也为此次路演的成功奠定了基础。有实力、有战略、有良好发展前景的企业最容易获得投资者的青睐。

（资料来源：作者根据多方资料整理而成）

三、路演的创意

创意往往会给人别出心裁、与他人不一样但很合理，同时还特别有趣的感觉。一场路演要做到创新，需要进行与他人不同的巧妙设计，因为有可能你的竞争对手刚好也来参加路演，你们两家企业卖的是同样的产品，如何让听众和投资者眼前一亮，这就需要在路演的过程中添加属于企业的专有特色。每一个人所做的PPT和演讲的内容都是不一样的，所以要完成一场有创意的路演，除了PPT内容要与众不同，演讲的风格也要诙谐幽默。在演讲的过程中适当地添加一些有趣的元素吸引投资者和听众的目光，会对企业在路演过程中的整体效果有所帮助。读稿式的演讲，刻板生硬的形象会给人一种距离感，所以在路演的过程中添加一些意想不到的小创意、小故事会容易招来投资者和听众的喝彩。

创意的方式有很多种，除了讲故事让大家开心外，也可以在演讲的过程中增加视频介绍环节或者实物介绍环节，也可以针对某种产品的特殊功能进行一段个人秀。但凡能够吸引观众和投资者目光的方式都会给这场路演增加一抹色彩。路演结束后一定会有人来和这种有创意的企业进行交流与合作，所以路演的过程不是一个念稿的过程，是需要路演者展示独特风格的过程。

第二节　路演时的策略

当路演准备就绪之后，则需要进行路演的排兵布阵。如何将路演效果发挥到极致，则需要进行逻辑思维脉络的梳理，以及做好对演讲过程中故事尺度的把握，一个扣人心弦且把握了听众需求的故事能够引起共鸣。以优质的产品服务于大众，同时以可观的收益回馈给投资者是企业必须完成的使命。在路演过程中，路演者必须清楚地掌握路演的节奏和方式，以最好的路演效果获得更多投资者的青睐。

一、路演的逻辑

路演的时间一般在10～15分钟，那么在这有限的时间里如何让听众了解自己企业的信息，以及过去的经营优势和未来的发展趋势，则需要一个非常清楚的思维脉络，如图 3-5 所示。

图 3-5　路演的逻辑顺序

第一，介绍企业的基本状况，包含企业是做什么的、企业口号是什么、企业文化是什么。

第二，介绍企业产品的综合状况，包含企业的产品是什么、产品市场占有率如何、企业产品的市场发展战略是什么。

第三，介绍企业解决了哪些社会痛点问题。

第四，介绍企业的核心竞争优势是什么、竞争对手的市场占有率有多少和企业的潜在市场状况。

第五，人员的介绍，包括介绍团队及核心成员有哪些，成员曾获得哪些优异的成绩，这些成绩也是提高企业核心竞争力的一种力量。企业领导者的领导能力也决定了企业的抗风险能力，在企业面临巨大困难时领导者是如何带领团队解决问题、采用什么方式解决问题，这些都是投资者测评企业价值的依据。

第六，在演讲即将结束时，演讲者应该非常坚定地表明企业的宏伟目标是什么。“有志者，事竟成。”一个有理想、有目标的企业会增加投资者对企业的好感。

除了需要按照一定的逻辑顺序外，优秀的项目路演还应当具备主题清晰、内容明确、准备充分的特点，如图 3-6 所示。

图 3-6　项目路演应具备的特点

1. 主题清晰

企业在进行路演时，为了能够在有限的时间里让观众获得最多的信息，路演者在进行路演前应当做好路演计划。路演者应当厘清企业的整体状况，由内而外地分析企业的人文精神、团队成员具备的能力及产品的市场占有率等一系列问题。路演前的准备就是帮助企业了解自身发展的一个契机，然后通过对准备资料的分析和梳理能够高效地分析出企业目前的问题并对过去的错误进行反思，企业厘清了路演的内容就是企业重新进行自我认识的开始，这样能够给企业未来的发展提供一定的帮助。

2. 内容明确

路演时路演者要保持清晰的思路，所以在路演前要对整体路演的大纲进行罗列，然后再对大纲内容进行一一整理，就像一棵大树有了树干后就需要对其进行延伸，从树干（大纲）到树枝（企业基本状况），再到树叶（语言修饰），内容丰富。所以，当主题明确之后就应该对主题内容进行延展，应当详细记述企业的产品、目前企业拥有的核心技术、企业的核心成员及核心成员所获得的最高成就。企业的经营离不开好的战略模式，所以可以适当地介绍企业的发展战略、营销战略和经营战略。在路演前将这些内容进行梳理后，企业也可以反思目前存在的不足，然后加以改正，尽量在路演时能用较为完美的语言表达出企业目前的状况。

3. 准备充分

充分的准备是路演者能够在路演过程中保持清醒的重要因素，可以增加路演者的信心。当面对投资者提问时，路演者能保持清醒的头脑，将企业整体的情况进行梳理，通过充分的准备和反复分析，灵活地回答投资者的问题。企业的发展就像是一棵树苗，从最初的小枝芽逐渐成长为一棵参天大树，而这棵树的树根就是企业的初心，为了完成这份初心，企业制造了相应的产品，同时进行技术的研发和产品的销售，从而使企业日益壮大。所以将企业的成长过程讲述出来，会让投资者和听众了解企业的现状，帮助投资者和听众了解企业且信任企业，从而为企业未来的发展贡献一份力量。

二、路演的方式

作为路演的一个环节，讲故事起到了至关重要的作用。一个好的故事不仅能够吸引投资者对企业的关注，还能在一定程度上增加消费者对企业的信心，能够获得他人的认可。一个好的故事应当具备以下三个特点，如图 3-7 所示。

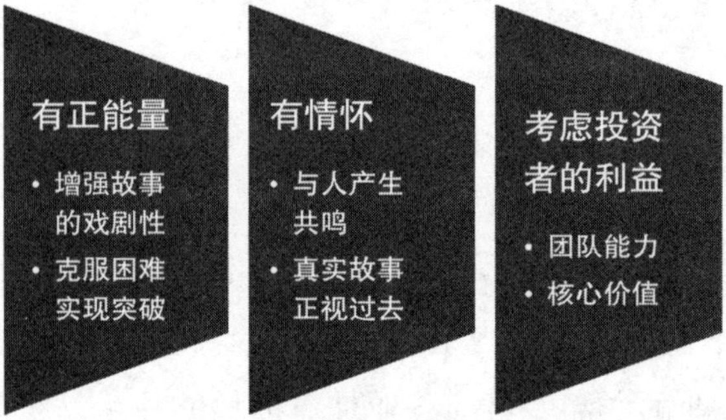

图 3-7　好的故事应具备的特点

1. 有正能量

小朋友爱看动画片，如《西游记》《宝莲灯》《名侦探柯南》等。这些动画片之所以能够深受小朋友的喜爱是因为它们都有不一样的特点。《西游记》告诉我们：只有齐心协力、团队之间团结互助才能够打败妖魔鬼怪，并取得真经，所以团结就是力量。《宝莲灯》告诉我们：只要你有决心、有毅力、肯学本事，你就一定能完成自己最初的梦想。《名侦探柯南》告诉我们：只要你足够聪明，具有细微的观察能力，那么当遇到危险和坏人时你可以做好全面的应对。一个好故事、一个能够让人铭记于心的故事通常都有正面角色与反面角色之间的对抗，这样能够增加故事的戏剧性，更容易让听众铭记于心。这里所谓的反面角色，是指研发产品时所遇到的技术性难题，或者是初创企业所生产的产品不被消费者认可等问题，所以如何打败这些反面角色就需要在故事中增加正能量。例如，如何攻破技术壁垒、如何完成消费目标、如何提升市场占有率、如何增加市场竞争力等都是故事里正义的化身。

2. 有情怀

情怀就像一种力量，一种能拉近人与人之间距离的力量，一种能够让人产生共鸣的力量，同时也是一种敞开听众心扉、增加相互信任的力量。当在路演者的故事中添了情怀时，就完全提升了故事的整体高度，拉近了企业与投资者之间的距离。一个真实可靠且富有情怀的故事能够打动听众，所以消费者也愿意为这个故事和其所传递的信念买单。

讲故事最重要的一点是这个故事一定要真实，不能胡编乱造，不能用虚假的信息欺骗听众。听众和消费者有很多种渠道验证故事的真实性，如果故事不是真实的或者掺杂了虚假信息，那么消费者一定不会相信这个品牌，一份真实可靠的数据能够给投资者带来客观的评判。路演企业在进行路演时应该正视自己的失败经历，因为能够面对错误的人是非常勇敢的。正视过去、面对错误并且改正错误的故事情节会给予投资者很大的信心。让投资者相信企业在未来的发展过程中，即使面对再大的困难也不会退缩，会勇敢地克服困难，创造美好的未来。

3. 考虑投资者的利益

投资者之所以会参加路演是因为他们想通过路演这个平台寻找具有潜力的企业，然后对其进行投资，从而获得可观的收益。所以，在路演时，企业一定要讲述投资者关心的问题，其中就包含企业团队的协同能力、在企业面临困境时团队是否能够帮助企业渡过难关。投资者也会关注领导者的领导能力，因为一个好的领导者能够将团队力量凝聚起来，这种领导能力能够帮助企业茁壮成长。投资者也会密切关注企业现有的合作伙伴、市场占有率、竞争对手的能力。所以，路演者一定要把投资者关心的问题提出来，为投资者排忧解惑，增加投资者的信心。

• 项目路演专栏 3-3 •

星网测通测量万里星空

一、企业简介

北京星网测通科技有限公司（以下简称星网测通）由北京理工大学的师生团队组建，成立于2020年8月6日，企业的法定代表人是宋哲，项目的指导教师有安建平、王帅、邢成文、罗士荀，团队成员包括安思宁、郭哲、岳平越、傅正堂、金鑫、闫伟豪、赵钦源、董新虎等，历时多年的航天研究，企业团队终于在航天技术方面实现了突破。

二、路演现场

在现场路演时，宋哲衣着得体、落落大方，一身笔挺的西装凸显成功女士的魅力，同时更给人十分自信的感觉。在演讲过程中，宋哲张弛有度、井井有条地介绍了PPT的内容。

1. 行业存在的社会痛点问题

随着时代的发展，卫星互联网可以为全球用户提供随时随地的宽带网络和导航增强服务。2014年，Elon Musk的星链项目横空出世，意味着人类大踏步地进入太空Wi-Fi时代。而星网测通所从事的工作是给卫星进行测量，也就是“体检”。在卫星的运营过程中，发射前要测量，运营中也要测量，因为没有测量，卫星是出不了场、上不了天，也发挥不了作用的。然而，卫星的测量却没有那么容易，因为卫星的轨道高度高达数万千米，卫星上的微小偏差被放大为地面覆盖区域的大幅偏离，而想要偏差小，就得测得准。在准的前提下，卫星测量还要解决设备通信场景多和设备功能弱带来的无法测量、测量流程长的问题，以及设备效率低带来的测量速度慢、产线规模大的问题和设备价格高带来的测量成本高的问题。宋哲和她的团队研制出了三大卫星专测设备完美地解决了这些问题。

2. 产品优势创造企业价值

首先是宽带链路测量仪，实现了9种测量模式信号的柔性测量，一台设备就能测量数百种场景。其次是参数矩阵测量仪，实现了109个收发通道的全并行测量，在确保精确度的同时使测量效率也提升了100倍。最后是十二分量模拟源，也实现了对20余种波形的低复杂度测量，将成本降低了90%。星网测通研发的一台中星1A设备就能代替15台不同的测量设备，解决了设备通信场景多和设备功能弱的问题。天通1A设备解决了测量流程长和设备效率低的问题。另外，中星2A设备将测量成本降到600万元，完全解决了产线规模大和设备价格高带来的测量成本高的问题。星网测通的设备为神舟载人飞船中的宇航员和地面间天地通话提供了热真空下唯一可行的链路测量手段，将天通一号的测量时间从180天缩短至7天，保证了卫星按时上天。星网测通的设备还为北斗卫星填补了时延差测量手段的空白，确保时间精度达皮秒级。

星网测通的技术水平已远超国际水平，测量更加精准，速度也比之前国际最高水平快几百倍，同时还拥有更多的功能。2020年4月20日，国家发展和改革委员会正式将“卫星互联网”纳入“新基建”。目前，计划中要测量的卫星已经超过了4000颗，商业航天领域迎来了前所未有的发展机遇。

三、投资提问环节

在提问环节，投资者提问12年的研究时间，企业坚持研究的初衷是什么。宋哲借此讲述了一个感人的故事，她说自己进行卫星这方面研究的起因是汶川大地震发生时地面的通信被全部损毁，为了与外界取得联系，只能依靠解放军战士背着卫星电话盲跳进入重灾区。宋哲不仅坚持初心，还坚持了12年，这份毅力和决心值得大家学习。

四、结论与展望

此次项目路演来源于第六届中国国际“互联网+”大学生创新创业大赛。星网测通的路演获得了总冠军，可以说是实至名归。星网测通带来的产品不仅在技术方面远超国际先进水平，而且其对项目的坚持和初心也深深打动了所有的听众和投资者。一个好的项目加一个好的技术已经占据很大的优势，最后以一个好的故事打动他人便是成功的关键。

（资料来源：作者根据多方资料整理而成）

三、路演的技巧

企业参加路演的目的是融资，让投资者认可企业的产品并且投资和消费，那么企业在路演前就要非常清楚投资者的投资偏好是什么，路演中有侧重地讲解，让投资者能够深入了解企业的状况，充分满足他们的需求，如图 3-8 所示。在路演过程中企业不仅需要讲述投资者及听众想要知道的内容，同时在一些企业自身的缺点方面也应当勇敢面对。真实、坦诚是投资者和听众最想看到的企业品质，也是建立企业与投资者之间相互信任的一座桥梁。

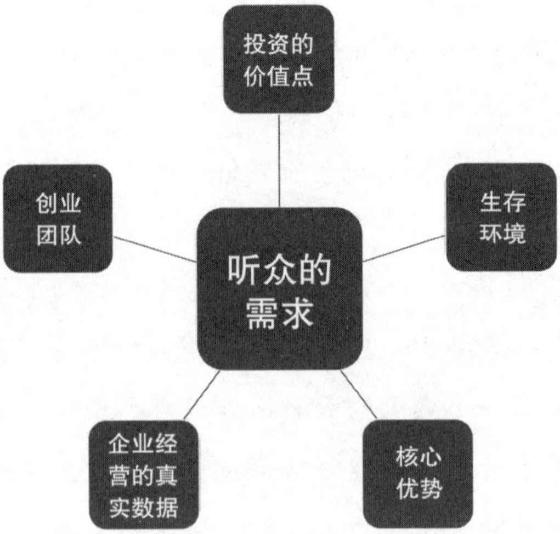

图 3-8　项目路演听众的需求

1. 投资的价值点

企业有融资的需求，希望获得更多的资金帮助自身更好地发展。投资者针对企业的融资需求给予一定的资金帮助，不仅可以帮助企业更好地发展，也可以获得相应的利益来增强自己的投资能力。对于投资者而言，投资是一项互利共赢的事情。

2. 生存环境

针对企业想要找的投资者类型来进行投资者偏好分析。因为人与人之间的差异决定了投资者的不同类型，所以企业在寻找投资人时应当优先考虑自身的实力和技术水平。初创企业的经济实力和技术水平都有限，这时候要想获得投资者信赖就需要让投资者了解企业所在的生存环境。投资者大多是专业人士，他们可以通过企业所处环境的市场状况来分析企业未来的发展趋势。由于新兴产业的投资回报率较饱和产业的投资回报率要高出许多，有些投资者更愿意投资新兴产业的初创企业。

3. 核心优势

针对成长型企业，投资者更关心企业的产品实力和技术能力。这就像企业的根，如果根基不好，投资者自然不会选择，所以成长型或者已经具有一定规模的企业更应该让投资者看见自身的综合实力，从市场规模到技术水平、从产品自身市场占有率到合作伙伴的综合实力，都是投资者最关心的问题，企业在路演时应当侧重介绍企业的产品实力、市场份额及营收能力。路演者应该阐述目前产品存在的不足及针对这些问题企业提出的解决方案。在研发过程中，企业运用的技术或者产生的技术壁垒、解决方法等，都是路演者解说产品时的关键信息。另外，产品获得的奖项、融资及市场认可度都是路演中的一项优势。

4. 企业经营的真实数据

企业的经营状态、未来的发展趋势等信息，都可以从企业的市场规模、基地规模、经营规模等方面体现出来。所以，在演讲的过程中，路演者应当详细介绍企业目前拥有的厂房的面积和使用情况，因为如果企业拥有足够规模的厂房，投资者会更相信企业所具备的实力。在演讲过程中，路演者除了介绍厂房规模的这项硬性指标外，还应当结合数据对企业目前的经营状况进行分析，如对企业营业收入的总体变化趋势用详细的数据进行展示，可以帮助投资者通过分析企业过去的经营状况预估企业的发展趋势。这份数据必须真实，即使企业出现过亏损或者正处于亏损状态也应当如实反映。所以，在路演的过程当中，如实反映企业的财务状况对企业未来的发展具有很大的帮助。

5. 创业团队

投资者除了会对企业的产品及商业规模感兴趣外，也非常关心企业的核心成员，因为核心成员的综合能力代表了企业未来的发展。一般来说，路演者大多是企业的最高领导者，所以投资者会非常关注领导者拥有的成就及他的领导能力。因为一个好的领导者具有一定的凝聚力和应变能力，当企业面临困难的时候，他们能快速组织团体进行头脑风暴，通过汇总大家提出的解决方案迅速找到解决办法，带领大家走向更好的明天。除领导者的领导能力外，投资者也会关注企业核心成员的职业技术水平及专业度。一个优质的企业团队应该拥有 3 ～ 4 人的核心力量，他们具有丰富的专业知识及良好的团队合作能力，可以将企业拧成一股绳，让企业获得更多的力量。

企业应当内外兼修，除拥有优质的产品外，还应当具有创业精神和经营目标，以一种属于他们的精神完成一个最初的目标，不忘初心，安得始终。所以，在路演即将结束的时候，路演者应当充满底气地说出企业的宏伟目标，有目标才会有冲劲，有冲劲才会有力量，带着这种信念去完成企业的宏伟目标。这种信念、这种力量也会鼓舞在场的所有听众，让投资者对企业的未来充满了信心，对企业的团队充满信任。

• 项目路演专栏 3-4 •

格科微：高清像素的极致体验

一、企业简介

格科微电子（上海）有限公司（以下简称格科微）于 2003 年 12 月 26 日成立，于 2021 年 8 月 18 日在上海证券交易所科创板正式挂牌上市。企业主营业务包含应用于消费电子和工业产品的图像传感器 CMOS 和显示驱动芯片。格科微销售的图像传感器包含分辨率为 320×240 的 QVGA，分辨率为 120×160 的 QQVGA，分辨率最高可到 2560×1080 的 FHD 的 LCD 驱动芯片及像素为 1300 万的 CMOS 图像传感器。如今，格科微自主研发的图像传感器和芯片技术处于国际领先水平，已经成为世界半导体和集成电路设计的领先企业之一。

二、路演现场

2021 年 8 月 6 日 14：00—17：00，格科微进行网上路演，路演网站为上证路演中心和中国证券网两大平台。参加此次网上路演的嘉宾有李文强（格科微首席运营官）、郭修贇（格科微财务总监）和孙远（在中金公司任职且担任格科微科创板 IPO 项目保荐代表人）。此次网上路演还包含视频展示环节，视频内容大致讲述了企业的核心技术和合作伙伴及未来的发展趋势。

1. 技术水平领先

企业的持续创新源于对科技的不懈追求。2003—2013 年，格科微的高像素 CMOS 图像传感器封装工艺降低了生产成本，并且全球市场占有率名列前茅。但是，这项工艺的研发并非一件容易的事情，其对环境的要求十分严苛，不能有任何微粒的出现。为了解决微粒问题，在研发过程中，格科微参考了以色列发明的 CSP 封装技术及高端封装中的 COB 技术，但这些技术要么成本高，要么不实用，所以格科微提出了以微米金线为引脚的办法。经过四年的研发，格科微终于研发出能媲美 COB 工艺的技术，大大提高了CMOS图像传感器电路和像素工艺的技术水平。从2014年起，格科微开始研发背照式工艺，并在2019年成功推出由500万～1300万高像素产品搭配自主研发的COM封装工艺，成为全球一线品牌手机的主要供应商。格科微经过深厚的技术沉淀也将稳步向高端产品进军，其中3200万及6400万像素背照式产品在本土12寸晶圆厂研发成功，同时HD、Full HD、TDDI显示驱动芯片和SoC桥接芯片也开始在一线品牌手机量产，逐步形成了以CMOS图像传感器和显示驱动芯片为核心，以SoC桥接芯片为纽带的产品路线，为智能手机和其他消费类数码产品提供了更好的影像系统解决方案，为消费者提供了全方位的多媒体影像体验。

2. 提升市场份额

在激烈的市场竞争中，格科微与一线终端品牌客户开展深入稳定的合作。格科微搭建了全球销售网络，以高效的服务提升客户满意度，2020卖了20.4亿颗CMOS图像传感器，占全球市场份额的29.7%，位居行业第一，销售收入达到58.6亿元，全球排名第四。2019年，格科微还以4.2亿颗的LCD驱动芯片出货量在中国市场的供应商中位列第二，占我国市场出货总量的9.6%。企业营业收入大幅增长、市场份额稳步提升，2020年净利润达到7.73亿元，确立了行业的主导地位。

3. 团队实力优秀

格科微一直保持科学的管理和出色的研发，确保企业技术始终处于行业前沿。目前已经取得中国境内专利329项和境外专利14项，构建起坚实的知识产权壁垒。同时拥有的COM封装技术、低功耗设计技术、COF-Like技术、N型衬底技术、无外部元件的显示驱动芯片设计技术等先进技术确保了企业拥有较为完善的核心技术体系，也为企业奠定了行业领先的技术优势。

三、结论与展望

格科微在行业深耕多年，不仅拥有实力雄厚的研发团队，也获得了市场和众多国际大牌的认可，这些资源都为企业的发展奠定了坚实的基础。

企业实力完全能够取得投资者的信赖，此次路演的成功对格科微来说是锦上添花的事情，可以帮助企业更快地成长。

（资料来源：作者根据多方资料整理而成）

第三节　路演后的总结

企业完成一场路演后，可能出现的情况有两种：要么满堂喝彩，获得投资者青睐，获得高额融资；要么路演失败，离开路演台。失败并不是企业丧失信心的借口，因为失败是成功之母。路演失败后，企业应当总结和分析失败的原因，反复研读投资者对企业提出的意见，然后积极改正错误，调整现有的经营模式，争取在下一轮路演中获得好成绩，赢得投资者关注，以便获得融资。

一、路演成功的路径

一场路演的成功离不开台下团队的合作和台上路演者的良好表现。路演者上台前要对路演资料进行充分整理和分析，从写逐字稿到进行路演前的排练，一遍遍地熟悉 PPT 内容，寻找路演时的状态，同时保持良好的心态以防在投资者提问环节出错。

1. 自信的开场

当路演者以自信的状态开始演讲时，便会奠定一种企业值得信赖的情感基调。所以，路演成功的关键因素之一是自信，恐慌、说话时磕磕巴巴、演讲时拒绝眼神交流、只顾着朗诵 PPT 内容、语言没有感情基调都会使投资者和听众对这家企业产生不好的印象。所以，路演者非常自信的姿态会拉近投资者与路演者之间的距离。

2. 内容真实

路演者的演讲材料、提供的 PPT 和相应的资料内容都应该真实可靠，有些企业为了获得融资会报喜不报忧，粉饰企业的经济业绩，隐藏或者修改企业的经营状况，但投资者一般都了解行业的发展状况，真诚的态度可以为企业带来更多投资者的关注，这是企业在路演过程中获得的最大资源。

3. 自身优势决定企业未来

在路演过程中除了自信的状态，给听众和投资者展示真实的数据外，企业还应当强化自身的发展优势。投资者能给企业带来的融资应该起到锦上添花的作用，而不是雪中送炭的效果。因为企业自身的发展模式、经营状况、技术研发等就像是一座建筑物的地基，而投资者对企业的投资，就像一栋建筑物的砖瓦，一栋建筑物能建多高取决于当初打下的地基有多牢，所以企业自身优势决定了路演是否成功。

二、路演过程的误区

在路演过程中，会因各种各样的错误而导致路演失败，所以清楚地了解路演过程中的误区，能有效地减少路演过程中的错误。路演应避开的误区如图 3-9 所示。

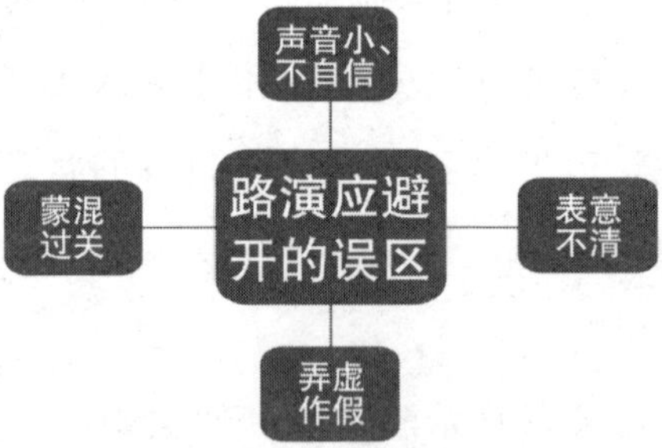

图 3-9　路演应避开的误区

1. 声音小、不自信

在路演过程中千万不要唯唯诺诺，说话声音低低切切，这样会给人一种无奈且压抑的感觉。路演的第一个误区就是说话声音小、不自信。

2. 表意不清

人与人交流时最怕表达不清楚，意思表达不明白。所以，路演者在路演时一定要吐字清晰、表意明确，给投资者留下好的印象。

3. 弄虚作假

有许多企业在路演前会与其他企业进行对比，如果自己的数据不如同行业的其他企业好，就会想着弄虚作假，蒙混过关，但投资者有很多渠道去了解企业的具体情况，如果企业展示的信息不真实，只会让投资者认定该企业的风气不好、不真诚，不适合合作。而这种不好的名声很快就会传遍该行业，甚至会被打上“骗子”的标签，所以虚假的路演会给企业造成致命的伤害。

4. 蒙混过关

在路演的最后一般都会有投资者提问环节，很多时候企业在准备材料时会反复思考投资者可能提出的问题，以便在提问环节能够给出最好的答案，但路演时如对投资者提出的问题没有做好准备，此时路演者应坦诚地回答投资者提出的问题，不知道就光明正大地说：“对不起，对于您所提出的问题我们企业目前并没有考虑到，但我们会积极思考您所提的问题，为企业日后的发展添砖加瓦。”

如图 3-10 所示，对待这类问题，两种不同的态度给投资人带来的印象天差地别。坦诚面对企业所不能解决的问题，并不会让投资者觉得企业十分无能，真诚的态度会让投资者认为企业拥有谦虚和真诚的美好品质。如果用模棱两可的答案，反而会让投资者觉得这家企业虚伪，投资者会拒绝对其进行投资。“知之为知之，不知为不知，是知也”，古人的话是很有道理的。

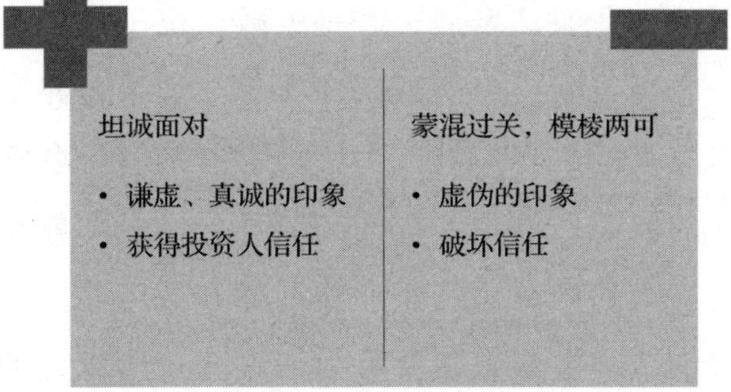

图 3-10　两种态度给投资人留下的印象

三、路演后期的思考

很多企业从萌芽到成立，通过一步一步地经营最终上市，期间对资金是非常重视的，现金流量状况是企业维持生计的根本，所以有一些企业会通过项目路演来融资。但不是所有的项目路演都能成功，路演也不一定能筹到钱。

如一些专注发明的研究型路演者，他们往往带着自己数十年如一日设计的产品进行项目路演，但结果常常不尽如人意，因为时代在变化，按照当时的想法和目的研发的产品能否跟得上时代的步伐，这一点往往是投资者考虑的关键。对于这一点，路演者在项目路演失败后应当及时反思项目存在的缺陷并改进，争取下一次路演时能够获得投资者的青睐。还有一类路演者也是需要注意的，这便是事业已经成功且具有一定知名度的人再创业所带来的反思。因为这类人往往会在路演时说出自己的辉煌事迹，这确实会增加投资者的信任，但是其中也存在一个潜在问题，就是曾经的成功不代表现在也能成功，所以这类路演者往往会忽视潜在的问题。这时路演者就需要及时反思投资者对企业的意见，思考问题出在哪里，从而避免再次融资失败。所以，无论哪种类型的路演者都应该具备反思和思考的能力，一场路演往往会帮助企业重新审视自己，从而找到突破企业困境的路径。

反思是一种态度。以人为鉴，是使人能够反省的妙法。如果路演成功，会获得融资，帮助企业快速发展；若是失败，也不要因为一场路演的失败而一蹶不振，应当不断反思问题出在哪里。如果是路演者发挥不好导致的，就提高路演者的临场应对能力，经常参加各种各样的演讲，帮助路演者找到应有的状态；如果是提问环节导致的，那就总结没有回答上的问题，在寻找答案的同时总结企业目前存在的问题，并从细节着手改变企业的状态。细节决定成败，要努力回顾企业所发生的事情，积极改进经营状态或者是产品技术，一切改变都是为了企业更好的未来。就像

《大学之道》中所说："知止而后有定；定而后能静；静而后能安；安而后能虑；虑而后能得。"反思是一种智慧，思考是一种力量，一场路演的结束只是另一场路演的开始，学会反思和总结的人肯定会有大作为。

章末案例

科博达的全景路演

一、企业简介

科博达技术股份有限公司（以下简称科博达）于2003年9月12日成立。科博达秉持创造价值、共享进步的经营理念，以及包容、尊重、坦诚、合作的精神，倡导员工具备主动、开放、自律的精神，帮助员工在工作中保持积极向上的态度，同时给员工提供学习环境，使企业和员工一同健康、快乐地成长。

二、经营情况

1. 技术水平

科博达致力于汽车电子领域的研发和创新，不仅建立了10亿元的产业基地，还拥有先进的汽车电子研发实验室和技术研发孵化基地。除了与同济大学等多所高校联合进行产品前期的技术研究，还与外国企业进行合作。目前拥有的电子、电器、机械等技术已经帮助企业打开了产业格局，应用于整车线束、驱动类执行器和电磁阀等产品。

科博达十分注重人才的培养，建立了科博达院士专家工作站，在良好的工作环境和团队协作的氛围中先后申请了几百项专利技术。目前，科博达拥有SPICE二级资格的软件开发与项目管理能力和全球先进的AUTOSAR（汽车开放系统体系结构）软件开发标准。科博达还拥有完整的供应链物流体系和质量运行体系，并且具有先进的信息化管理平台和能够同欧美高端客户接轨的技术开发平台。科博达在这些技术和平台的加持下，拥有世界一流的自动化专业设备，具备所有数据在线检测的生产能力，并且拥有国际先进水平的电磁干扰测试手段、由 CNAS 资质认可的汽车产品实验中心和电子产品 EMC 实验室（这些实验室都达到了国际先进水平）。

科博达作为汽车智能、节能电子部件系统方案供应商，专注于全球资源的行业整合和专业能力的建设及融入全球高端产业链的同步研发体系，立志要实现全球化经营、同行业领先、百亿级规模的经营目标。

2. 企业的经济状况

科博达的经济状况一直处于稳定增长的状态，2017 年的产品年报显示，照明控制系统营业收入为 11.50 亿元，占营业收入总额的 53.22%；电机控制系统营业收入为 5.41 亿元，占营业收入总额的 25.03%；车载电器与电子营业收入为 3.49 亿元，占营业收入总额的 16.16%。2018 年，照明控制系统营业收入为 13.84 亿元，占营业收入总额的 51.72%；电机控制系统营业收入为 6.09 亿元，占营业收入总额的 22.76%；车载电器与电子营业收入为 5.31 亿元，占营业收入总额的 19.85%。科博达一直处于稳定发展状态，2019 年照明控制系统营业收入为 15.46 亿元，占营业收入总额的 52.9%；车载电器与电子营业收入为 6.59 亿元，占营业收入总额的 22.55%；电机控制系统营业收入为 5.12 亿元，占营业收入总额的 17.52%。2020 年，照明控制系统营业收入为 14.47 亿元，占营业收入总额的 49.66%；车载电器与电子营业收入为 6.49 亿元，占营业收入总额的 22.28%；电机控制系统营业收入为 5.46 亿元，占营业收入总额的 18.73%。2021 年，科博达整体营业收入略微下降，照明控制系统营业收入为 13.80 亿元，占营业收入总额的 49.16%；电机控制系统营业收入为 6.05 亿元，占营业收入总额的 21.54%；车载电器与电子营业收入为 5.25 亿元，占营业收入总额的 18.71%。

三、科博达的路演规划

科博达选择采用线上路演的方式与投资者进行交流，不仅可以更好地回答投资者提出的问题，同时还能让投资者全面了解科博达的整体状况。在路演开始的前几天，科博达发布了路演公告进行宣传，方便有意愿的投资者能够知道这次路演的时间和地点。除了发布公告，还详细整理了路演过程中所需要的资料，希望在投资者提问环节可以做到游刃有余。

这是科博达首次公开发行股票而进行的网上路演，保荐人是中国国际金融股份有限公司。路演公告讲述了科博达首次公开发行人民币普通股不超过4010万股，且获得了中国证券监督管理委员会认可，详细记录了网上路演时间、网上路演网站和参加人员等基本信息，以确保对企业感兴趣的投资者来参与本次路演。客户登录网页就可以清晰地掌握科博达的状况，在首页中可以看到企业的3D照片，“嘉宾介绍”中包含参加此次路演的重要成员，“视频直播”可以让投资者直观地看到企业的发展状况，“网上交流”环节可以帮助投资者了解企业状况，以及通过“现场图片”“企业风采”“最新公告”选项帮助投资者更详细地了解企业。企业准备的视频内容也详细地讲述了企业目前所具备的先进技术、产业化目标和企业文化等。5分钟的企业介绍视频可以给投资者留下良好的印象，而深入了解企业的具体状况则需要通过互动交流等环节来完成。从路演准备到实施，企业进行了充分的准备以确保达到完美的效果。

四、科博达的路演实施

2019年9月24日，科博达网上路演正式开始，首先是现场推介环节，由主持人介绍此次股票发行的基本内容；其次是对企业参加此次路演的管理者进行介绍；最后是企业董事长柯炳华及推荐人对科博达进行介绍。推荐环节结束后是视频展示环节。

1. 视频展示环节

科博达在视频展示环节首先介绍了企业现有的企业文化，如包容、尊重、坦诚、合作的精神理念，引导员工具备主动、开放、自律的精神，以及对员工工作态度的培养和学习环境的建设，确保员工拥有健康成长的环境。对技术、产品、平台等方面的介绍也十分详细，如企业拥有投资10亿元的产业基地、汽车电子研发实验室和技术研发孵化基地，与高校合作进行产品前期的技术研究，建立了科博达院士专家工作站，申请了几百项专利技术，在软件开发与项目管理能力方面采用了AUTOSAR软件开发标准、先进的信息化管理平台、完整的供应链物流体系和质量运行体系，专业设备和生产能力都遥遥领先，汽车产品实验中心和电子产品EMC实验室都达到了国际先进水平。在视频的最后部分说出了企业立志要实现全球化经营、同行业领先、百亿级经营规模的宏伟目标。

2. 投资者提问环节

投资者在投资企业时一般会关心企业的综合能力，如团队和领导的综合能力、产品质量等，以及募资后的资金使用状况及行业状况，这些因素都决定了企业的发展趋势。

（1）投资者对团队能力的关心。

当投资者提问企业高管的组织情况如何时，科博达董事兼董事会秘书谢明东回答说：公司的高级管理人员是根据《公司章程》设立的，柯桂华任总裁，柯炳华、王扬军、柯建豪任副总裁，谢明东任董事会秘书，王琍任财务负责人，赵俊、邱晓荣任总裁助理。其中，除了柯桂华任总裁，还有8名成员担任董事职务，分别是柯炳华、王永才、陈耿、王依润、谢明东、叶建芳、杨征宇、许敏。其中3名独立董事分别是叶建芳、许敏、杨征宇。

（2）投资者对企业募集资金使用状况的关心。

投资者也十分关心此次企业募集资金的用途，就像消费者购物一样，都希望物超所值而不是血本无归，所以十分关注企业募集资金的计划。就科博达生产基地的扩建问题，投资者发起了提问，路演者回答募集资金的用途包括电子制造能力的建设（该项建设完工后可以使企业的汽车电子部件生产基地达到国内领先水平）、公共平台建设、机电制造能力建设、工程装修部分的建设，这四部分建设可以帮助企业在生产能力、服务能力、交货周期、产品开发能力等方面有所提升，从而提高企业的市场竞争力。除了基地的建设，企业还会进行新能源汽车电子研发中心的建设，辅以企业现金流的补充，整体扩大企业规模，提升企业的业绩。

本次募集资金对于企业的负债结构也会有所改善，在流动比率和每股净资产及企业的整体实力和竞争力方面都会有所提升，并且在资产负债率水平和企业财务风险等方面会有所降低。

（3）投资者对产品的关心。

了解产品情况能帮助投资者客观地判断企业的前景，所以针对企业生产的主动进气格栅控制系统和空调鼓风机控制系统的市场状况，投资者发出了提问，科博达副董事长兼副总裁柯炳华进行了回答：科博达 2019 年 4 月底从福特汽车厂商获得的主动进气格栅系统项目已经实现量产，同时企业生产的空调鼓风机控制系统实现了对原装件的替代。科博达已经成为本土空调鼓风机控制系统定点开发商，且产品批量配套于奥迪公司和上汽大众等整车厂商。

另外，柯炳华回答了投资者提出的电子燃油泵控制器有什么特点的问题：企业采用 MOSFET 续流、过热自动保护和 PWM 通信等先进技术来研发电子燃油泵控制器，确保产品的启动时间更短、转换效率更高、使用寿命更长等，优于其他企业的产品质量。在辅助光源控制器方面，科博达采用 DSP 数字控制技术实现了 LED 灯的控制算法和驱动，确保了企业生产的辅助光源控制器拥有宽电压、高精度电流输出及诊断和保护功能等特点。

（4）行业发展状况。

科博达董事长兼总裁柯桂华简单介绍了国内汽车行业的特点和发展现状：我国已经成为世界汽车生产及消费大国，随着经济发展和人均收入水平的提升，私人购车推动我国汽车行业增长且汽车市场的发展前景依旧广阔。企业面临的市场风险主要包括技术发展带来的风险。由于技术的发展，尤其是新能源和无人驾驶等新技术将大大影响汽车行业，新技术和新材料将推动汽车的转型升级，企业在此环境下不仅需要不断提升技术水平，还要创新技术来与时代接轨。对于汽车行业变化的风险和市场竞争格局变化的风险，企业也将紧跟市场需求和时代发展，采用积极的方式应对未来的市场风险和变化。

3. 路演结束致辞

在路演结束后，柯炳华发表了答谢致辞，表示非常感谢广大投资者的热情帮助和踊跃提问，同时也十分感谢上证路演中心和中国证券网为科博达提供了良好的交流平台。此外，还特别感谢了中国国际金融股份有限公司和所有中介机构对网上路演的大力支持。通过网上沟通交流提问环节，帮助投资者对科博达的公司战略、公司治理、公司经营、产品技术、财务状况等有了更全面的了解，也使广大投资者更清楚地了解了科博达的投资价值和发展前景。对于投资者提出的中肯意见和建议，企业将进行认真研究，在企业的业务管理能力和产品竞争力的提升方面，企业也将积极改进，尽全力做到最好。科博达将以更加优异的业绩回报广大投资者。本次网上路演虽然已经结束，但科博达会继续与广大投资者保持密切的沟通与交流，同时希望广大投资者对科博达的未来发展提出更多的建议。

五、成功经验

此次路演，科博达取得了圆满成功，主要是因为时间和地点的选择合理。时间在下午两点到五点，正好是平常的办公时间。在这个时间段，企业和投资者都有足够的耐心进行沟通。相较于线下路演，科博达采用线上路演的方式有效地发挥了企业的现有优势，帮助企业从容应对投资者的问题。企业在路演前的公告也能起到很好的宣传作用，另外，企业的路演宣传视频能帮助投资者切身感受到企业的实力和状况。此次路演能够成功最重要的一个原因是在投资者问答环节，科博达秉承实事求是的态度，积极回答投资者提出的问题。这种诚恳的态度大大赢得了投资者的信任，所以有实力且真诚的企业最容易获得投资者的信任。

六、结论与展望

科博达此次的路演无论是从主持人、董事、推荐人的介绍，还是企业视频的播放，都十分专业和细致。在演讲过程中路演者语言流利，给人一种自信的感觉。同时，在投资者提问环节，科博达也做到了真实、坦诚，面对企业存在的问题或者解决不了的问题没有支支吾吾地刻意掩盖，而是勇敢面对；对于投资者提出的宝贵意见，企业也积极采纳且进行了详细的记录和整理。对于项目路演而言，这种诚恳的态度是非常可贵的，也会增加投资者对企业的信任度。总之，无论是线上路演还是线下路演，良好的态度会帮助企业赢得投资者的信任，路演时对细节的恰当处理等于锦上添花。

（资料来源：作者根据多方资料整理而成）

章末小结

一个完美的项目路演可以帮助路演企业获得更多的现金支持，这种帮助就像小树获得了养料、建筑物获得了砖瓦一样，在企业茁壮成长的同时给予一份助力，对于企业来说是一件锦上添花的事情。即将上市的企业进行路演也可以让更多的投资者了解企业，并且增加投资者对企业的信心。路演失败的企业也不要灰心，要找到失败的原因，反思总结，调整好企业状态重新出发，实现更好地发展。

第四章 创业的融资和退出

现金就是企业发展必须具备的资源。简单来说，企业在生产经营的过程中需要买原材料、买设备等，这些都需要资金的支持，也意味着资金的流出。资金流出就意味着必须有新的资金流入来维持企业日常的经营，当自身利润难以维持企业的快速发展时，就需要融资。一个好的融资方案会给企业带来充足的现金流，即代表资金的流入，而现金的流进流出可以帮助企业更快、更好、更稳的发展。

创业玩的是兴趣，而非改变命运。要取得事业成功，必须花心思预测未来几个月甚至几年的事情。

——腾讯公司创始人　马化腾

开篇案例

圣邦微电子的融资过程

一、企业简介

圣邦微电子（北京）股份有限公司（以下简称圣邦微电子）的产品覆盖信号链和电池管理两大领域，企业销售的产品型号达4000多种，涵盖了运算放大器、比较器、温度传感器、模拟转换器、马达驱动芯片在内25大类产品。一直以来，圣邦微电子专注于模拟信号集成电路的研发，在模拟IC领域具有10多年的生产研发经验，先后获得了多项荣誉，如“十大中国IC设计公司”“中国芯优秀产品”“中国半导体创新产品和技术奖”等。从创立至今，圣邦微电子已经拥有了近百项自主知识产权和多项专利，一直朝着成为世界模拟芯片行业的领跑者进发。

二、融资方式

企业发展离不开资金的运作。融资可以很好地帮助企业解决资金不足、周转困难等问题，企业常用的融资方式包括股权融资和股权质押等。从狭义的角度来说，融资就是获取企业所需资金的一种手段。上市也是企业为了获得更多的融资而采取的一种方式。一般企业上市是从名誉角度考虑的，因为大众会更加认可上市企业而购买企业发行的股票。圣邦微电子采用的融资方式包括上市后的股权质押、股权融资、分红融资及在未上市前的两轮融资。

1. 股权质押

2017—2022年，圣邦微电子先后和中信证券股份有限公司、国泰君安证券股份有限公司、东兴证券股份有限公司和华泰证券股份有限公司进行了股权质押融资：2017年企业向中信证券股份有限公司和国泰君安证券股份有限公司分别质押股权获得融资款3689.15万元和6885.09万元。

2018—2019年，圣邦微电子向东兴证券股份有限公司通过股权质押的方式融资了2.94亿元；2020年到2022年3月，圣邦微电子通过股权质押的方式向国泰君安证券股份有限公司融资了9.995亿元，向华泰证券股份有限公司以股权质押的方式融资了1.44亿元。企业发展需要大量的资金，所以除了运用股权质押的方式帮助企业获得资金，还需要进行股权融资。

2. 股权融资

圣邦微电子的主营产品包括电源管理类产品、信号链产品，2021年新增的技术及服务类业务，企业的营业收入和净利润处于逐年递增的状态，业绩逐年增加，大大提升了大众股东对企业的信任，从而增加了企业的股权融资额。在还未上市之前，圣邦微电子便在2011年11月和2012年分别进行了A轮融资和战略融资，2017年首次公开发行股票融资4.47亿元，上市后融资势头居高不下，大众十分看好。相关数据表明，圣邦微电子的注册资本由约2.37亿元增加至约3.56亿元。

3. 分红融资

对于企业来说，分红确实是资金流出，但是得失不相离，有失必有得，分红多少不仅可以体现企业经营战略的好坏，还可以显示企业的发展战略对未来的走势是否具有积极的作用。有些企业觉得不分红就可以增加企业资本，但是忽略了股东对自身利益的重视程度和他们对企业的信心。企业不分红会导致股东对企业失去信心，从而退出企业，导致企业资金链断裂而出现危机。所以，分红不仅可以增强现有股东的信心，同时还会吸引其他投资者加入。

2017—2021年，圣邦微电子连续五年通过送转股份和现金分红的方式进行了分红：2017年，企业分红总金额为0.61亿元；2018年，企业分红总金额为0.80亿元；2019年，企业分红总金额为1.04亿元；2020年，企业分红总金额为1.56亿元；2021年，企业分红总金额为2.37亿元。资金的流出相应地为企业带来了股票价格的增长，在除权除息日后的30天，2018

年8月上涨了6.24%，2019年8月上涨了52.73%，2020年6月上涨了29.23%，2021年7月上涨了80.23%，2022年7月上涨了3.03%。分红为企业更好地进行股权融资提供了有利条件。

三、资本运作

资本运作的方式有很多种，如发行股票、增发新股、分发红利、收购和转让股权等。2017年5月18日，圣邦微电子首发新股4.07亿元并于2017年6月6日上市。股票回购也是资本运作的一种方式，2018年6月，圣邦微电子以29.82元的价格回购了1.8万股限制性股票；2019年1月，以22.55元的价格回购了2.34万股限制性股票；2020年1月，以17.08～39.26元的价格回购了3328股限制性股票；2021年5月，以11.05元的价格回购1902股限制性股票。圣邦微电子以11480万元收购了钰泰半导体南通有限公司28.7%的股权，在江阴高新技术产业开发区投资设立全资子公司——江阴圣邦微电子有限公司，总投资3亿元建设集成电路设计及测试项目。2022年6月13日，圣邦微电子以3000万元与苏州耀途达成了合作伙伴关系，2022年6月17日，为了提升行业综合竞争力，出资3000万元认购了上海励新投资管理中心的份额；2022年9月15日，为了企业的长远发展，圣邦微电子以4000万元投资设立了北京顺义海高启航股权投资合伙企业。

四、成功经验

自2007年成立以来，圣邦微电子不断发展壮大。通过财务披露可以清楚地看到，2017年企业营业收入总额为5.32亿元，净利润率为17.66%；2018年营业收入总额为5.72亿元，净利润率为18.12%；2019年营业收入总额为7.92亿元，净利润率为22.21%；2020年营业收入总额为11.97亿元，净利润率为24.13%；2021年营业收入总额为22.38亿元，净利润率为31.25%。可以看出，圣邦微电子的整体营业状况良好，企业的经营决策和发展战略都非常适合自身未来的发展趋势。优秀的发展战略、资金运作和融资方式对企业未来的发展有绝对的促进作用。

五、结论与展望

基于以上分析可以看出，圣邦微电子一直保持着良好的现金流，企业的资本运作也十分成功，充分利用股权融资、股权质押、收购、分红融资等方式实现企业业绩持续增长，并赢得了广大投资者的信赖。由此可以看出，一个企业要想有好的发展就需要制订一个可持续发展的融资计划和资本运作策略。

（资料来源：作者根据多方资料整理而成）

第一节　融资需求

企业想要发展，融资是必不可少的，融资获得的资金可以让企业获得更好的发展，有了好的发展就能帮助企业获得更多的信任，然后再通过融资不断地发展壮大。创业公司用股份换资金，然后用资金换时间，通过不断引入资本，帮助企业实现高速的跨越式发展，毕竟只依靠企业利润来帮助企业稳定增长十分缓慢，而且容易错失机遇。

企业进行融资不仅会引入更多的现金流，也会引入战略资源，这可以帮助企业提高自身的竞争优势和加固博弈的壁垒。融资成功对于企业来说是锦上添花的事情，但并不是所有的融资都会成功，如果没有把握好融资过程中的一些细节就容易导致融资失败，如在和融资方进行协商时不能清晰地讲述企业的商业模式、企业的核心业务达不到预期、产品的定价与估值之间出现偏差或者无法理解投资者问题背后的含义和交易交割谈判策略失误等。所以，在融资过程中要很好地掌握相应的融资技巧来降低失败的概率，要通过科学的手段进行融资规划、财务规划。

一、融资规划

企业在创业过程中往往需要解决很多问题，其中最为重要的便是资金。创新企业往往会面临资金短缺的问题，在发现了一个很好的机遇时，对资金的需求就会更加强烈，毕竟机会不会等人，一旦错过就可能导致企业成长缓慢甚至破产倒闭，所以融资就成为最关键的一环。如何获得更多的融资、用什么方式获得投资者青睐、融资的方法有哪些等都是企业在融资过程中需要谨慎思考的问题。初创企业往往存在技术成熟度低、市场认可度低、偿债能力弱等缺点，所以需要确定符合企业自身生产需求的融资渠道来获得资金帮助，如图 4-1 所示。

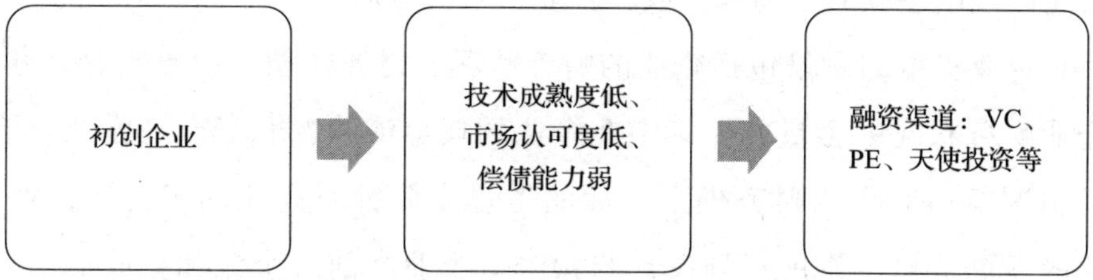

图 4-1　初创企业的融资问题

1. 融资的途径

企业的融资方式分为以下三种。一是民间融资。这种融资方式较为简单明了，大多以个人借贷为主，包括企业向员工、特定非员工、非金融企业借贷。二是类金融融资。相较于第一种融资，这种融资方式较为复杂，包括融资租赁、股权质押、股权众筹、保单质押贷款、仓单质押、动产浮动质押、典当、商业保理、私募股权基金、小额贷款，这些贷款方式大多适合小型企业。三是金融融资。这种融资方式有 20 多种形式，包括向银行或者信托机构采用应收账款质押贷款及金融租赁、资产证券化、贸易融资、商业承兑汇票、银行承兑汇票、信用证、存单质押、内保外贷、公司债、企业债、银行保理、上市公司、新三板企业、优先股等方式进行融资。目前，除上述融资方式外，股权质押融资也是上市公司融资的常用手段。

2. 融资的技巧

（1）准确把握企业的投资价值。

判断一家企业是否具备投资价值，主要的衡量依据是企业的团队、产品、市场和资本。投资者对团队的考察主要是看管理层团队的管理能力、CEO 对企业发展的认知能力及对企业的驱动能力。对企业团队的考察可以帮助投资者清晰地看清企业的市场判断能力及对发展前景的规划能力，除了综合评估团队的实力外，团队的激励机制也决定了企业团队的协同能力和工作积极性。

产品和市场前景也决定了企业的融资能否成功。产品说明了企业需要解决哪些消费者痛点，而产品的获客能力和市场定价决定了产品的市场需求和价值。在企业的市场考核方面，存量规模、潜在规模和企业的市场竞争力能体现出企业的市场地位或者企业未来的发展规模。

对企业资本的考量包括企业的财务状况、财务模型、债务能力等方面。对企业财务状况的考量主要集中在企业的现金流状况和资产规模及企业的损益情况等；对企业财务模型方面的考量主要针对企业的历史经营业绩、企业的发展战略、发展规划设计与预测、企业当前现金流和企业适当估值方法的选择。企业的债权债务处理方式也是投资者关心的问题，因为其决定了投资者的投资回报率。

对创业企业的团队、市场、产品、资本四个维度进行多层次分析可以判断企业是否具有长期可持续规模化增长的能力，如图 4-2 所示。

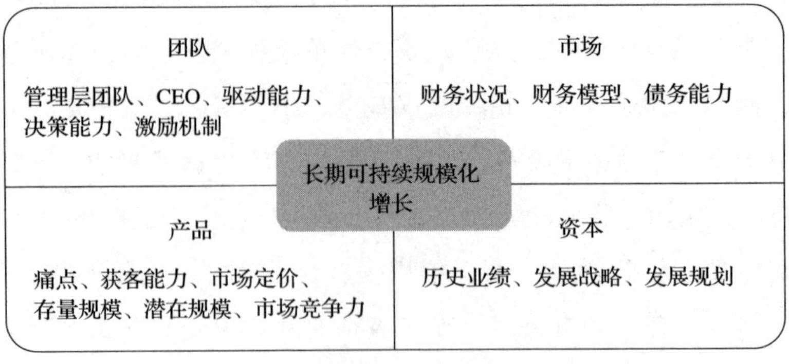

图 4-2　长期可持续规模化增长的要素

（2）全面调研数据。

在企业进行项目融资的前期，应当及时对企业的行业数据进行全面调查，使用最准确的数据评测企业的产品价值，为企业未来的发展预测提供有效依据。在企业团队管理的业绩成果方面也应该寻求数据支持。对企业、客户及供应商合作战略的详细介绍可帮助投资者了解企业发展战略的可持续性，这些数据都能确保投资机构直观地了解企业的状况和未来的发展趋势。

3. 融资协议的签订

每一个创业者在创业前都必须明确优先清算权、参与分配权等概念。对于投资者或者投资机构而言，他们往往会更加看重融资协议的内容而不是合理估值的内容。另外，融资协议的内容可以最大限度地保护投资者的财产安全，毕竟投资者也不能确保这个企业能永远健康发展，所以融资协议的签订不仅在一定程度上减少了投资者的投资风险，同时还为企业的未来发展提供了动力。

签订融资协议时应当留心协议中优先股分配的问题，投资者往往会在融资协议中附加一些优先分配的条款，这些条款可以很好地保护投资者的权益。例如，企业在进行资产清算时，总资产为 1000 万元，其中某投资者投资 100 万元，占比为 10%，那么在优先分配的条款下，投资者不仅可以拿回投资的 100 万元，还可以在剩下的 900 万元中获得 90 万元，共得到 190 万元，这样既可以保证投资者拿到钱，也可以确保在剩余财产里有优先分配的权力。

对于投资者而言，在签订融资协议时只关注创业者的企业估值是很危险的事情，估值只是一个数值，并不能决定企业的真正实力，那些不同的条款和估值情况最终会带来什么样的结果，是投资者在做融资之前需要仔细算清楚的。

投资者也会十分注意企业的股权稀释问题，融资不是简单的股权稀释问题，也要有反稀释条款。反稀释条款就是投资者在投资过程中发现有一些企业为了多融资而进行优先权叠加，这会导致投资者的投资回报的差异越来越大，如有一家企业总资产为1000万元，投资人A投资了100万元，占比为10%。企业由于经营不善导致现金流不足，进行了再融资，这时投资人B给企业投资100万元，再融资后企业的估值只有500万元，实力不及以前。投资人B占20%的股份，同样是100万元的投资，投资人B的占比明显更多，那么投资人A也会要求当初投资的100万元占20%的股权，这就会导致股权稀释。所以，在融资时增加反稀释条款是避免企业在以稀释股权为代价进行再融资的过程中，给投资者带来的股份贬值或者过分稀释。

企业在创业融资前一定要明白投资者可能对几十家企业进行了投资，投资者是为了在创造货币价值的同时分摊风险，而接受投资的企业则是要赌上所有身家来经营企业，所以对融资协议一定要十分谨慎。创业者理解这些条款之后，应当列出一张表来明确各位投资者享有的优先权，以便在撤资时按照什么方式或者次序分配资金。企业的融资动机与投资者的动机是不一样的，投资者关注的是自身的利益，业务经营偏好会有一定的目的性，并不一定符合企业的长期发展，创业企业要根据自身的情况制订适合企业发展的计划，不能因为投资者投资而干扰自身的发展，所以融资合同与业务发展合同要分开签订。

4. 融资的形式

股权融资是企业融资的主要途径之一，不需要有形资产的抵押，只需要出让企业的一部分股份来吸引投资者。获得股份的新股东与企业的其他股东一起享有盈利分配的权力，按照持有的股权比例进行利润分配。股权融资的方式主要有股权质押、股权转让、股权增资和股权私募四种，如图4-3所示。

第一，通过股权质押的方式进行融资是指企业用股权作为标的物质押给机构或者债权人来获得资金。企业股东虽然出质股权，但是依然会拥有企业的重大决策权和经营管理权，只是在股权收益方面会有些影响。创业企业通过股权质押的方法为企业提供信用保证。股权质押需要通过托管机构、企业、银行三方对企业的信用和股权进行评价，从而分析企业的股权状况，减少债权人的风险，以确保企业到期能够偿还债务。

图 4-3　股权融资的方式

第二，股权转让分为直接转让和间接转让两种。直接转让是指股权的买卖，不涉及外来因素的干扰；间接转让是指因为继承、公司合并等突发状况导致的股权转让行为。企业在创业过程中经常会遇见技术水平落后，不能紧跟时代发展，或者创业者的经营理念不够先进，无法给企业创造更多的价值等问题，这时就可以让出部分股权吸纳技术型人才和强大的资本力量，以推动企业更好地发展壮大。债权融资和银行贷款等方式限制多，还复杂，不仅需要考察企业的信用，还需要限制还款期限等，而股权质押的增资方式最直接、最快速，不仅可提升企业的实力，也可提升投资者的资本价值，形成互利共赢的状态。

第三，股权增资的权益性融资方式是通过发行股票来扩大股权，从而提高企业的注册资本，很多即将上市的企业会采用这种方式进行融资。企业股权增资的方式可以分为外源股权增资和内源股权增资两种。外源股权增资大多通过私募的方式引入国内外战略投资者和财务投资者来实现企业的发展战略和行业资源的整合，从而增强企业资本实力。内源股权增资通过企业内部老股东加大投资来增加企业的资本金。在这个过程中，有些股东的股权比例保持不变，也有一些股东的权力发生了改变。

股权增资融资不仅不会稀释原有股东的股权，还可以扩大企业的股本规模，既降低了企业的负债水平，还提升了企业的市场影响力。相较于债务融资，股权增资的融资方式不仅没有利息风险，还能提升企业的信誉水平，增强企业的偿债能力，所筹集的资金都是企业的自有资本且始终属于公司。筹集的资金可以帮助企业获得先进的技术和设备，从而更好地提升产能，增加企业的销售收入和净利润，为企业更快上市创造条件。股权增资融资的方式可能会吸引很多新股东的加入，所以企业需要建立有效的管理机制来应对股东之间可能会产生的问题。

第四，股权私募融资的手续简单，一般不需要抵押和担保且能快速获得资金，对于没有上市的中小企业来说门槛较低。通过股权私募融资不仅能获得资金方面的帮助，更重要的是投资者为企业提供了适合企业发展的战略指导及经营管理和人事方面的技术指导，以帮助企业快速地成长。

• 创业的融资和退出专栏 4-1 •

蜜雪冰城：首家加盟商破万的企业

一、企业简介

2006 年，张红超开创“蜜雪冰城超级冰堡”，主打产品有冰激凌与茶系列、奶茶特饮系列、奶盖茶纯茶系列、真果茶系列四款。蜜雪冰城奶茶店的数量达到了两万多家，门店规模已经接近饱和状态。为了拓宽市场，蜜雪冰城开始拓展品牌，其中包括幸运咖和极拉图两个品牌，都采用直营模式。蜜雪冰城的融资方式以加盟为主，所以在市场饱和后开拓新品牌是企业发展的独特方式。

二、融资方式

1. 加盟融资

蜜雪冰城的融资方式主要是加盟融资。从 1999 年张红超在河南省郑州市开的第一家刨冰店开始到 2014 年，蜜雪冰城的门店数量就多达 1000 家，2020 年加盟门店数量突破万家，截至 2022 年年底已经超过了两万家。蜜雪冰城的加盟店根据地区不同收费标准是不一样的，公司与加盟商签订的特许经营期限一般为 3 年，其中蜜雪冰城品牌加盟费按城市级别分为县级城市 7000 元 / 年、地级城市 9000 元 / 年、省会城市 11000 元 / 年。除品牌加盟费外，还有管理费（4800 元 / 年）、培训费（2000 元 / 年）、保证金（20000 元 / 年）。

蜜雪冰城旗下的幸运咖品牌加盟费按 10000 元 / 年收取，极拉图加盟费按 16000 元 / 年收取。幸运咖和极拉图管理费为 5000 元 / 年，培训费为 4800 元 / 年，保证金为 10000 元 / 年。加盟费是企业的主要收入来源，如果仅依赖奶茶、果茶、奶盖等一系列的产品销售，无法维持企业超高的经营成本，现有产品总有一天会因为新产品的出现而被淘汰，拓展企业旗下新品牌、扩大企业产业规模，从而降低风险，促进企业全面发展，同时新产品的开拓也会带来更多的加盟商。

2. 股权融资

截至 2021 年 3 月 31 日，蜜雪冰城已将注册资本由 2.466 亿元按各股东持股比例转增股本后变更为 3.6 亿元。这次增资后蜜雪冰城的控制权依旧在张红超、张红甫两位创始人手上，持股比例均为 42.78%，其他股东持股比例都在 5% 以下。蜜雪冰城共设立了 50 家分公司，全资子公司和直接控股子公司共 21 家。全资子公司包括蜜雪管理、大咖食品、宝岛商贸、壹滴水商贸、上岛供应链、鲜易达、蜜雪教育、幸运咖等，而这些企业的业务均是蜜雪冰城供应链中的一部分，同时对直接或间接控股的子公司蜜雪冰城均有绝对控制权。

三、结论与展望

蜜雪冰城的成功主要有以下原因：拥有朗朗上口的口号——“你爱我，我爱你，蜜雪冰城甜蜜蜜”，容易记忆和传播的口号大大提升了市场知名度，获得了更多投资者的青睐；企业不断拓展产业链品牌，包括幸运咖和极拉图等，蜜雪冰城的融资方式以加盟为主，在市场规模饱和前发展新型产品链大大丰富了企业的融资路径；企业拥有自己独特的供应链，上游的前端原材料供应包含水果、乳制品、咖啡豆、糖类、包装材料，中游的食材产品生产供应包含固体饮料、风味饮料浓浆、果酱、珍珠粉圆、罐头、烘焙咖啡豆等，下游主要供应现制饮品等整体产业链，企业自身的产业链完美解决了供货商可能存在的供应短缺问题，供应链的及时供货为业绩的提升提供了保障；成本低廉，所以定价比较亲民。

融资方式的选择也体现出企业经营决策的高明。蜜雪冰城 2019 年营业收入总额为 25.66 亿元，且归母净利润为 4.45 亿元；2020 年的营业收入总额为 46.8 亿元，且归母净利润为 6.32 亿元；2021 年的营业收入总额为 103.51 亿元，且归母净利润为 19.1 亿元。蜜雪冰城的营业收入大部分来自向加盟商销售经营所需商品，食材在营业收入中的占比较高，近七成营业收入都来自卖给加盟商的食材，其余超两成营业收入来自包装材料、设备设施及营运物资等。

（资料来源：作者根据多方资料整理而成）

在众多的奶茶店中，蜜雪冰城的加盟店是最多的，这些加盟店带来的收益也是巨大的。现如今蜜雪冰城持续着加盟商的经营模式并将分店扩展到了泰国等地。

蜜雪冰城加盟融资的经营模式并非适合所有的企业，有些企业从创建到成长会面临很多的挑战和变革，所以不同的企业选择的融资方式也不一样，从天使投资到战略融资、从股权融资到上市融资，很多的企业都是以股权为代价进行融资的。

• 创业的融资和退出专栏 4-2 •

皖仪科技：经营、融资双管齐下

一、企业简介

安徽皖仪科技股份有限公司（以下简称皖仪科技）于 2020 年 7 月在上海证券交易所科创板成功上市，企业供应的科学仪器已经达到国际标准，企业生产的产品涉及色谱、光谱、质谱类及医用分析仪器。皖仪科技按照国际化标准组建世界级产品研发平台，构建高品质、高标准、持续创新、全球同步的产品研发体系，建立了博士后科研工作站、院士工作站、国家企业技术中心等科研平台，被评为国家级专精特新“小巨人”企业和国家知识产权优势企业。

二、融资方式

1. 分红融资

皖仪科技分别在 2020 年以 10 派 2.5 的方式分派现金股利，共分派总额 1.33 亿元，2021 年以 10 派 2 的方式分派现金股利，共分派总额 1.33 亿元。分红融资对于企业而言不是意味着资金流出了企业，而是告诉大众投资者企业的净利润十分可观，企业的经营状况能带来不错的投资收益。通过分红融资可以提升企业在大众眼中的可信度，从而吸引更多的投资者加入，为企业带来更多的融资。

2. 历史融资

2003—2020 年，皖仪科技分别进行了五轮融资：在 2003 年的天使轮融资中获得安徽创投的资金支持；在 2014 年的 A 轮融资中获得合肥高投的资金支持，并且在同年的 10 月获得安徽创投的战略性投资；2016 年获得鑫奥创投的 B 轮融资；在 2020 年 7 月 3 日的 IPO 上市融资中，其公开发行的股票获得资金 51700 万元。

3. 股权融资

企业的发展离不开资金的运作，为了获得更多的融资，适当地稀释一点股权也是在所难免的。目前，皖仪科技的大股东有安徽省创业投资有限公司，持股比例为13.09%；上海牧鑫资产管理有限公司——牧鑫颐信1号私募证券投资基金，持股比例为5.91%；陈桂林持股比例为4.52%，剩下的股东持股比例都在4%以下。通过股权融资，企业获得了相应的资金支持，同时也扩大了资源脉络。

三、高营收会带来高融资

营收状况可让大众投资者对企业进行最直观的判断，投资者通过企业的财报观察企业业绩是否一直处于增长状态，一个盈利势头很好的企业往往会获得更多大众投资者的青睐，从而获得更多的融资。2017年，皖仪科技环保在线监测仪器的营业收入为1.38亿元，占销售总额的48.52%；检漏仪器的营业收入为1.06亿元，占销售总额的37.32%；实验室分析仪器的营业收入为1601万元，占销售总额的5.64%。2018年，环保在线监测仪器的营业收入为1.86亿元，占销售总额的56.98%；检漏仪器的营业收入为9053万元，占销售总额的27.73%；实验室分析仪器的营业收入为1854万元，占销售总额的5.68%。2019年，环保在线监测仪器的营业收入为2.17亿元，占销售总额的53.03%；检漏仪器的营业收入为1.38亿元，占销售总额的33.67%；实验室分析仪器的营业收入为2110万元，占销售总额的5.16%。2020年的增长趋势相对平缓，环保在线监测仪器的营业收入为2.3亿元，占销售总额的55.19%；检漏仪器的营业收入为1.26亿元，占销售总额的30.16%；电子测量仪器的营业收入为2452万元，占销售总额的5.88%。整体而言，企业的营业收入和归母净利润都处于增长趋势，这些业绩大大增强了投资者对企业的信心，所以企业股票价格也处于增长的状态，被大众投资者看好。

四、结论与展望

企业的业绩一直保持增长趋势，说明内部经营状况良好，同时投资者十分看好，企业的现金状况也能大大提升投资者对企业的信心。内有技术，外有支柱，企业未来的发展蒸蒸日上。

（资料来源：作者根据多方资料整理而成）

二、融资的估值

创业者若想更好地进行融资，需要对企业的整体状况进行估值，获利能力不错的企业其价值是不言而喻的。相对估值法和绝对估值法是企业进行估值时最常用的两种方法，如图 4-4 所示。相对估值法有市盈率估值法、市净率估值法、市销率估值法、市盈率相对盈利增长比率估值法、EV/Sales 估值法、EV/EBITDA 估值法；绝对估值法以折现法为主要特点，有 DDM 估值法、DCF 估值法等。

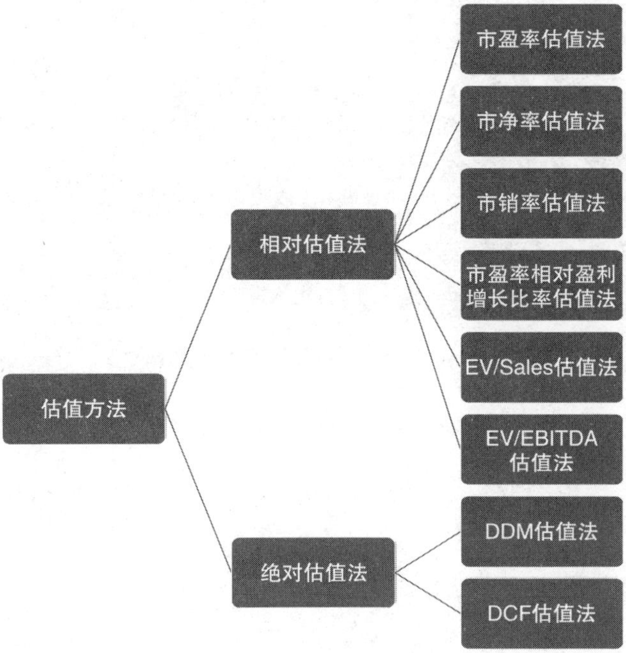

图 4-4　融资的估值方法

1. 相对估值法

相对估值法具体包含以下 6 种方法，如图 4-5 所示。

（1）市盈率估值法（P/E 估值法）。

市盈率指标可从对企业内在动态与静态的市盈率变化切入，也可以从企业的未来预期与过去的市盈率变化的角度切入，从外在角度切入时，需要进行企业市盈率与行业平均市盈率的比较。企业市盈率大于行业平均市盈率表明企业未来将处于盈利增长状态，反之则处于盈利下降状态。P/E 估值法首先计算出企业的每股收益率，然后参考行业平均市盈率和企业的经营状况拟定市盈率，再通过公式得出绝对合理的股价：

每股盈余（EPS）× 市盈率（P/E）= 股价（P）

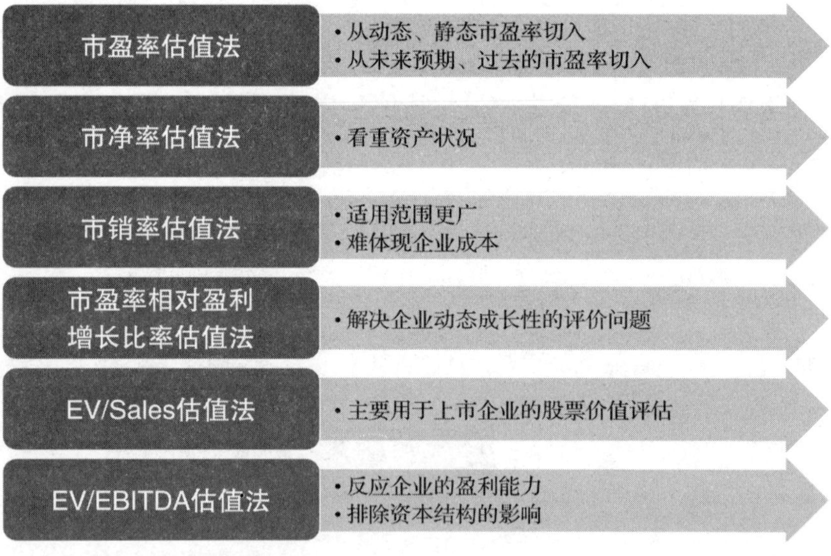

图 4-5　相对估值法的 6 种方法

若每股盈余高，市盈率的值增加，那么股价也一定会增加，当 EPS 的实际成长率比预期低时，P/E 值会受影响而下降，那么二者的乘积就变小，股价随之受到严重影响。

（2）市净率估值法（P/B 估值法）。

P/B 估值法的公式：

股价（P）= 每股净资产 × 合理市净率

通过对企业净资产进行审核后计算出企业的每股净资产，合理市净率需要结合市场平均市净率及企业的经营状况和净资产收益率等因素得出。P/E 估值法以企业的经营能力为基础进行估值，而 P/B 估值法更加看重资产的状况。

（3）市销率估值法（P/S 估值法）。

股价（P）= 市销率（P/S）× 每股营业收入（SPS）

"市销率（P/S）× 营业收入 = 市值"这种方式往往用于同一行业的企业进行比较或者同一企业的现在与过去进行比较。投资者进行投资时根据市销率的大小判断企业的投资价值，一般市销率越小表示企业越有投资价值（由于企业的营业收入没有确定性，所以市销率就更有代表性）。P/S 估值法的适用范围更广，但是很难反映企业成本，所以不是什么场景都适用，需要根据企业具体情况而定。

（4）市盈率相对盈利增长比率（PEG）估值法。

这一方法解决了 P/E 估值法解决不了的企业动态成长性评价问题。

市盈率（P/E）= 市盈率相对盈利增长比率（PEG）× 未来三年预测的净利润增速（G）

PEG 估值法主要是研究 G 与企业成长性是否匹配的问题，只有过去五年净利润增速都在 20% 以上且目前依然稳定增长的企业适合用这个方法。

PEG 小于 1 时，说明该股票被低估了；PEG 大于 1 时，表示股票被高估了；PEG 等于 1 时，表示动态市盈率与未来三年预测的净利润增速相等，股票估值相对合理。这种算法十分适用于稳定增长的白马股，但是科技股和周期股就不适用这种算法，因为这两类股票若用 PEG 估值法进行计算，数值会十分夸张。投资者对企业进行投资时不仅要关注 PEG 的数值，还需要结合市场和国家政策及宏观经济的趋势判断企业的投资价值。

（5）EV/Sales 估值法。

每股股票价格（EV）除以股票销售额（Sales）得到市售率的值。

从计算公式来看，市售率与市销率并没有太大的区别，股票的销售额和 SPS 每股营业收入一样不会出现负值，EV/Sales 估值法往往被投资者用在上市企业的股票价值评估上，市售率的值能反映上市企业的潜在价值，销售额与每股股票价格的数值能够很好地反映企业的盈利能力如何，并且销售收入的多少是客观事实。

（6）EV/EBITDA 估值法。

EV/EBITDA 估值法中的 EV（企业价值）= 市值 + 净负债，EBITDA 是未计利息、税收、折旧、摊销前的利润，EV/EBITDA 的数值可以反映企业的盈利能力，同时能有效地排除资本结构对于企业的影响。例如，有两家店铺，A 店是自己出资成立的，但是 B 店是借款 400 元成立的，A 店和 B 店的收入都是 1000 元，但最后 A 店的净利润为 200 元而 B 店的净利润是 -200 元。因为在两者盈利能力相同的情况下都赚了 200 元，只是 B 店需要偿还借款。如果投资者只是观察它们的净利润的话就一定会选择 A 店，可是两家店的盈利能力是一致的，假设在税收是零的情况下，采用 EBITDA 能更客观地评判它们的盈利能力。

2. 绝对估值法

（1）DDM 估值法。

DDM 估值法又叫股利贴现模型，是绝对估值法中的基础模型，这种模型主要是通过企业未来会发放的股利之和折现后的现值来评估公司当前股票公允价值的一种定量分析方法。这种模型的计算是在不考虑当前市场条件的情况下，对股票的公允价值进行计算，被低估的股票通过 DDM 计算得出的数值会高于股票的当期交易价格。如果通过 DDM 计算得出的数值小于股票的当期交易价格，就表明这只股票被高估了，是不值得购买的。

基于每股预期股利，使用股息贴现模型对股票进行估值的公式是：

$$P=D\div(r-g)$$

其中，P 为股票价格；D 为每股预期股利；r 为必要收益率或资本成本；g 为股利增长率。每股预期股利和股利增长率是非常关键的。DDM 公式仅适用于稳定支付股利的企业。

DDM 共有三种变体：第一种假设股利增长率 g=0 的情况，这时的股票价格等于 D/R；第二种是比较常见的戈登增长模型，该模型假设股利增长率恒定不变；第三种被称为超长股利增长模型，这种模型兼顾了恒定增长期和高增长期。

DDM 估值法虽然被广泛应用但也具有一定的局限性，一方面，被广泛应用的戈登增长模型假设股利恒定增长率不变，这对于能够固定支付股利的成熟企业是很有用的，但对于股利增长率有波动或者根本就不发放股利的新公司来说就不适合了，后一类公司若使用 DDM 估值法，就会随着越来越多的假设加入，导致估值的精度下降。另一方面，采用 DDM 估值法需要非常谨慎地输入参数，运算也会随着时间的推移被放大，同时它忽略了股票回购的影响，说明 DDM 估值法对股票价值的估计过于保守。

（2）DCF 估值法。

DCF 估值法即现金流贴现估值法，借鉴了很多 DDM 估值法的逻辑与算法，通过计算一家公司未来一段时间内一共能赚多少钱来评估这个公司现在的价值。DCF 估值法有五个步骤：第一步，需要理解基本公式；第二步，清楚自由现金流（Free Cash Flow）计算与财务指标假设；第三步，清楚 WACC 假设；第四步，学会终值计算；第五步，学会股价计算。DCF 估值法可以计算出企业未来多年的现金流。

三、股权划分

股权划分可以是平均分配、出资比例进行股权分配或者进行贡献分配（通过贡献多少进行分配），包括三种类型：绝对控股型、相对控股型及不控股型。绝对控股型是指创业者一人占股 2/3 以上，拥有绝对话语权，可以在股东会议上做任何决定，是一个企业的最终领导者。相对控股型是指创业者一人占股 1/2 以上，可以对企业大部分事情做决定，但是一些重大事项需要股东会议投票来决定。不控股型大多出现在几个人合伙创业的企业，并且这些人拥有不同的技术能力支持企业运营。

对于创业初期的企业来说，股权分配是维持企业日后稳定发展的关键。在合伙企业中要构建一个科学的股权架构：创始人是企业的灵魂，是企业生产经营的重要决策者；联合创始人是创始人的跟随者，也是共同建设企业蓝图的干将，所以在股权架构的思考方面不仅要考虑创始人的股权比例，也要思考联合创始人的股权架构。

如何合理地划分股份可以从人力、资源及资金三个维度进行考虑：人力维度就是出多少力得多少股份，出多少力的“力”包括以脑力为主的技术量或者以体力为主的业务量；资源维度包含人脉和专利等能为企业日后发展提供优越环境的资源，能为企业带来多少资源价值就分配多少股权；资金维度就不能一味地凭借出资的多少来决定股权的多少，不同行业的企业周期和经营战略都不一样，资金维度的股权划分需要考虑它可以贡献的企业价值含量。

划分股权后，企业生产经营带来的利润将如何进行分红，这时企业需要进行分红结构设计。项目分红、期权池分配及股东分红是分红的三种主要形式。项目分红广泛运用在直营连锁形式的企业，同时也适合追求短期利益的员工或者客户；期权池则是在投资者进入企业前就预留的，期权池的预留不仅可以激发员工的积极性，还可以和项目分红相结合来吸引有资源的投资者；股东分红一般会结合股权划分的比例进行。

第二节　财务计划

企业的发展离不开财务计划的实施。通过有效的财务计划可以了解需要注意的事项和相关的财务目标，同时运用合理的方式对企业盈利进行预测，以确保企业发展过程的实际情况能与制定的发展战略保持统一。企业的发展离不开资金的运作，所以融资也是企业财务计划的重要环节。企业应分析投资者最在乎的投资回报率状况，并结合相关的发展战略吸引投资者加入。制订财务计划可以大大提升企业的运营效率。

一、财务规划

财务规划是财务管理非常重要的部分，能够帮助企业更好地发展，通过制订财务规划能够帮助企业明确未来的发展战略和目标、对未来的财务风险进行预测，从而制订应对措施。企业制订财务规划不仅给部门提供了明确的发展目标，还可以通过财务规划吸引优秀的人才，促进企业更好地成长。

1. 财务签订

财务签订主要包含合同、结算的票据、税务税款及租赁等的签订，这些都会影响企业的经营状况，所以签订前需要仔细审核，确认无误。财务需要进行审核的事项如图 4-6 所示。

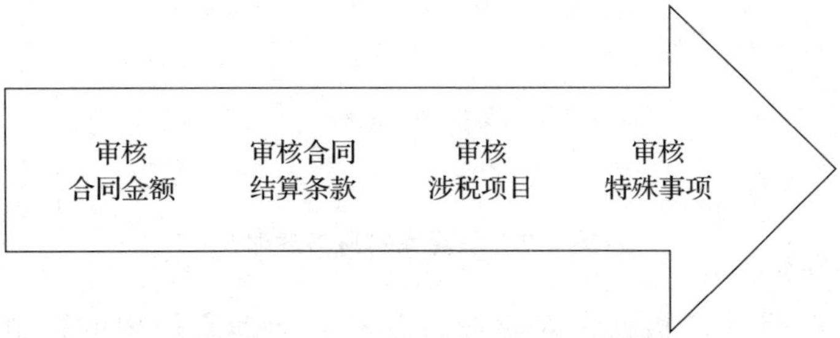

图 4-6　财务需要进行审核的事项

第一，需要对合同金额进行审核，同时还要关注项目是否在企业审批的可执行范围内。

第二，需要对合同结算条款进行审核，企业支付的方式应该符合企业规定，尤其是对预付款项的审核需要符合企业的特殊情况和条文规定。

第三，对涉税项目进行审核，在合同中开具发票的类型应当非常明确且要符合相关的税收法律规定，要确保发票类型与合同内容一致。涉及增值税发票应该明确包含的税率及发票是增值税专用发票还是增值税普通发票。

第四，对特殊事项进行审核，如融资租赁、经营性租赁、捐赠和赞助及关联交易类合同都要进行核对，对于融资租赁项目需要观察其是否符合企业的资产管理规范。另外，需要注意核心竞争设备不可以通过融资租赁方式进行租赁。经营性租赁方式和关联交易类合同都要考察其金额限制方面是否具有可行性，若是捐赠和赞助给相关企业单位需要考虑税金问题。

2. 制订目标

资金对于企业的发展是至关重要的，无论是初创期、成长期还是成熟期，企业都需要资金的支持，而长远的战略目标和财务目标的制订会帮助企业维持良好的现金流状况。制订财务目标最终是为了确保企业能够长期稳定发展，给企业带来更多的经济利益，所以企业应当根据当前的市场形势制订相应的财务战略目标，如图 4-7 所示。

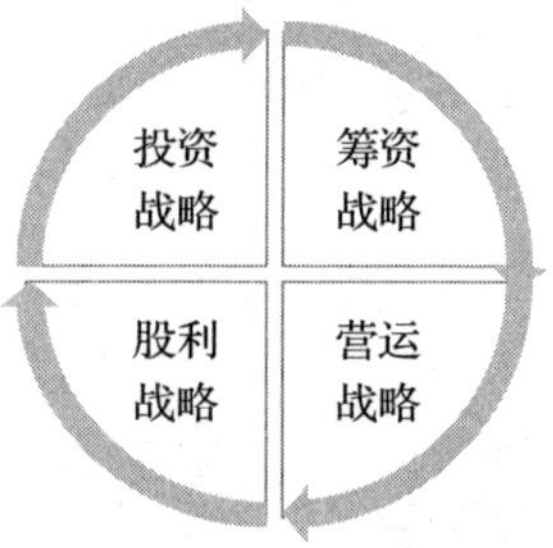

图 4-7　职能型的财务战略

财务战略目标是指通过对企业日常经营活动所使用的资金流动方向、规律和用途的分析，制订战略计划来实现企业利益最大化的目标。企业的财务战略分为职能型和综合型两大类，其中职能型的财务战略分为投资战略、筹资战略、营运战略和股利战略。

投资战略是指涉及企业对外进行投资的战略规划，这一类的投资战略目标主要以所投资企业未来能给自己带来多少经济利益为出发点，通过对企业的财务状况进行分析，并且衡量所投资企业的盈利状况进行财务战略目标的制订。

筹资战略主要涉及企业对于筹资方向和筹资方式的目标计划。企业的筹资方式有很多，可以通过首次发行股票进行筹资，也可以通过与银行建立长期的合作关系进行战略性筹资。面对不同的筹资方式，企业应当采用相应的筹资战略规划计算出相应的筹资成本，以确保相应的筹资方式能够为企业未来带来较多的利益。

营运战略是指企业通过营运规划和客户及供应商之间达成长期战略合作关系。企业进行有效的营运战略规划后可以确保能够与客户达成长期的合作关系，并且找到新的目标客户，为企业的业绩增长助力。

股利战略就像上阵打仗如何分配粮食一样，如何分配、分配多少、何时分配等都要通过财务规划来制定合理的分配原则，这样既能保障公司利益，还能保障股东利益。

如图 4-8 所示，综合型的财务战略包括收缩型战略、稳增型战略、防御型战略和扩张型战略四种。其中，收缩型战略一般表现为减少战略投资且确保投资者获利而大量分发股利。稳增型战略要求企业增长速度并不是十分激进，通过制订稳定型的战略计划，在确保企业利润增长平稳上升的同时与外部投资者保持合作关系，使企业能够稳中取胜。防御型战略主要是企业在生产经营的过程中，应当时刻注意行业的动向和趋势，在遭遇问题时，适当地调节资产结构来确保自身有能力预防和应对存在的风险。扩张型战略是为了帮助企业能够在长期的发展过程中保持快速发展的战略计划，在不断扩张、发展的同时使业绩不断增加。

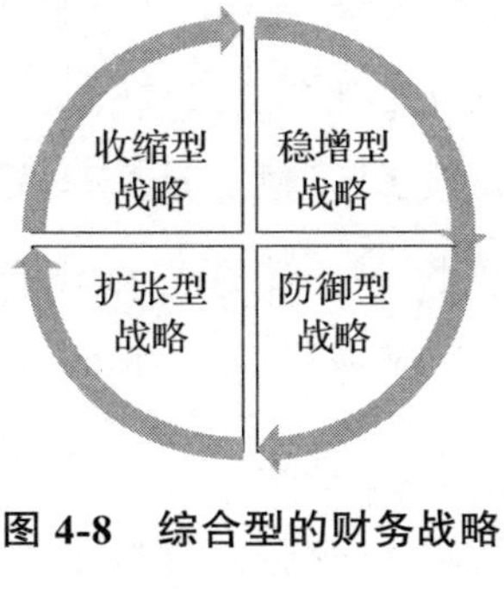

图 4-8 综合型的财务战略

3. 财务规划原则

如果财务计划与分析（FP&A）处理得不好，会降低企业的业绩，从而导致较低的投资回报率；如果财务计划与分析处理得好，会提升企业的价值，从而吸引更多的投资者加入。

财务计划与分析不仅可以预测企业业绩，还可以提高业绩。财务计划与分析需要遵循如下原则：第一，确定企业的战略并将其转化为具有可行性的措施；第二，对企业制订的计划进行有关项目的资源整合，并且切实地纳入预算；第三，详细了解企业计划，并且监督计划的进展，以确保企业财务业绩的提升；第四，充分分析项目计划及计划对财务绩效的影响，并了解数据背后的意义；第五，在财务收益不佳时应当果断地采取行动，全面分析企业业绩下滑的原因，及时调整企业状态；第六，充分搭配财务目标和经营目标会帮助企业更好地发展；第七，建立责任制来确保企业员工的财务业绩；第八，建立责任制，促使员工在工作中更加负责；第九，对企业业务成功的驱动因素制定相关的衡量标准；第十，针对企业业务制订相关的长期目标和短期目标；第十一，企业制订方案和措施来实现目标；第十二，通过实时检测方案实施结果与完善的激励机制来调动员工热情。

更好地提升财务计划与分析能力是非常重要的，为此，需要了解与业务相关的内容且有良好的沟通能力，提高相应的技术水平。可以通过轮岗了解各部门、各领域之间的工作关系。沟通能力的提高不仅需要提升书面沟通能力，还需要提升口头沟通能力（书面沟通能力可以通过业务报告的写作来提升；口头沟通能力可以通过参加各种演讲来锻炼）。技术水平的提升可以通过学习各种应用软件实现。财务计划与分析能力的提高可以使人全面、高效地分析财务和运营报告、计划与预算及预测等，促进企业业绩的提升。

4. 实现方法

制订财务计划是为了帮助企业更好地从过去的发展中汲取经验，从而解决企业目前存在的经营问题，确保企业很好地完成财务规划。财务规划的实现方法有以下四种，如图 4-9 所示。

图 4-9 财务规划的实现方法

（1）盈利预测。

盈利预测需要结合企业过去的发展状况和未来的战略规划来预测企业未来的盈利状况。盈利预测的整体状况需要从预测营业收入、利润总额、净利润、每股收益及市盈率水平等方面来综合考虑，通过对盈利水平的预测确定企业的经营战略和发展战略。

（2）战略目标的实施。

企业的发展战略目标要有效地实施，良好的财务战略目标结合了投资、筹资和运营等各个方面，可以确保企业在未来的发展中具有有效的应对策略，以便解决可能出现的问题。

（3）投资回报的预测。

对于投资回报的预测主要包含预测基准收益率、预测内部投资回报率、预测投资回报率及预测投资回收期和净现值等，通过对投资回报的预测和分析可以让投资者直观地了解对企业进行投资后将带来的收益。

（4）吸引投资者融资。

企业若有一个良好的发展趋势便会吸引更多的投资者，从而增加现金流。企业获得融资后拥有现金流便可以在项目的发展中，投入更多的资金，从而扩大自身规模，而更好地吸引投资者则需要进行投资回报的计算。

二、盈利预测

盈利预测的指标有营业收入、利润总额、净利润、每股收益、市盈率水平等。通过特定的方式进行计算和分析，这些指标可以帮助投资者深度了解企业的综合状况。

盈利预测的方法有定性预测法和定量预测法两种，如图 4-10 所示。其中，定性预测法分为一般调查预测法、集体意见预测法、头脑风暴预测法、德尔菲预测法、因素分析预测法、对比类推预测法和主观概率预测法七种。定量预测法分为平均预测法、指数平滑预测法、趋势外推法和回归分析预测法四种。因素分析预测法和对比类推预测法两种较常用：因素分析预测法包含因素列举归纳法、相关因素推断法及因素分解推断法；对比类推预测法包含产品类推法、地区类推法及局部总体类推法。

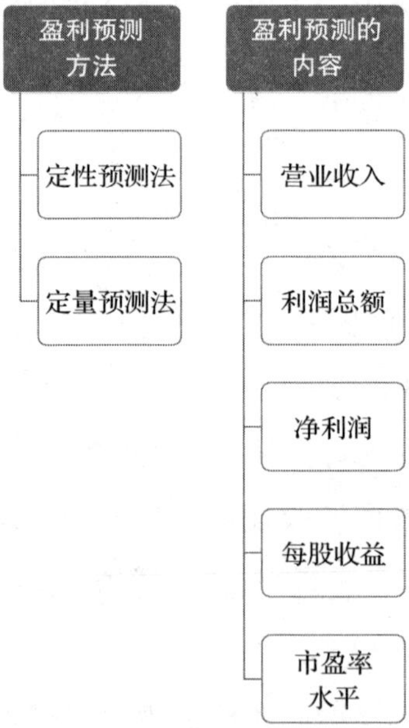

图 4-10　盈利预测的方法及内容

盈利预测的内容包括营业收入、利润总额、净利润、每股收益、市盈率水平。

1. 营业收入

营业收入的预测方法主要包括调查分析法、趋势分析法、因果分析法等，企业要以过去的营业状况为参考标准评估和分析适合采用的方式，对企业过去的营业收入进行分析可以反映企业未来营业增长额的状况是否良好。企业的营业总收入是各种业务或者项目带来的营业收入的总和。营业收入的预测方法如图 4-11 所示。

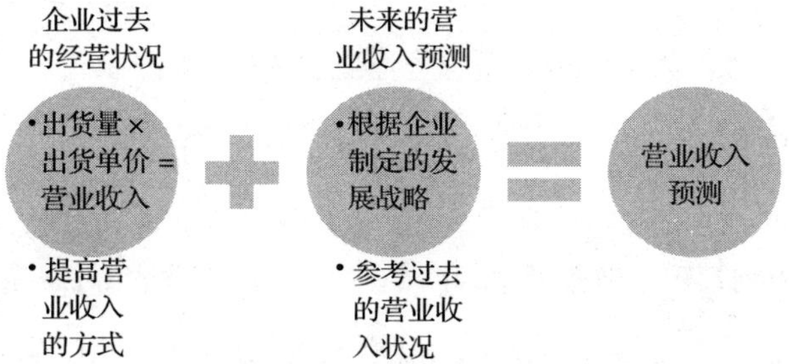

图 4-11　营业收入的预测方法

预测营业收入时不应当仅仅依据企业的确认收入，还应当注意企业是否有粉饰收入的情况。例如，一家企业在 2020 年的时候实际收入为 20 亿元，但是财务报告上只确认了 10 亿元，剩下的 10 亿元就会被转入以后年度进行确认。若 2021 年企业确认收入为 30 亿元，但是加上 2020 年的 10 亿元后，企业 2021 年的财务报表确认的收入就变成 40 亿元。经过这一系列操作可以大幅度地增加企业的收入，从而误导财务报表的使用者。

在收入确认这一环节应当仔细考察企业所发生的真实业务，避免虚构。现金流往往可以反映真实的收入，所以可以通过现金流来判断企业是否有虚构收入的情况。确认收入后则需要对收入的结构进行判断，包括对企业的产品种类和产品的地域销售收入进行分析。在对产品进行综合分析后，能够确定企业是否需要调整产品结构或者发展战略。对企业过去的营业收入进行整体判断后，结合当前市场的发展趋势计算出企业未来的营业收入，可帮助企业更好地进行财务规划。

2. 利润总额

利润是在企业的日常生产经营过程中产生的，其表现形式包含货币资产的增加或者应收账款类非货币性资产的增加。利润可以直接影响所有者的权益，其状况可以通过利润表直观地表现出来。

利润总额的计算公式是：

利润总额 = 营业利润（营业利润 = 营业收入 − 营业成本 − 营业税金及附加 − 期间费用 − 资产减值损失 + 公允价值变动收益 − 公允价值变动损失 + 投资净收益）+ 营业外收入 − 营业外支出

在销售货物的企业中，营业成本则表示已经销售商品的购货成本；在服务类企业中，营业成本则表示提供服务的服务成本。除了营业成本，期间费用、公允价值变动损失等都会减少企业的营业利润，从而减少企业的利润总额。对企业利润总额的分析应当充分结合企业当期的相关费用、销售规模及营业收入状况，各时期的销售费用和营业收入状况的波动都可以反映企业所处时期的经营状况。通过分析企业过去几年的利润总额，再结合企业当下的发展战略、市场环境和相关的市场政策可以判断企业的利润总额。

3. 净利润

一个具有竞争优势的企业，其净利润会随着时间的推移而增加，这类企业往往是投资者比较喜欢的。企业销售额带动净利润水平，而利润率又是衡量净利润的一个指标，相应的成本越少则利润率越高。通过对净利润的计算，可以在一定时期内和同行业的其他企业进行横向比较，净利润更高或者利润率最高的企业往往更受投资者的青睐。

利润率水平需要结合连续几年的变化趋势来观察，在行业内所有公司都处于利润率上升的情况下，利润率低的公司净利润增长幅度反而可能更大。

4. 每股收益

每股收益（EPS）是评估股票价值的模型中基本的要素之一，每个企业的财务报表中利润表的最后一项都会列出每股收益的数值及稀释每股收益的数值。有一部分投资者投资企业往往是因为企业的分红很多，另外一部投资者会选择采用低买高卖的方式赚取股票的差价。每股收益作为利润表的最后一部分，往往表示企业将能扣除的尽可能地都扣除后，将剩下的权益分红给普通股股东。每股收益不仅代表企业的分红能力，而且体现了企业的盈利能力，同行之间也会通过比较每股收益看谁的盈利能力更强。基本每股收益的计算公式为：

每股收益 =（净利润 − 优先股股息的现值）÷ 普通股总股数

5. 市盈率水平

市盈率是当期收益与股价的比值。所以，当企业未来的获利能力比较强时，当期的市盈率相对较高，通过股价和当期收益情况判断企业的市盈率，可以给投资者展示企业目前的经营状况和未来的发展潜力。企业创业需要融资，投资者通过市盈率可以预测企业的发展前景。

市盈率的风险和收益及企业的获利能力等重要指标可以通过 NPVGO（增长机会净现值）模型来说明，帮助投资者进行有效的投资分析。利佩和科蒙德（Lipe.R & Kormend，1994）运用 NPVGO 模型将企业的股票分解为非成长价值与成长价值两部分，得出 NPVGO 模型下市盈率的计算公式：

$$P_0 \div E_1 = (1 \div r) + (NPVGO \div E_1) = 1 \div r \times [1 + NPVGO \times (E_1 \div r)]$$

其中，r 为投资者要求的必要报酬率，$E_1 \div r$ 可以看成企业资产的非成长价值。

• 创业的融资和退出专栏 4-3 •

龙芯中科的盈利预测

一、企业简介

龙芯中科技术股份有限公司（以下简称龙芯中科）于 2008 年 3 月成立，2022 年 6 月 24 日上市，致力于研发适用于行业、工控、终端、桌面与服务器类的龙芯 CPU。龙芯中科的合作伙伴包含网络安全工控及物联网等领域的企业，其产品应用涉及政府、金融及教育等众多领域。龙芯中科坚持自主研发核心技术，先后研发了“龙芯 1 号”小 CPU、“龙芯 2 号”中 CPU、“龙芯 3 号”大 CPU 芯片和桥片等配套芯片。

二、盈利预测

1. 营业收入

龙芯中科 2018 年中控类芯片的营业收入为 1.05 亿元，占销售收入总额的 54.09%；信息化类芯片的营业收入为 5001 万元，占销售收入总额的 25.88%；解决方案类业务的营业收入为 3816 万元，占销售收入总额的 19.75%。2019 年信息化类芯片的营业收入为 2.54 亿元，占销售收入总额的 52.29%；工控类芯片的营业收入为 1.35 亿元，占销售收入总额的 27.86%；解决方案类业务的营业收入为 9495 万元，占销售收入总额的 19.55%。2020 年信息化类芯片的营业收入为 7.91 亿元，占销售收入总额的 73.05%；工控类芯片的营业收入为 1.69 亿元，占销售收入总额的 15.65%；解决方案类业务的营业收入为 1.21 亿元，占销售收入总额的 11.2%。2021 年信息化类芯片的营业收入为 6.57 亿元，占销售收入总额的 54.67%；工控类芯片的营业收入为 2.95 亿元，占销售收入总额的 24.59%；解决方案类业务的营业收入为 2.48 亿元，占销售收入总额的 20.66%。

2. 利润总额

龙芯中科 2018 年的利润总额为 0.07 亿元，2019 年的利润总额为 2.04 亿元；2020 年的利润总额为 0.97 亿元；2021 年的利润总额为 2.55 亿元。通过分析企业的利润总额可以发现，龙芯中科的利润总额除了 2020 年增长减缓外，其他年份都处于高速增长的状态，可见龙芯中科的产品是被市场需要的，未来也是有巨大增长空间的。

3. 净利润率和每股收益

龙芯中科 2018 年的净利润率为 4.09%，2019 年的净利润率 39.77%，

2020年的净利润率为6.63%，2021年的净利润率为19.71%。2018年每股收益为0.03亿元，2019年每股收益为0.62亿元，2020年每股收益为0.2亿元，2021年每股收益为0.66亿元。通过利润率水平和每股收益水平的变化趋势可以预测企业收益的增长状况，再结合连续几年的变化趋势可以看出，龙芯中科有很好的发展前景。

三、发展战略促发展

对不同的合作伙伴，龙芯中科提出了不同的解决方案，如全国产化模块便是以龙芯2K0500的低功耗处理器为前提研发的。该设备具有尺寸小巧（76mm×55mm）、总功耗低至3W～5W、高国产化设计、主频最高支持800MHz、两路SATA2.0和一路USB3.0等丰富的IO接口、扩展接口部分支持2路PCIExpress×1通道等众多特点，适合宽温工作环境，广泛运用于政府、医疗、交通等嵌入式领域。工业物联网则是将龙芯2K0500高度集成化设计运用于每一块单板，一块单板上集成了4G模块、网络接口、开关量输出电路和电源系统等模块和部件。该工业物联网在石油石化、智能工厂、智能水务等领域皆有运用。

四、结论与展望

CPU技术对知识储备量、知识架构完整度、人才技术团队的要求十分苛刻，目前国内大部分CPU市场仍然被Intel和AMD两大行业巨头占据。龙芯中科提升了软件研发水平，推出了基于LoongArch（龙芯架构）指令系统开发的“第三生态”。尽管目前该生态在国际市场的占有率还很低，但在中国的消费市场位居世界第二，对技术研发的大量投入为企业带来了不错的盈利。技术决定发展，发展带来盈利，未来企业会在业绩上再创辉煌。

（资料来源：作者根据多方资料整理而成）

三、投资回报

投资者对企业项目进行投资的目的就是在未来能收回相应的资金报酬。众所周知，货币具有时间价值，由于通货膨胀，货币的现值往往会大于未来的价值，若投资者仅仅通过获得利息收入来增加货币的价值，储存利息的价值往往不能满足投资者的需求，但是对企业进行投资往往会获得远超储存收益的回报。可以通过计算基准收益率、内部投资回报率、投资回报率、投资回收期、净现值等指标确定投资回报的方式。

1. 基准收益率

预计基准收益率需要了解基准收益率应考虑的基本因素及如何确定一个最适合企业的基准收益率。企业开展一个项目时，不仅要考虑市场风险，还要考虑项目成本等因素，通过对企业项目的全面了解来计算相对应的基准收益率。

（1）基准收益率应考虑的基本因素。

在进行投资决策时，基准收益率的合理确定起到了至关重要的作用，能够帮助投资者选择投资项目和制订决策方案。基准收益率包含资金成本、风险报酬率、通货膨胀率三大基本因素。第一，资金成本分为借贷资金成本和权益资本成本两大类。企业为了完成一项投资而进行筹资的行为不仅带来的是资金的流入，往往还伴随着相应的筹资成本，所以筹资时应考虑相对应的各种成本。第二，风险报酬率是指企业投资项目时因承担不同的风险而获得的超过时间价值的额外报酬。常见的风险，如技术局限性风险、市场竞争风险及政策变动风险等。第三，通货膨胀率是指一定时期内价格水平的总体涨幅。

（2）基准收益率的确定。

第一，通过对整个行业的资金结构进行计算来分析整个行业的资金成本。企业通过对单个项目的资金比例确定单个项目的资金成本权重，然后将每一个单个项目的比重相加得出资金成本总额。

第二，运用风险累加法计算风险报酬率时需要将市场竞争、技术进步、政策及其他风险的风险报酬率都考虑在内。运用 β 系数法计算风险报酬率时需要考虑社会平均收益率、无风险报酬率及项目在行业中的风险与社会平均风险的比值（风险系数 β）等因素，它等于社会平均收益率减去无风险报酬率，再乘以风险系数 β。

第三，参照物法是指以一个相似的项目作为被评估的参照物，将两者进行评估与比较，从而修正风险报酬率。参照物的风险报酬率公式是将参照物风险报酬率和市场竞争、技术进步、政策及其他风险修正系数相乘。

第四，计算初步的基准收益率时需要综合考虑行业整体综合资金成本、行业整体风险报酬率及通货膨胀率。

第五，修正初步的基准收益率时需要注意三点：基准收益率不应该低于资金成本和项目全部资金的加权平均成本；需要时刻关注行业里的基准收益率范围；根据各种分析，计算出最合适的基准收益率。

2. 内部投资回报率

投资者对比多家企业进行投资时，在安全性和流动性相当的情况下，收益能力往往是最被看重的，所以收益率是最重要的指标。收益率分为绝对收益率和内部收益率（IRR），这两者的区别在于绝对收益率不考虑时间因素，但是内部收益率考虑了时间因素。在这里可以将时间成本理解为通货膨胀。通过运用内部收益率公式可以计算一项投资在一段时间内的实际投资回报收益率。内部收益率可以表现为一段时间内（可以是 5 年，也可以是 10 年）资金流入或流出，对其进行计算可以帮助我们确定在这段时间内投资者的实际回报收益率。运用内部收益率公式可以计算投入该项目的资金与未来得到的回报相等时该项目的收益率，内部收益率越高就越容易获得投资者的青睐。

3. 投资回报率

投资回报率的考虑指标包括利润率和周转率，其中周转率表示企业对于现金的使用效率，也可以理解成企业的经营状态。投资回报率是指企业从一项投资性商业活动中获得的经济回报，是衡量企业盈利状况的指标。企业可以通过降低销售成本提高利润率和资产使用率，从而提高投资回报率。投资回报率的优点是计算方法简单且计算结果具有实用性。

4. 投资回收期

投资回收期分为静态投资回收期和动态投资回收期两种，这两种投资回收期最大的区别是对于时间价值的考虑，如表 4-1 所示。

表 4-1　某项目的投资回报

项目时间	0 年	1 年	2 年	3 年	4 年	5 年
净现金流量	−50	−50	30	50	50	50
累计净现金流量	−50	−100	−70	−20	30	80
折现系数量	R=1 ÷（1+i）i=10%	0.9091	0.8264	0.7513	0.6830	0.6209
净现金流量现值	−50	−45.46	24.79	37.56	34.15	31.05
累计净现金流量现值	−50	−95.46	−70.67	−33.11	1.04	32.09

当期累计净现金流量的计算就是用前面一期的累计净现金流量加上当期投入的净现金流量，以此类推得出在第 4 年该项目的累计净现金流量为正值，这表示在第 3 年到第 4 年之间开始有正向的投资回报。通过计算可以得出静态投资回收期为：4−1+（20 ÷ 50）=3.4（年），说明该项目在第 3 年的上半年出现正的投资回报。动态投资回收期与静态投资回收期的计算方法一致：4−1+（33.11 ÷ 34.15）=3.97 ≈ 4（年）。在计算动态投资回收期时，几个关键指标分别是折现率 i、净现金流量现值及累计净现金流量现值，通过折现系数公式 R=1 ÷（1+i）算出投资从第一年开始的每年的折现系数，然后乘以当期的资金投入，得出净现金流量现值。当期的净现金流量现值加上前一期的累计净现金流量现值，即当期的累计净现金流量现值，当累计净现金流量现值为正值时说明投资获得了回报，再通过公式计算得出动态投资回收期。通过计算投资回收期可以清楚地知道投资金额的回收时间，从而考虑是否进行投资。

5. 净现值

净现值（NPV）法是投资决策最重要的工具之一，也是最基本的决策准则。净现值是一个项目的所有折现现金流量的加总。运用净现值法进行投资决策时，当 NPV 大于 0 时，认为该项目值得投资；反之，必须拒绝对该项目的投资，否则会给投资者带来损失。

• 创业的融资和退出专栏 4-4 •

固德威如何创造卓越的投资回报

一、企业简介

固德威技术股份有限公司（以下简称固德威）于 2010 年 11 月 5 日成立，在全球逆变器行业中属于十强品牌，营业范围包括风能、光伏逆变系统的研发、智能居家电子产品的销售，以及光伏设备元器件、电子电路元件、其他输配电及控制设备的生产等。固德威将光伏、虚拟电厂、碳中和等概念融入企业的经营发展中，研发的光伏逆变产品达 20 多款，远销印度、马来西亚、德国、荷兰、巴西等 80 多个国家。

二、营收状态良好

从固德威 2017—2021 年年报披露的境外营业收入与境内营业收入占比中不难看出，国外市场对逆变器的需求量在不断增长。在 2017 年年报中国内营业收入为 7.99 亿元，占营业收入总额的 76.09%；国外营业收入为 2.51 亿元，占营业收入总额的 23.91%。在 2018 年年报中国内营业收入为 4.63 亿元，占营业收入总额的 55.44%；国外营业收入为 3.72 亿元，占营业收入总额的 44.56%。从国内外市场占比的变化可见，固德威已经逐渐打入国际市场。2021 年，固德威的营业收入有大幅提升，国外的营业收入高达 17 亿元，占营业收入总额的 63.89%，同时获得了 9.61 亿元的国内营业收入，占营业收入总额的36.11%。2017—2019年，固德威的国内营业收入占比逐步低于国外营业收入占比，可以看出固德威已经逐步打开了国外市场。与2019年相比，2021年更是近乎翻了一倍，其盈利势头十分强劲。

固德威对光伏逆变器及储能逆变器等产品的研究，对以太阳能、风能、生物质能为主要能源的设备具有十分重要的作用。太阳能电池在太阳光下产生的电流属于直流电，而家用电器几乎都使用交流电，但直流电是无法通过普通的电子电器转换成交流电的，而光伏逆变器在电能转变工作中起到了核心作用。无论是光伏还是储能领域，对逆变器的需求是必不可少的，可以确定逆变器的市场前景是光明的。

三、项目投资增加企业价值

企业创造价值的方式有很多，项目投资就是其中一种方式，让新项目促进企业未来的发展。固德威深知建设项目对于企业的重要性，先后进行了多个项目的建设。

固德威在2020年和2021年分别分红10560万元，同时2020年首发新股共募集资金77152.24万元。固德威将募集资金用于项目的建设和流动资金的补充上，分别计划投资40000万元补充流动资金，计划投资126709.11万元建设年产20GW并网逆变器及2.7GWH储能电池生产基地建设项目，计划投资87287.86万元建设年产20GW并网储能逆变器及1.8GWH储能电池生产基地建设项目，计划投资20879.36万元建设固德威技术股份有限公司智慧能源研发大楼，计划投资21021.00万元建设固德威电源科技（广德）有限公司智能光伏逆变器等能源管理系统产品生产项目，计划投资7424.81万元建设全球营销及服务体系基础建设项目，计划补充流动资金20000万元。

四、结论与展望

固德威经营业绩的不断提升，除了得益于企业具有良好的经营策略外，更重要的是得益于市场需求和环境，同时企业通过发行股票的方式进行融资也为企业带来了不错的现金流量。除此之外，企业还采用了股权激励、限售解禁、增发新股等方式帮助企业获得了更多的融资，从融资到资金退出，企业的经营策略将帮助企业走向辉煌。

（资料来源：作者根据多方资料整理而成）

第三节 资金退出

资金退出是指投资者在企业创立初期对它进行投资，等到企业成熟之后再出售其股权，从而获得相应的投资回报，企业通过投资、融资、退出和再融资、再退出的方式进行资本循环，从而实现价值增值。资金退出包含退出的核算阶段，其中包括债务核算、税金核算及利润分配。资金开始退出时，企业还需要进行风险意识的强化及风险应对，要明白风险识别、风险评估、风险控制和风险调整的方式。

一、退出机制

企业的退出机制包括上市、并购和清算等环节，涵盖企业从成长到消失的整个阶段。对于企业而言，企业上市不仅可以获得更多的融资，还可以获得更多的声誉；可以扩大其规模，更好地助力企业的发展。作为退出机制的一部分，清算是在企业无法经营的情况下发生的。不过，大多数创业者和投资者都不希望出现这种局面。

1. 上市

企业上市是融资的一种重要途径，对于没有上市的企业来说，其创始团队和早期投资人都持有企业的股份，他们持有股份就希望这些股份能够变现，这时候可以通过上市的方式解决。没有上市的企业想要寻找到一个愿意出合理价钱购买股票的人是很难的，主要原因是企业没有上市，所以信用度不够，出资人愿意出的价格不会达到持有股票人的预期。所以企业上市可以降低企业交易成本，更容易把股票卖出，尤其是对于早期创始团队和早期的股东而言，上市可以帮助他们更好地将股票转变成资金。

2. 并购

公司并购包含两种方式和三种形式，两种方式是指公司兼并和公司收购，三种形式包括公司合并、资产收购、股权收购。换句话说，并购就是一家公司对另一家公司权力的接管。公司合并可以是吸收合并或者是新设合并，吸收合并可以是上市公司吸收合并母公司或者是母公司吸收合并上市公司，以一个新的主体来维持上市地位；新设合并是指两家公司同时撤销，然后重新合并组建成一家新的公司。股权收购是指上市公司去找另一家企业对其股权进行收购。资产收购是指一家公司对另一家公司的资产进行收购。创业企业运用并购的方式可以实现创业资本的退出。

3. 清算

清算的方式主要有解散清算、自然清算和破产清算三种。企业进行清算往往是因为企业经营不善导致企业必须终止经营来降低企业的损失，企业通过清算将企业的资产用于偿还相应的债务。无论是自愿清算还是被迫清算，最终目的都是结束相应的债权债务关系和法律关系，最大限度地降低损失。

二、退出核算

企业的资金退出核算就是对企业的债务进行核算，通过及时偿还债务提升企业的偿债能力，增加投资者对企业再融资的信心。纳税是每个公民应尽的义务，所以在资金退出核算中，税金的核算也十分重要。利润分配也是资金退出核算的重要环节。对于一家经营状况良好、发展势头迅猛的企业，投资者在资金退出的环节中获得的投资回报额也会很乐观。资金退出的环节看似企业的现金流量减少了，却为企业未来的再融资奠定了基础。

1. 债务

企业从成立到发展再到上市等发展阶段都离不开现金流量，现金流周转状况决定了企业的生存状况。企业要发展就一定需要融资，融资方法有很多，无论是向银行借款还是发行债券或者股票，都决定了企业是债务人的身份。在企业资金循环的过程中，债务的偿还是资金退出的方式之一，企业偿还债务并不代表企业的现金流量就会减少，因为企业的生存能力也是投资者对企业进行投资时的衡量标准。从静态角度来说，企业的偿债能力就是企业资产清偿债务的能力；从动态的角度分析，就是企业进行再融资的前提条件。债务偿还对于企业的资金循环有重要的作用。

2. 税金

国家最主要的财政来源是税收，依法纳税也是每个公民的基本义务，企业纳税对于国家建设有很大的作用。增值税在日常的经营活动中已经随着产品由消费者支付，企业销售收入中就包含了增值税的金额，相当于代收，所以需要足额缴纳。企业所得税十分重要，它决定了企业的规模和企业的类型。

企业所得税的计算公式是：

应纳税额 = 应纳税所得额 × 适用税率 − 减免税额 − 抵免税额

应纳税所得额的公式是：

应纳税所得额 = 收入总额 − 不征税收入 − 免税收入 − 准予扣除项目金额 − 允许弥补的以前年度亏损

应纳税所得额的公式是：

应纳税所得额 = 会计利润 + 纳税调整增加额 − 纳税调整减少额

税金的缴纳不仅提升了企业的信用等级，还促进了企业资金的循环。纳税不意味着现金流量的减少，而是一个新的开始，它不仅保障了企业的信用，还可以提升投资者的信任度。

3. 利润分配

（1）再融资政策规定的利润分配。

企业需要再融资就需要有相关的利润分配，证监会对分红也有相关的规定。第一，上市公司想要再融资就需要最近三年都进行了现金分红且分配金额不得少于年均可分配利润的 30%，这条规定不适用于科创板和创业板企业。第二，公司想要再融资就需要针对其现金分红政策的制定及执行情况、利润分配政策的制定及执行情况进行披露。第三，最近三年都未分派现金股利的上市公司不得增发新股或者发行可转换公司债券及向原有股东配售股份。

（2）制订利润分配的方案。

在进行利润分配时，需要确定企业的业绩增长状况和资金的筹资安排。先是提取法定盈余公积和任意盈余公积。提取法定盈余公积可以在弥补以前年度亏损的同时扩大企业的生产规模及转增企业资本。任意盈余公积的提取标准是由股东大会决定的，是为了减少以后年度的可分配利润和扩大企业的再生产规模。法定盈余公积的提取额一般是税后净利润的 10%。提取法定盈余公积和任意盈余公积后，剩余的未分配利润可以根据企业的股东权益按比例分配。企业的利润分配可以大大增加股东对企业的信心，同时扩大企业的生产规模。

三、风险应对

1. 风险识别

风险识别是指在风险发生前用相应的方法对风险进行系统的、连续的分析，以确定存在哪些风险及这些风险存在的潜在原因。风险识别的环节包含感知风险和分析风险。企业只有正确地识别了风险，才能对其进行有效管理。风险识别的方法包括内部环境分析和外部环境分析，如图 4-12 所示。

（1）内部环境分析。

内部环境风险分析应该从资金断裂、管理不当、研发支出三个角度着手。企业出现资金链断裂的原因包括营运资金不足、流动负债难以归还、对外担保货款给企业造成的被动及投资失误。管理不当的风险是企业在管理过程中因为信息不对称、管理不善判断错误导致的，原因可能是管理者能力不行、管理的组织结构不完善及管理文化的差异和管理过程不到位等。

研发支出所导致的内部环境风险可能是由于企业研发的技术难度过大导致成本过高，或者研发出来的技术已经被竞争对手得知，导致技术的竞争力丧失等。

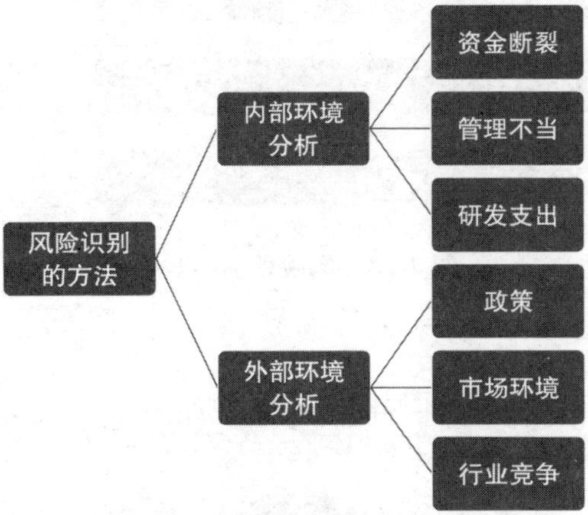

图 4-12　风险识别的方法

（2）外部环境分析。

从外部环境进行风险识别应该从政策、市场环境、行业竞争三个角度考虑。政策风险主要来源于政策的不确定性，如政策发生了重大变化或者是有重要的举措和相关规定的出台，这都会给企业带来一定的外部环境风险。市场环境风险包括市场利率、汇率、股票和债券等行情的变动所导致的企业资产变动的风险。市场环境风险的计算方法主要有方差法和历史模拟法及蒙特卡罗模拟法。行业竞争风险会受到技术壁垒和国家政策及行业周期等因素的影响。

2. 风险评估

风险评估的基础如图 4-13 所示。第一，需要考虑风险的原因，包括直接原因或间接原因。第二，需要考虑企业面临的潜在危险及其发生的概率。第三，需要考虑这些危险将给企业带来的损失。第四，需要评估企业承受风险的能力。第五，需要考虑降低风险损失的技巧。评估了风险的等级及应对方法的实用性后，就需要考虑用什么技巧控制风险。

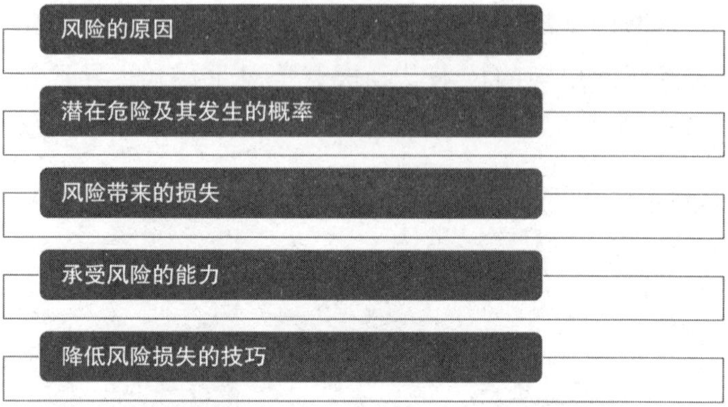

图 4-13　风险评估的基础

3. 风险控制

可以从以下三个出发点进行风险控制，如图 4-14 所示。

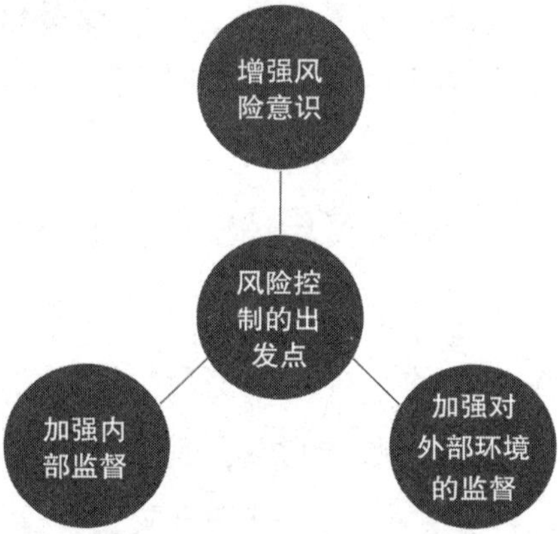

图 4-14　风险控制的出发点

（1）增强风险意识。

增强风险意识和加强相关的风险管控工作，以便及时地发现潜在的风险，可以引进优秀的专业人才对企业存在的风险用专业的方式进行管控。需要加强企业员工（尤其是财务人员和管理者）的风险敏感度，并且让他们充分了解工作的相关细节。企业可以通过风险意识讲座或者宣传提升员工的风险意识。

（2）加强对外部环境的监督。

企业要时刻关注市场动向和行业的未来发展趋势，尤其是在政策发生改变的时候，需要充分解读政策内容以确保企业不会在新举措或者新规定下犯错。要虚心学习行业中佼佼者的经营经验和发展战略，面对市场新的发展趋势，企业也要相应地改进发展策略以确保不被淘汰。

（3）加强内部监督。

现金流量对于企业的发展至关重要，所以需要提高资金周转率，不让资金链断裂。企业管理者要和团队成员建立和谐团结的关系，内部不团结、意见不统一会激化企业矛盾，从而导致经营失败。在技术方面，企业不仅需要突破技术壁垒，也要注意研发支出比例，过分专注研发支出会导致企业的资金链断裂，从而给企业带来风险。

4. 风险调整

风险调整的基本公式如下：

税前债务成本＝政府债券的市场回报率＋企业的信用风险补偿率

每个行业都会存在不同的风险，当投资者进行投资时，需要针对不同风险进行相应的风险调整，以确保在风险来临时可以将损失降到最小。企业的经营风险一般包括由于政策的变化对行业产生的影响，也就是政策风险；产品在市场上是否适销对路和市场竞争力如何的市场风险；企业因经营管理不善造成困难甚至破产倒闭而形成的财务风险等。这些风险都会对投资者投资产生影响，而通过风险调整可以大大帮助投资者降低风险。

章末案例

凯赛生物的创业融资过程

一、企业简介

上海凯赛生物技术股份有限公司（以下简称凯赛生物）成立于2000年，并于2020年8月12日正式上市，其主要产品包含长链二元酸系列产品及生物基聚酰胺系列产品，目前新增了泰纶TERRYL和ECOPENT两个品牌。

泰纶 TERRYL 品牌主要是以可再生植物为原料合成的产品，可以达到低碳环保的效果，大大减少了石油等化石基原料的利用。ECOPENT 系列产品包含通用型聚酰胺、高温聚酰胺、透明聚酰胺等，这些产品都具有阻燃、耐磨、抗冲击等效果，并且材料主要采用可再生的植物，所以具有来源可再生、产品可回收、成本可竞争等优势。

二、凯赛生物的融资方式

凯赛生物的业绩一直处于稳定增长趋势，发展势头蒸蒸日上。从凯赛生物上市以后发布的年报可以直观地看出企业产品的市场需求状况：2017 年，企业的生物法长链二元酸业务的营业收入总额为 12.97 亿元，占营业收入总额的 95.21%，其他业务收入为 6530.44 万元，占营业收入总额的 4.79%；2018 年，企业的生物法长链二元酸业务的营业收入总额为 16.21 亿元，占营业收入总额的 92.47%，其他业务收入为 1.32 亿元，占比营业收入总额的 7.53%；2019 年，企业的生物法长链二元酸业务的营业收入总额为 17.71 亿元，占营业收入总额的 92.82%，其他业务收入为 1.37 亿元，占比营业收入总额的 7.18%；2020 年，DC 单体的营业收入总额为 13.46 亿元，占营业收入总额的 89.91%，混合酸的营业收入为 1.11 亿元，占营业收入总额的 7.42%；2021 年，长链二元酸系列产品的营业收入总额为 19.96 亿元，占营业收入总额的 90.84%，生物基聚酰胺系列产品的营业收入为 1.53 亿元，占营业收入总额的 6.94%；根据 2022 年年中报，长链二元酸系列产品的营业收入总额为 10.80 亿元，占营业收入总额的 83.80%，生物基聚酰胺系列产品的营业收入为 1.35 亿元，占营业收入总额的 10.51%，另外，包含泰纶 TERRYL 和 ECOPENT 的其他业务类营业收入为 7331 万元，占营业收入总额的 5.69%。

1. 股票融资

凯赛生物 2017 年 5 月 18 日首发新股募集资金 4.07 亿元，2020 年 8 月 3 日申请增发新股，发行数量 4167 万股且发行价格为 133.45 元，2020 年 8

月12日在上海证券交易所科创板发行。此次首发新股实际募集的资金净额为527999.38万元，为企业的项目发展流动资金的补充提供了很大的助力。凯赛生物在2021年3月以200000万元补充流动资金。2022年4月分别投入34000万元和30902.96万元用于超募资金永久补充流动资金和凯赛（金乡）生物材料有限公司每年4万吨生物法癸二酸项目，同年8月投资建设了四个项目：以13119.08万元投资建设了生物基聚酰胺工程技术研究中心，以21297.60万元投资建设了凯赛（乌苏）生物技术有限公司年产3万吨长链二元酸和两万吨长链聚酰胺项目，以50920.22万元投资建设年产4万吨的生物法癸二酸项目，以42618.61万元投资建设年产50万吨的生物基戊二胺及90万吨生物基聚酰胺项目。

2. 限售解禁

限售解禁意味着企业会有相应的股份在市场交易，可以为企业带来资金的注入，为企业的未来发展提供更好的动力。2020年8月12日，解禁首发一般股份3782万股，占总股本的9.08%：2021年2月18日，解禁首发机构配售股份237.9万股，占总股本的0.57%；2021年8月12日，解禁首发原股东限售股份且首发战略配售股份1.294亿股，占总股本的31.06%；2022年8月12日，解禁首发战略配售股份116.7万股，占总股本的0.2%；2022年9月26日，解禁首发原股东限售股份2500万股，占总股本的4.29%；2022年9月20日，解禁股权激励一般股份10.78万股，占总股本的0.02%。

3. 融资融券和股权质押

截至2022年10月19日，凯赛生物融资余额3.11亿元，融券余额2581.78万元。在股权质押方面，2021年3月13日，天津四通陇彤缘资产管理合伙企业（有限合伙）质押股份给山东高速通达融资租赁有限公司用于为第三方公司提供担保，质押384.8万股，市值2.24亿元，占持股比例的12.36%，且占总股本的0.92%。

4. 资本运作

凯赛生物于2020年8月12日在上海证券交易所科创板发行新股，共募集资金净额527999.38万元用于项目的建设。在2020年10月27日山西省委省政府加强科技创新，实施建设“山西合成生物新材料全产业链项目”的背景下，凯赛生物以生物基戊二胺、长链二元酸等单体材料为核心，拟在产业园投资与公司现有主营业务关联的产业化项目，同时为了提升企业的市场竞争力，计划在产业园建设相应的研发机构。

5. 股权激励

凯赛生物分别于2020年和2022年进行了股权激励。2020年12月1日，凯赛生物实施股权激励计划，向激励对象58人授予50万股限制性股票，股票来源于公司的A股普通股股票，其中首次授予40万股。本次股权激励计划的限制性股票价格为60元/股。2022年8月30日，使用限制性股票308万股进行股权激励。

有效的融资方式不仅可以增加企业的现金流量，还可以帮助企业更好地开展适合企业长期发展的项目。企业的经营策略和发展战略都离不开资金的支持，所以融资的合理规划大大提升了企业的增长速率。

三、凯赛生物的退出机制

根据2020年、2021年和2022年的财务报表可以清楚地看到凯赛生物的偿债能力和利润分配的问题，从融资资金流入企业到资金退出，这是一个必要的循环。

1. 偿债的资金退出

流动比率是指在一个营业周期内企业流动资产和流动负债的比值，一般包含库存现金、预收账款、存货等项目，而且流动比率的变化也能说明企业有多少资产可以偿还负债，流动比率的公式为：

$$流动比率 = 流动资产 \div 流动负债$$

凯赛生物的流动比率2017年为1.13、2018年为1.20、2019年为2.6、2020年为19.42、2021年为9.36。净现金与净债务的比值也逐渐增加，从2017年的−11.72到2021年的−0.07。多重指标表明，凯赛生物的整体偿债能力不错，企业资本远大于负债，经营状况良好。企业偿还债务带来的资金退出更能说明生物的综合水平相对较高，即使偿还债务也不会出现资金链断裂，企业的经营策略十分可行，增加了后来投资者对企业的信心。凯赛生物还以现金的方式在2018年偿还债务7707.72万元，2019年偿还债务3.9亿元，2020年偿还债务3亿元，2021年偿还债务5500万元。

2. 税金带来的资金退出

纳税是每个公民应尽的义务。企业的积极纳税行为不仅提升了企业的政府信用评级，还为企业的发展带来了很多优惠政策，信用评级高的企业在政府需要开发建设有关项目时往往会被优先考虑。凯赛生物积极缴纳税款，2017年缴纳税金1.60亿元，2018年缴纳税金1.16亿元，2019年缴纳税金2.06亿元，2020年缴纳税金9947.91万元，2021年缴纳税金1.19亿元。

3. 利润分配带来的资金退出

企业进行分红会给大众释放企业营业收入状况良好的信号。分红一般是在利润分配之后再提取相应的法定盈余公积和任意盈余公积，然后企业将剩下的金额分红给股东。分红不仅会增加企业未来发展的信心，同时会吸引大众投资者进行投资。凯赛生物在2020年年底以现金的方式进行分红，以10派8元的现金分红比例共分派4.17亿元。2021年年底，凯赛生物以转送股份和现金分红两种方式进行分红，转送股份的方式以十股转四股的方式分配，现金分红以10派4.5元的比例分配，通过这两种方式共分红4.17亿元。

四、成功经验

凯赛生物之所以成为行业的龙头企业，不仅因为其有过硬的技术水平，也是因为其合理的融资方式，融资方式的合理性对企业未来的发展起到了至关重要的作用。融资方式多种多样，所以在融资前企业要非常清楚企业内在的条件状况及外在的市场行情，还应该针对不同的融资方案仔细分析。凯赛生物的融资对于领导者的话语权并没有影响，也没有出现稀释股权的现象，正确的融资方式还会提升企业的业绩。凯赛生物的资金循环方式为企业未来的发展增添了优势。

五、结论与展望

融资的效果对企业的发展至关重要，每一个企业都有自己独特的融资方式，对每一种投资带来的后果都应当仔细考虑。每一种融资都存在弊端，如股权融资存在稀释股权、丧失话语权的弊端，债务融资存在借款成本和债务利息的弊端。凯赛生物从成立到上市采用了多种融资方式，但并没有对企业领导者的话语权和股权等方面造成威胁，这说明恰当的融资方式在企业未来的发展中起到了催化剂的作用，可以为企业未来的发展扫清障碍。

（资料来源：作者根据多方资料整理而成）

章末小结

创业企业融资需要清楚自己的融资需求、相应的经营策略和发展规划，以确保未来企业的业绩会比较可观。有资金流入就一定会有资金流出，要根据企业的实际情况制定合理的退出机制。

第五章 创业管理

创业管理就是对创业企业进行管理，设计企业运转的方式，延续企业的生命，让企业沿着正确的方向发展壮大。将目标作为一切管理的主线，创业管理最好的工具就是目标管理，重视创业活动中人的因素，维系好创业团队，发挥团队的作用。将成本控制和风险管理作为创业管理工作的准则，积累自身实力，让企业在激烈的市场竞争中生存下去。同时，也要促进组织学习，让组织自我更新、自我优化。这就是创业管理的基本思路。

一个企业想要可持续发展，打基础、练内功是很重要的。长期以来，我们都在不断地打基础、练内功，现在慢慢地已经开始发力，到了厚积薄发的阶段，确实我们已经开始进入了一个相对比较有序的发展阶段。

——吉利集团创始人　李书福

开篇案例

拓朴：工程咨询服务行业的领航者

一、企业简介

河南拓朴工程咨询有限公司（以下简称拓朴公司）1998年4月成立于河南省郑州市，是以工程监理及相关服务为核心业务的工程咨询企业，是河南省成立较早，具有丰富的工程监理实践经验和业绩的骨干监理企业，经营范围包括城乡规划设计、工程咨询、工程监理、工程造价咨询、招标投标代理、技术咨询等。拓朴公司拥有核心竞争力，在文化建设、目标管理、团队管理、风险控制和组织学习等方面都相当成熟，值得初创企业学习借鉴。

二、核心竞争力

我国工程咨询服务行业起步较晚，而市场上存在大量的高端工程咨询服务需求，该领域对企业的专业性要求很高。拓朴公司是国内工程咨询服务的前沿企业，经过在各个不同的咨询领域中的实践，拓朴公司实现了技术突破，可以满足高端工程咨询服务的需求，引领国内的工程咨询服务行业实现了国产化替代，不再依靠国外企业。

三、文化建设

拓朴公司是国内工程咨询服务的龙头企业，精益化管理是其持家之道。拓朴公司致力于打造具有品牌特色的咨询服务，争当行业实力先锋。在内部运营方面，拓朴公司建立了完善的质量管理体系流程，并通过独立的质量组织监督流程的执行。同时，拓朴公司对不遵守程序的行为和数据记录造假行为“零容忍”，并建立了相应的公司政策。

四、目标管理

拓朴公司将目标管理的思维运用到了企业的项目经营流程中，其目标管理主要分为以下三个环节。

1. 制订目标规划

为了在规定的时间内高质量完成工程项目监理工作，需要进行项目可行性分析、施工图设计及工作大纲罗列。拓朴公司按照这样的步骤制订目标规划：确定项目顾客的需求及质量目标；针对顾客需求分析项目的实施难点、所需的技术，列举出与项目相关的所有技术方案；制定工作流程，预估不同专业、不同层次技术人员的需求，以及相关技术设备的需求；确定项目的工作原则和技术标准等具体内容，形成《项目工作大纲》。《项目工作大纲》是拓朴公司进行目标管理的纲领性文件，明确规定了一个项目的技术路线、关键技术、人员安排、进度安排等内容，严格按照此文件进行组织和落实。

在《项目工作大纲》的基础上进行方案制订与优化。针对项目各部分要求的技术路线，由经验丰富的工程师根据专业知识和工作经验制订出可以符合要求的具体技术方案，将《项目工作大纲》细化为具体可执行的工作细则。方案制订是目标规划制订的核心环节，需要进行多次讨论、改进，直到方案趋于完善。一般拥有10年以上工作经验的工程师才能参与方案制订工作，主要由主管副总工程师、项目负责人和分项负责人、专业技术负责人主导，其他一般技术人员配合完成。

2. 方案评审

方案评审是在制订目标规划的基础上，结合企业已有的信息、资料对所有备选方案进行技术、经济层面的分析，最终确定要采用的最优方案。公司的方案评审分为部门级和公司级两级。部门级评审在项目组完成某项方案后，由承担工作的业务部门评审，形成评审纪要，由项目负责人安排技术人员落实评审纪要，落实情况由项目负责人查验；通过部门级评审的方案由科技与质量处组织公司级评审，形成公司级评审纪要，由项目负责人落实评审纪要，落实情况由主管副总工程师查验。

3. 落实目标

拓朴公司目标的落实主要依靠对成果文件进行评定，成果文件评定具体分为成果文件审核、成果文件审定和成果文件审查三个步骤。成果文件审核由副主任工程师及以上技术行政职务人员，或工程师及以上职称专业技术职务的技术人员承担，对某专业的子项或某分项的单项工作成果进行审核，审核者在各阶段均应参与方案拟定、重要技术问题的讨论、审查与决策工作。

五、团队管理

对于工程咨询企业，尤其是像拓朴公司这样专注于全过程咨询服务的企业而言，团队的稳定性是非常重要的，它决定企业能否顺利扩展业务、发展分公司，突破经营地域的限制。拓朴公司在团队管理、团队成员维系方面做了许多努力，为了满足业务扩张、区域扩展对人员的需求，拓朴公司在招聘、人才培养、薪酬制度和晋升制度方面采取了措施。

在招聘计划和招聘渠道方面，将人员需求分为公司总部、分公司及项目三个层次，分别制订相应的招聘计划，主要通过网络招聘（如智联招聘、前程无忧等网站）和猎头招聘，同时鼓励员工推荐符合企业要求的人员入职，进行推荐的员工会得到奖励。

在人才的培养方面，拓朴公司注重对高层次、高素质人员的培养，把培养实践型人才作为工作重点，激励员工与公司共同进步、共同成长，并制订了一套完整的训练方案，使之得以实施。与其他企业和高校合作的联合培养方式，既能增强培训效果，又能为企业的发展指明方向，从而优化企业的人力资本。

采取“全额提成＋奖励＋补助”的工资体系，可以更好地激发员工的工作热情。拓朴公司在各地设立分支机构和直营机构，极大地扩大了员工的发展空间。

六、风险控制

工程咨询行业与金融融资存在矛盾，主要体现在融资供给远远小于融资需求。为了降低企业经营、财务方面的风险，拓朴公司进行融资创新，从多个层面扩宽融资渠道，找到多元化的企业资金增长点，向分公司、事业中心提供充足的资金支持，通过这种方式进行风险控制，提升企业的稳定性。具体措施包括：在选择客户时，优先选择实力雄厚、财务状况良好的企业；当企业需要扩大经营范围时，尽量使项目运营稳定、全面，多承接分阶段项目；更多地关注政府投资的项目，保证企业资金来源稳定；在企业经营中控制成本，持续创新，改革传统的成本制度。

七、组织学习

工程咨询行业是一个需要与时俱进、经常进行自我更新的行业，身处工程咨询行业中的企业必须保持组织学习，让企业员工与公司前进的脚步保持一致。为了适应日益严峻的市场要求，拓朴公司注重对员工学习能力的提升，进行了大量有效的岗前培训和工作指导。同时，加大培训强度，循序渐进地进行分级训练，并根据不同地区的不同环境进行了视频教学和根据实际案例推荐优秀的讲师安排对应课程，实施多方位的知识输出，让员工尽快成长，促进本土化员工的成长，促使员工能够体现自我价值，为公司持续发展贡献力量。

八、结论与展望

基于以上分析可以看出，拓朴公司在文化建设、目标管理、团队管理、风险控制、组织学习等创业管理领域稳中求进，结合行业特点，探索出了符合企业自身实际情况的创业管理模式。在企业核心竞争力及创业管理模式的支撑下，拓朴公司有十足的潜力继续扩展经营范围、扩大企业规模，成为高端工程咨询服务行业的领航者。

（资料来源：作者根据多方资料整理而成）

第一节　目标管理

简单来说，目标管理就是将企业所有的战略和计划转化为目标，目标是员工工作的动力，可以通过目标对员工进行管理。目标管理是创业者开展创业管理工作的一个思路，首先，创业者要制订目标规划，将目标分解为组织成员可以明确执行的工作任务；其次，跟踪目标发展；最后，提升目标效果，对下一阶段的目标规划进行改进。目标管理的总体思路如图 5-1 所示。

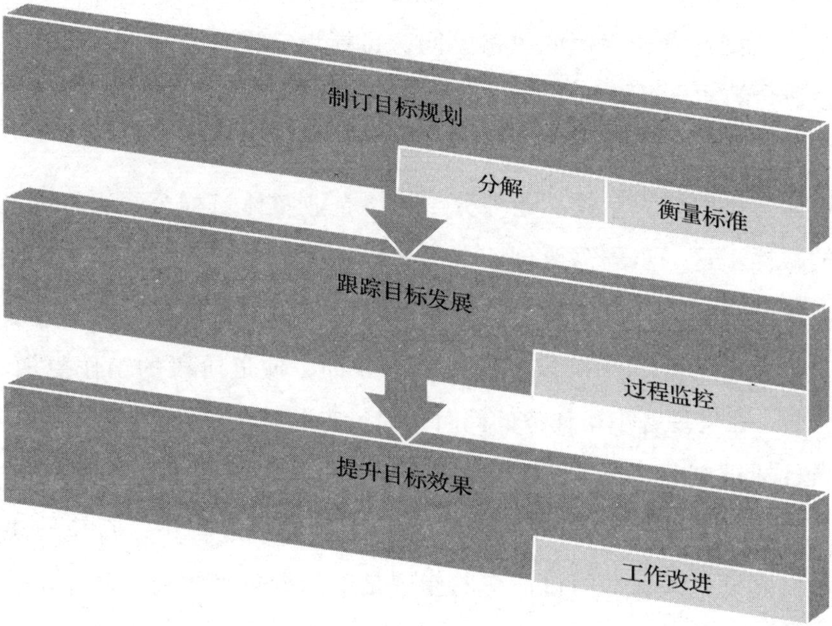

图 5-1　目标管理的总体思路

一、制订目标规划

1. 制订目标规划的步骤

（1）明确概念。

明确目标管理的概念、逻辑及意义是创业者进行创业管理的前提，目标管理的逻辑就是以目标为导向推动企业转动，其中组织目标要和个人的目标一致，个人层面和组织层面都朝着相同的方向努力。作为管理者，要顾全大局，协调个人与组织的关系，制订合理可行的目标规划。

（2）设定整体目标。

企业整体目标是目标管理的旗帜，之后所有的工作都将围绕企业整体目标展开。创业者在制订企业整体目标时要考虑的因素有很多，如市场环境、竞争对手情况、公司资源情况、个人及组织的愿景。有的创业者希望制订一个易于实现的目标，希望将完成目标后整个组织的成就感作为激励手段；有的创业者倾向于制订一个难度较大的目标，以调动组织的积极性、挖掘潜力。创业者和组织的风格不同，目标设定没有定式，具体情况具体分析，适合的才是最好的。

（3）目标分解。

根据企业的组织结构、业务分工，将企业整体目标分解为不同部门或岗位的目标。这一步骤需要创业者与各职能部门负责人进行深度的沟通与评估，结合每一个部门的能力确定企业整体目标下各部门的分目标，有必要将目标分解为一项项阶段性任务。一方面，使近阶段的工作更加清晰；另一方面，在实现各项子任务的同时会对员工起到激励的作用。

当目标被细化为部门目标后，还要将其进一步分解，分解为组织成员具体可以执行的工作任务。在实现部门目标的过程中，每位成员的职责、每位成员在实现部门目标中的作用是部门管理者需要了然于胸的。每一项工作都要安排责任人、设定任务的完成期限、明确界定组织成员的职责。

（4）设计衡量标准。

一旦目标被细分为具体的工作任务，就可以明确衡量标准。一个组织不同层级的目标衡量标准是不同的，整个企业的衡量标准可能是财务指标、销售额、利润率、市场占有率，也可能是开发客户的数量等；部门层面的衡量标准可能是部门绩效、产品研发进度、销售额、生产率等；个人层面的衡量标准非常多样化，往往可以和绩效考核挂钩。

2. 初创企业的目标规划切入点

由于资源、实力的限制，创业企业是“从 0 到 1”的过程，而成熟的企业往往是“从 1 到正无穷”的过程，创业初期往往是比较混沌、企业经营目标难以明确和量化的时期，因此制订目标规划有相当大的难度。初创企业可以从以下三个角度梳理思绪、打破混沌，实现目标规划零的突破，如图 5-2 所示。

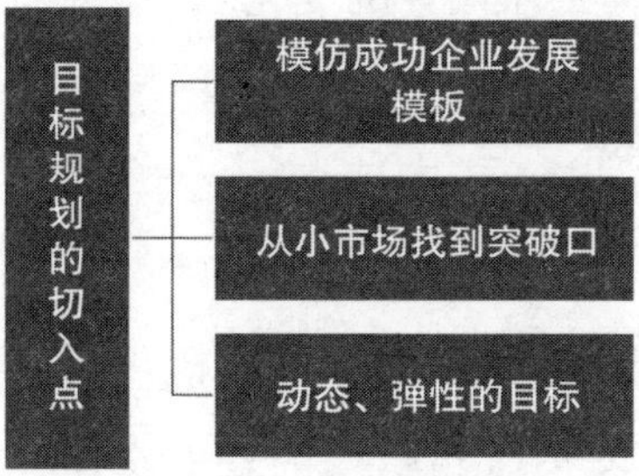

图 5-2　初创企业目标规划的切入点

（1）模仿成功企业发展模板。

创业行为大多是从学习、模仿成熟企业开始的，目标规划的制订同样可以模仿。成功的创业故事有太多，可以查阅成功企业在创业过程中的经营数据，以成功的发展模板为基础，结合自身情况进行微调。如查阅资料了解某上市公司在创业的每一个时期的里程碑事件，用了多长时间达到了千万元的营业收入，用了多长时间达到了亿元的营业收入，将这些数据作为自身的目标规划，把成功企业作为自己的榜样。

（2）从小市场找到突破口。

初创企业是无法与成熟的大型企业在某个市场内进行正面竞争的，初创企业应积攒力量、厚积薄发，尽可能地避免没有胜算的竞争，在制订目标规划时也可以体现出这一点。创业者可以选择一个鲜有人涉足的新兴市场或是深耕某一特定品类、专注于某一特定地区（产品结合地区特色，攻占本地市场），将企业的目标规划制订得小而专，从小市场中找到突破口，厘清自己的思路。

（3）动态、弹性的目标。

如果实在难以制订目标规划，创业者也可以将目标制订为动态弹性的目标体系，在企业的不同阶段，根据市场情况适时地修正目标，不断进行试错与调整，度过“从 0 到 1”的初创阶段。值得注意的是，这样的目标管理方式需要对组织结构进行设计，使其同样具备弹性和可动态调整的特点，将分解给组织成员的工作任务随组织目标的变动进行调整，让每一个组织成员都能接受并适应这种工作任务的变化。

二、跟踪目标发展

1. 流程设计

对目标完成起到特别重要作用的板块应当进行流程设计，复杂的工作板块需要厘清脉络，把握个体与整体的相互关系。工作权责的分配也是流程设计的一部分，参与一项工作任务的组织成员必须清楚自己的工作内容对整个组织目标的作用及所处部门与其他部门的关系。流程设计可以理解为对细化后的具体目标进行进一步的细化，细化为可以直接照例进行的工作步骤。

2. 整合资源

要实现设定的目标需合理配置和使用资源。其中的资源包括人力资源、资金、设备甚至企业的文化、观念和组织架构。能否有效地整合这些资源是最终实现目标的前提条件。

随着社会分工越来越细，创业者完全可以与专业的职能企业进行合作，将自己的一部分业务外包出去，这种情况被称为借助外部资源，这就涉及整合公司外部资源问题。只有充分整合公司内外部资源，才能为目标的实现创造最有利的条件。

3. 过程监控

目标管理是一个循环过程，目标规划的制订仅仅是这个循环过程中的一个环节，要实现目标，必须对目标的过程进行监控，把控进度，及时对组织工作节奏进行调整。组织各个层级的领导者（某一层面目标的负责人）需要根据组织内外部环境及目标完成进度，解答成员的疑惑，优化工作方式，纠正错误，适当下放权力，鞭策员工承担责任，在目标实现的过程中不懈怠，确保目标的实现。

过程监控的另一个意义在于处理企业经营过程中的变数，如组织成员突然离职、资金链断裂等突发事件。这些变数有时会对目标完成的时间、程度带来很大的影响甚至会影响最后的结果。

三、提升目标效果

1. 目标完成度评价

目标完成度评价就是在一个目标管理周期结束时，考核每一个组织成员的个人目标完成度、每一个部门的目标完成度、整个组织的总目标完成度，然后系统性地思考各个层级的工作是否真正相互协调，共同促进组织总目标的完成。目标完成度评价必须以目标为核心，尽量以数据化的、可视化的表现形式体现目标的完成度，为工作反馈和工作改进提供支撑。

2. 目标管理反馈

目标管理反馈就是审视整个目标管理的执行过程，需要思考目标实现或没有实现的原因、什么阻碍了目标的实现、什么促进了目标的实现、怎样做可以在下一个目标管理周期高效地实现目标。

除了根据目标完成度评价的数据进行思考之外，还需要与组织成员进行沟通，这是目标管理的核心理念之一。一方面，要了解组织成员在工作中的真实感受，清楚他们在工作中遇到的困难，因为组织成员的反馈是最贴近工作具体情况的信息；另一方面，在考核结束之后，要让员工知晓考核结果、奖惩方案、下一期的改进计划等，实现目标管理的循环。

3. 工作改进

目标管理各个层级的主管不仅是领导者和规则的制定者，同时还肩负着改善工作的责任，在目标管理反馈之后，可根据不同组织成员的表现给予适当的奖惩（如奖励、职位调整、培训），有必要让组织成员对自己的工作表现有一个清晰的定位。还需要调整目标规划及目标跟踪方式，用更高效的管理手段帮助组织改善工作。

• 创业管理专栏 5-1 •

知乎的目标管理方法

一、企业简介

知乎成立于2011年，是一个基于知识问答的内容平台，用户在该平台可以分享自己的知识和经验或者在平台上提出自己的疑惑，是一个实用性强、深受用户喜爱的大型内容平台。随着用户数量的增加，知乎开始尝试用除文字以外的音频、视频媒介传播内容，提供会员付费服务。作为一家新兴的互联网公司，知乎从创立初期就将目标管理方法作为管理工具，并且在实践中进行了一系列探索和改进。

二、制订目标

2013年是知乎创业过程中的一个里程碑，这一年知乎开放了用户注册，用户数量激增，用户需求情况变得很复杂，给企业的创业管理带来了挑战。哪些用户的需求需要重点解决、怎样兼顾不同用户的偏好、企业下一步应当在哪些领域着重发力，这是让知乎的创业团队非常头疼的问题。当时的知乎需要找到一个使创业团队凝聚起来、理顺发展思路且具备导向性的工具，经过了一系列努力，知乎在2014年开始尝试使用基于目标与关键成果法（OKR）的目标管理方法。

制订企业的发展目标是进行目标管理的第一步，最开始知乎的目标规划就是一个简单的文档，并且里面只写明了企业整体层面的目标，然后进行具体的目标分解。知乎的组织架构是比较扁平化的，横向层次比较丰富，如果有新的项目，就会基于这个项目成立一个项目团队，在扁平的组织结构中“分裂”出来，较为独立地经营，搭建自己的职能结构。而企业层面主要给各个项目团队资源和人员的支持。

在进行目标规划时，知乎首先将目标分为公司、团队和个人三个层面。公司层面的目标由高管负责制订，然后制订目标的管理者再和各个项目、各个部门的负责人进行沟通协调，把公司层面的目标分解为各个部门、各个项目的具体目标。制订目标规划过程需要两周，这个过程是不断地交互和沟通的过程，包括公司和团队负责人沟通、团队负责人和员工沟通，或者团队负责人之间沟通，各方充分沟通后，形成完整的、详细的目标。

三、跟踪目标

知乎认为目标管理能否成功落地实施，最重要的因素如下：企业是否对总目标进行了合理的分解，公司和团队、团队和个人是否建立间接和直接的关联，员工个人的工作是否可以支持目标的实现。

按照流程把公司的目标和团队的目标连接起来以后，知乎比较关注的是中间的过程跟进，如在目标管理的实施过程中，有的任务更换成了其他的任务，这就需要评估调整之后的工作任务是否还在正常地围绕企业目标进行。

在跟踪目标环节，各团队的负责人及各项目负责人起到了重要的作用。负责人负责跟进目标的各个时间节点，时刻思考工作任务是否与企业的目标相关，这就要求负责人对企业的整体运营情况及团队内人员的特点有精准的把握。

四、评估目标效果

知乎的目标效果评估是以数值形式进行的，每一项任务的结果数值都是介于0和1的小数，数值越高表示完成度越高。在知乎目标管理的实施过程中，所有目标效果的最大值都没有定为1，而是设定为0.7，这是因为知乎认为如果把目标效果最大值定为1，就意味着没有超出目标值的进步空间，是没有野心的目标。个人的目标评价是由员工完成的，各部门的负责人只进行汇总。无论评价结果是0.7还是0.2，知乎都不会过于在意这个数字，对于目标管理，更重要的是根据评价结果对自己的工作进行回顾与思考，员工最大的收获就是在工作过程中产生新的认识，找到工作优化的方案，这是非常关键的。

五、结论与展望

基于以上几点，目标管理起到了很好的作用，使知乎的创业团队管理水平能够跟上企业经营规模的扩张。作为一个文化交流类的平台，知乎已经成为同类型企业的翘楚，在人们更加重视精神消费、精神需求的今天，知乎的价值将继续扩大。

（资料来源：作者根据多方资料整理而成）

第二节　团队管理

目标管理确定了创业的行动准则和行动节奏，团队是实现目标的行动载体，企业的所有活动都需要团队去完成，因此创业者必须掌握管理的技巧。处于早期阶段的创业企业还不具备规模，对于创业企业的管理本质上更类似于对创业团队的管理。与大型企业的管理相比，创业团队更需要细致、精巧地运营，激发团队成员的工作动力，使团队成员与创业企业共同成长。本节从创业团队成员的经历与背景、组织结构与分工、内部激励与沟通三个方面探讨管理创业团队的方法。

一、成员的经历与背景

为了让创业团队的工作能力更强，对于企业的每一个业务领域、经营板块都能从容处理，创业者在组建创业团队时要尽可能地招揽经历与背景丰富的团队成员。根据成员的擅长领域和背景，可以分为以下几个部分，如图 5-3 所示。

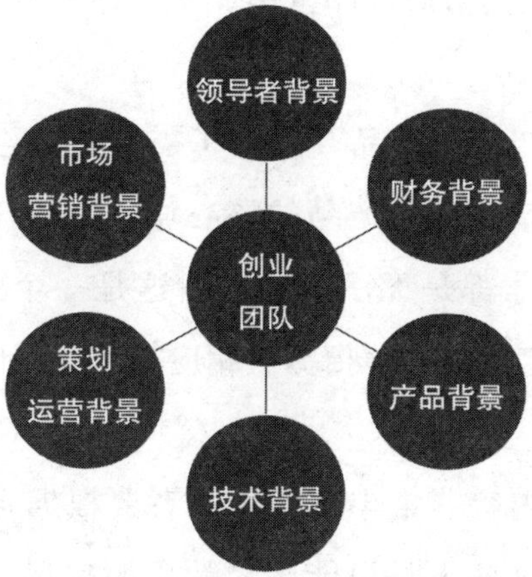

图 5-3　创业团队的成员背景

1. 领导者背景

领导者就是创业团队的核心人物，通常也是一项创业活动的发起者，在创业团队中起到把控全局、管理团队、制定决策的作用。团队的领导者在企业中的岗位一般是 CEO。领导者不一定需要精通某一特定的企业经营职能板块，但是必须擅长对创业团队进行管理与协调，同时对行业发展情况、市场情况有敏锐的洞察力，制订合理、可行的目标。

2. 财务背景

财务工作对于一项创业活动的重要性不言而喻，创业企业早期可能不需要一个独立的财务部门，但一定要有一名专业的财务管理人员。企业发展到一定规模，资金交易更加频繁之后，会以该财务人员为核心成立财务部门。财务的团队成员需要有专业的财务、会计、税务知识，曾经在其他企业中从事过重要的财务管理工作。

3. 产品背景

创业团队需要招募有产品开发、产品把控背景的成员，这类成员可能在之前的工作中担任过产品经理或市场调研专员，也有可能是某一个专业领域的专家，对产品设计和商业模式设计有独到的认知。通过市场调查，明确消费者的需求，从而有针对性地开发能满足消费者需求的产品，建立产品开发部门，同时也要协调产品营销、生产等环节的工作。

4. 技术背景

在某些科技制造产业，产品开发除了需要产品经理的想法，还需要专业人员的技术，这关系到企业产品的核心竞争力。任何产品的想法脱离了专业的技术、科技人才都是无法落地的，这是一个细分度比较高的领域，需要根据具体的产品定位精准地招募有相应技术背景的人才。

5. 策划运营背景

策划运营工作的内容非常丰富，创业者要根据自身项目的定位选择合适的策划运营人员，这些人员可能曾经从事用户运营、流程运维、大型活动策划、关键节点控制等类型的工作。

6. 市场营销背景

大部分企业的产品或服务都需要通过市场营销的方式进入市场、获取收益，招募具有市场营销背景的员工进入团队是必不可少的。

二、组织结构与分工

1. 组织结构设计

组织结构的设计是为了明确组织成员的权责关系，规范组织的行动逻辑，帮助组织目标的实现。组织结构分为职能结构、层次结构、部门结构和职权结构四个层面。职能结构说明了为实现组织目标企业所需的所有业务类型及各业务的相互关系；层次结构体现组织的纵向层次结构（经理、部门、小组）；部门结构体现组织的横向层次结构（销售部、财务部、技术部）；职权结构阐释不同部门、不同层次工作的关系和分工，明确不同工作的界限。

2. 组织结构类型

（1）直线型组织结构。

直线型组织结构是指将组织中的所有职务进行直线排列，按等级由高到低呈现组织结构，一个下属有且只有一个上级管理者，听从该上级管理者的安排与指示，如图 5-4 所示。这种组织结构简单清晰，权力集中，遇事可迅速响应，但对管理者的要求较高，管理者需要兼顾所有的组织事务，不同部门之间缺乏沟通，较难协调。直线型组织结构最为简单，非常适用于创业初期的企业及小型企业。

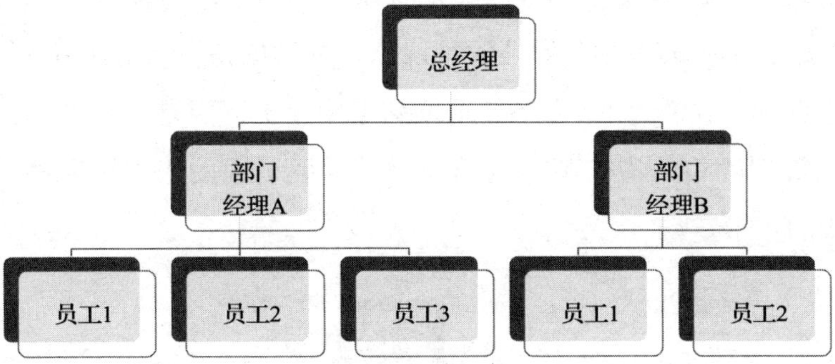

图 5-4　直线型组织结构

（2）职能型组织结构。

职能型组织结构是指在组织中按照职能分成多个不同的部门，各职能部门管理自己的下级人员，进行指示与安排，如图 5-5 所示。这种组织结构形式开始将“分工”的理念引入组织结构设计中，适当分权，让专业的人员从事专业的工作，但不同部门较为割裂，管理难度较高，不易协调。职能型组织结构同样适合创业企业，当组织发展到一定规模，且创业活动需要强调分工与专业性时，适合采取这种组织结构。

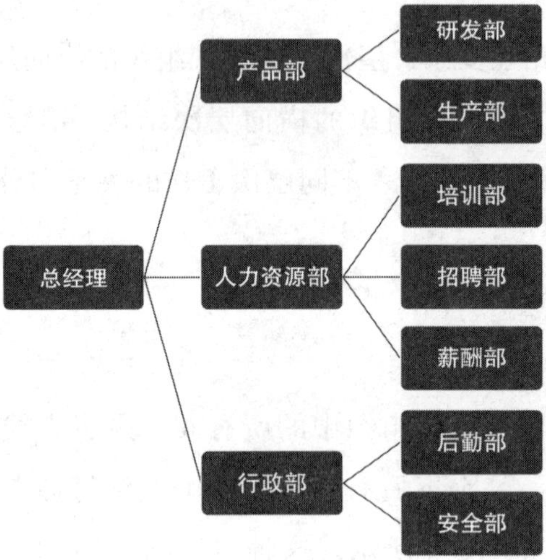

图 5-5　职能型组织结构

（3）直线职能型组织结构。

直线职能型组织结构就是融合了直线型组织结构和职能型组织结构的特点，在组织结构的设计中引入两条线路，一名员工可能需要同时听从直线管理线路领导者的指令和职能管理线路领导者的指令，如图 5-6 所示。这种管理模式兼顾了员工的统一指挥和专业性分工，但是会产生职能管理线路与直线管理线路的指令不一致的问题，需要更强的组织协调能力才能保障该结构的正常运行。

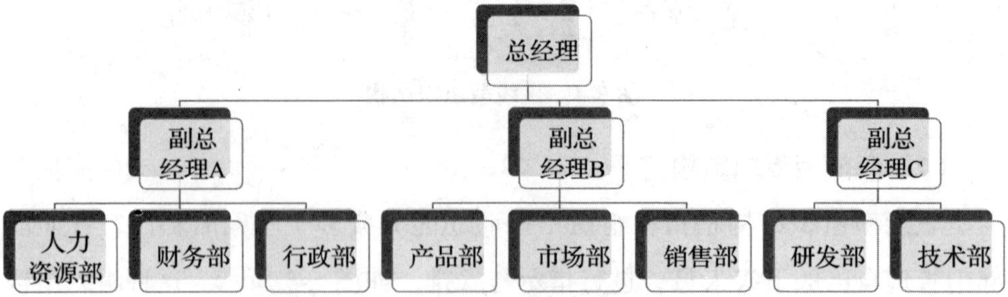

图 5-6　直线职能型组织结构

（4）其他组织结构。

以上三种组织结构较为适合创业初期的企业和中小型企业，同时也有一些更加复杂的组织结构，如事业部制结构（按照地区、产品类别、部门设立多个事业部，下放权力至各个事业部，事业部独立运营）和矩阵制结构（纵向职能领导与横向项目领导并存，对具体项目成立项目小组）。大型集团化企业适合采用复杂的组织结构。

3. 初创企业的组织结构设计

（1）控制管理幅度。

管理幅度是指一个管理者直接管理的下级人员的人数。初创企业的组织结构设计往往比较粗糙，一个管理人员可能会管理较多的员工。任何一个管理人员的能力都是有限的，如果管理幅度太大，就难以对下级进行有效的管理与协调，要注意管理幅度与管理力量的平衡。

（2）分工与协作。

初创企业也要处理好分工与协作的关系。组织结构的设计促进了工作分工，组织结构越复杂，分工越细致，就越能够发挥专业人才的能力，但不同部门之间的协调难度会增加。为了提高组织的灵活性，需要对组织结构进行控制，合理分工，使不同部门之间沟通顺畅。

（3）目标一致。

组织结构的设计要服务于组织目标，职能部门的设计必须提升组织运营效率。每一个部门都被赋予一定的权力，但权力使用的前提是必须服务于组织目标的实现，部门领导者要清楚自己做的工作对整个企业运行的具体影响。

（4）弹性结构。

初创企业在成长阶段会遇到千变万化的市场环境，一个普通的订单可能让企业需要的员工数量激增，而一个利空消息就可能让企业面临危机，所以初创企业的经营目标是经常变化的，建立一个弹性强的组织结构是很有必要的。

三、内部激励与沟通

1. 个人激励

个人激励要有针对性，要针对被激励者的性格特点对症下药，发挥最佳的激励效果。对一个表现欲强、自尊心强的员工，物质激励的效果就不如精神层面的激励，让他在公开场合表现自己，邀请他分享个人工作心得，可能会取得更好的激励效果。任何激励方式都因人而异，个人激励的第一步永远都是了解被激励者的特点。

（1）物质激励。

物质激励就是给予员工现金、礼品的奖励，这是最常用且效果最好的一种激励手段。

（2）职位激励。

职位激励就是调整员工的工作岗位，让员工到最适合自己的岗位做自己最喜欢的工作，从而激励团队中的每一个人为新创企业的成长与发展尽心尽力。如果将员工安排在最合适的岗位，那么该员工会对自己的工作格外上心，会鞭策、激励自己，设定工作目标，为实现目标而努力，从而带动整个团队的绩效上升。

（3）榜样激励。

将团队中表现较好的人树立成员工学习的榜样，并让其在所有人面前分享自己的经验方法，以此激励其他成员。

2. 团队激励

团队激励的出发点可以是员工个人，因为个人是团队的基础，但必须体现团队的概念，团队为整个组织做出的贡献及团队成员对团队做出的贡献是进行团队激励时的两种思路。

（1）目标激励。

每一个创业团队都会有自己的一个创业目标，企业可经常将自身发展近况与之前设立的目标进行比较，并与同行业中比较成熟的企业进行比较，以此激励员工为实现共同目标而努力。

（2）授权激励。

授权是奖励的一种形式，如果上级对下级有足够的信任，那么上级就会将一部分权力授予下级，让下级有更广泛的工作空间。授权的前提是被授权的员工有能力使用好权力，能够更好地完成工作，将权力下放给员工能够起到更好的效果，对组织的发展有帮助。

3. 团队沟通

（1）寻求共同利益。

创业团队的沟通也是以共同利益为中心的，团队中有形形色色的成员，不同人的性格、工作方式及利益追求是不同的，只有共同利益才能将不同的人整合、团结起来。简单来说，团队成立的目的是希望企业可以达到创业目标，个人取得事业的成功，因此沟通时要寻找与成员的共同利益，让成员感受到沟通有助于企业目标的实现或个人收益增值，如此，成员便会发自内心地接受沟通的内容。

（2）尊重与理性。

沟通的前提是双方相互尊重、认可，双方都可以换位思考，在表达自己观点的同时接受对方的观点。沟通时需要保持情绪的稳定和观点的理性，冷静地思考，避免争执、批评、攻击和责备，因为这会伤害到团队成员的感情，要尽可能地想一想对方观点的合理性，保持包容和理解的态度。

• 创业管理专栏 5-2 •

哔哩哔哩：有温度的创业团队管理

一、企业简介

哔哩哔哩（常被称为 B 站）是最受中国年轻群体欢迎的视频网站，成立于 2009 年，早期主打的就是 ACG（动画、漫画、游戏的总称），随后逐渐发展为包含元文化的综合文化社区。在哔哩哔哩创业的过程中，人性化的创业团队管理模式是一大亮点。

二、创业团队

早期哔哩哔哩的创业团队仅有 30 多人，其中哔哩哔哩董事长陈睿、总裁徐逸和首席运营官李旎是创业团队的核心。陈睿曾任金山软件的技术总监和猎豹移动的联合创始人，目前主要负责哔哩哔哩的产品开发、产品商业化及技术的工作；徐逸是一个资深的ACG文化爱好者，在社交网络中拥有众多粉丝，目前主要负责文化方面的工作；李旎在加入哔哩哔哩前自己成立了一家咨询公司，为企业提供管理、人力资源等方面业务的服务，目前统筹哔哩哔哩的企业管理、人力资源管理及平台运营工作。哔哩哔哩的核心三人组有各自擅长的领域，其经验与技能分别对应了企业创业起步所需要的产品、文化与管理，成为企业立足的三个支柱。除了三位核心成员之外，哔哩哔哩创业团队的成员还包括财务领域、娱乐行业、媒体运营、动画制作领域的专家，强大的创业团队帮助哔哩哔哩在众多视频平台中脱颖而出。

三、成员沟通

哔哩哔哩员工沟通体系丰富，所有的员工沟通渠道都是由人力资源管理部门维护与组织的，可以分为分渠道沟通与分层级沟通。

在分渠道沟通方面，员工可以在HR小叮当公众号中提出自己的意见，可以在HR邮箱中发送邮件反馈工作中遇到的问题，可以在同事吧中在线提出意见与投诉，也可以直接与所在部门的人力资源管理者进行沟通交流。人力资源管理部门设置了员工服务中心，可以为员工提供法务、人力资源和行政等方面的服务，处理并解决员工反馈的问题。

在分层级沟通方面，管理层员工的沟通有高管会议；中层员工的沟通设置年中、年终业务分析会；基础部门的员工沟通设置部门例会和周报制度。同时，所有员工都可以对绩效评估结果进行绩效反馈，向相关负责人吐露心声。对有离职倾向的员工，哔哩哔哩创新性地推出了问题解决工作坊及离职员工深度访谈两项员工沟通活动。通过沟通活动降低了员工离职率，解决了组织中出现的问题。

四、团队维系

概括来说，哔哩哔哩的团队管理就是用各种人性化的手段关爱员工、帮助员工，让员工切实感受到温暖。公司积极帮助员工办理上海居住证和落户，截至2021年，在公司的帮助下，已经有280名员工通过人才引进和应届毕业生通道落户上海。哔哩哔哩成立了“爱心云社”员工互助基金组织，如果员工遇到了困难、重大变故，可以在这个基金组织中请求援助，筹集资金帮助自己渡过难关。

哔哩哔哩的日常工作环境是较为轻松的，公司鼓励员工发展自己的个性化爱好，其中员工兴趣爱好社团就是哔哩哔哩独特的员工组织。2021年，哔哩哔哩共有27个由员工成立的社团（如舞蹈类、音乐类、游戏类、体育运动类社团）。公司为社团活动提供经费支持，定期举行社团活动，有3500名员工参与了兴趣社团，组织开展了超过2000次社团活动。哔哩哔哩向所有员工提供了员工关爱计划，包括解忧信箱、心理健康测试、心理健康热线、心理疏导等综合服务。除组织员工进行体检外，哔哩哔哩工作强度最大的审核业务团队需要进行加强体检，增设了员工健康咨询室，在办公场所安装了各种急救设备，并向员工科普急救知识。

五、结论与展望

正如哔哩哔哩网站向用户传达的开放、包容的价值观一样，哔哩哔哩的创业团队同样也是因这种有温度的、个性化的团队氛围而聚在了一起，这种人性化的企业文化将成为推动企业健康持续发展的强大动力。

（资料来源：作者根据多方资料整理而成）

第三节　成本控制

成本控制是许多企业的战略追求，一方面，任何企业的经营都是以盈利为目的，成本的降低意味着利润空间的增大；另一方面，以低成本形成价格优势也是一项优秀的营销策略，能够帮助企业扩大市场占有率，在市场中立足。对于创业初期的企业来说，成本控制的意义更加重要，生存是企业的首要目标，大多数成功创业的公司都是通过严格控制成本才生存下来的。本节主要介绍成本控制的三个思路：节约成本、财务记账和产品把控。

一、节约成本：成立之初节省资金

成本控制是一个非常复杂的概念，需要系统化地对运营模式进行改善与设计，其中最简单的一种方法就是节约企业日常运营所需的资金，减少不必要的开支。创业者可以从以下几个方面节省创业初期的运营成本，如图 5-7 所示。

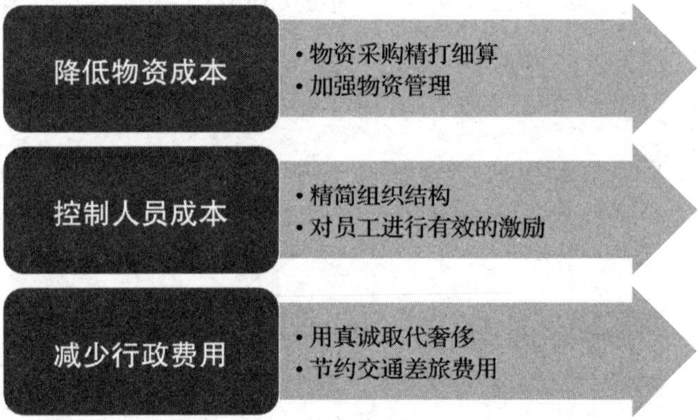

图 5-7　企业成立之初节省资金的方式

1. 降低物资成本

加强对物资成本的控制是非常重要的。有的企业花钱大手大脚，购买了许多昂贵的缺少实用性和收益性的物资。创业初期的企业要精打细算，尽量采用集中购买方式，如办公设备、办公室装饰品、办公耗材等在创业初期应尽量集中购买。要加强对企业物资情况的记录与管理，定期进行仓库盘点，对物资的入库、出库都应当进行详细的记录，可以采取办公用品领用登记制度，节约办公纸张和打印耗材，在企业中营造勤俭节约的文化氛围。

2. 控制人员成本

在物资开支方面节省从而控制企业成本是远远不够的，事实上企业运营最大的一部分开支是人员的成本。这部分成本是企业经营必要的开支，有时为了招揽人才还必须增加这部分开支，这为创业经营增添了难度。初创企业应精简组织结构，减少冗余人员。

3. 减少行政费用

行政费用是在公司的行政事务中产生的各种琐碎的费用，如客户接待、交通差旅、日常办公产生的费用，虽然这些费用数额不大，却十分琐碎繁杂，控制好行政费用也可以降低企业的经营成本。创业初期要尽量降低行政费用，杜绝铺张浪费，重在以真诚的态度打动客户，招待客户时大方、简约即可。交通差旅费用也要节约，严格按规章制度进行费用报销。

二、财务记账：运营过程明晰收支

创业者如果想要节省开支，在财务记账方面下功夫也是至关重要的。严格管理企业的财务状况，同时规范化地进行记账，具体可以从以下几个方面开展工作。

1. 重视会计档案的保管

会计档案是指凭证、账簿和财务报告等经济活动的记录材料。会计档案的保管是非常重要的，如果企业经营出现问题，可以使用会计档案查明事情的真相和相关责任人。大部分会计档案都是企业经营产生的原始单据，必须由财务人员妥善保存，不漏下任何一张单据，且单据要有单据号。任何会计档案的领用归还都要登记，按照日期或交易对象进行收纳，尽量方便查询和追踪。

2. 管好印鉴章

财务专用章和公司公章是企业最重要的两种印章，因此可以把印章交给专人进行管理，使用印章必须进行登记。

3. 选择代理记账方式

创业初期的企业业务量少、经营不稳定，为了处理企业的记账和税务问题，代理记账是一个不错的选择。代理记账是指将企业的会计核算、记账、税务工作委托给代理记账公司，它的本质就是将一部分财务职能工作外包。用代理记账并不意味着企业没有财务人员，企业也需要相应地配备财务管理人员，进行日常企业财产管理和配合代理记账人员的工作。

4. 提高资金运作水平

提高资金的运作水平就是要求企业合理使用并分配资金，要对每一笔资金的使用都进行跟踪，增强企业资金的可调度性、可使用性。加速资金的周转非常重要，要严格控制资金外借，资金外借及大数额资金的使用必须召开会议评估风险。要降低企业的筹资成本，尽管负债是创业初期企业非常常见的状态，但是大量负债也使企业应偿还的利息增加，对企业是一种沉重的负担，因此有必要在保证盈利和扩大规模的基础上，把负债情况控制在合理的范围内，按时偿还借款，缩减利息支出。

三、产品把控：生产之时把握环节

节约成本和财务记账是创业活动较为简单也较为常态化的成本控制方式，除以上两种思路外，把控好产品，在产品的生产环节中控制成本是更有效、更能解决根源问题的方法。产品环节的成本控制方法如图 5-8 所示。

图 5-8　产品环节的成本控制方法

1. 产品创新

产品创新是降低产品生产成本最根本、最有效的方式，当所有的生产环节、库存环节的成本控制达到一个较高的水平时，只能通过产品创新降低生产费用。技术创新是典型的产品创新，它的作用主要是减少原材料消耗、寻找新的低价材料来代替原先的高价材料，或者是改进生产工艺、提高材料利用率，减少生产过程中的材料损耗，提高良品率。管理和营销的创新也是产品创新，主要是提高劳动生产率和设备利用率以减少每件商品背后的人力成本，通过营销手段的革新，提高销售业绩，降低产品的销售费用。要想持续地降低产品成本，必须要从创新入手，寻求突破。

2. 优化工作流程

从原材料采购到最终的产品或服务，合理制定原材料、燃料、辅助材料等物资费用的定额；严格健全计量、检验和物资收发领退制度；做好产品、产量、品种、质量、原材料消耗、工时考勤和设备使用等原始记录，为财务统计部门提供有效、系统、准确的信息。提高设备的利用程度，合理组织安排生产，避免设备忙闲不均；加强设备的维修保养，提高设备的完好率；合理安排班次，增加设备实际工作时间，实行专业化协作等。这样可以减少单位产品的固定资产折旧费用。

3. 降低库存成本

除了特殊的产品外，大部分情况下产品库存都会占用空间，产生额外的物流成本。随着市场环境的变化及产品的更新换代，这些产品有“过时”的风险，无法满足消费者的需求。因此，企业必须降低库存成本，准确预测市场需求，合理安排生产，保证产品的销路，减少库存数量。如果实在无法解决库存问题，也可以降低单位产品的库存成本，提高仓库的空间利用率，优化产品的物流环节。

4. 控制质量成本

提高产品的质量不一定会增加成本，而降低成本也不一定以牺牲产品质量的方式实现。提高产品的质量，往往会带动成本的降低，因为产品质量的提升使产品的次品率降低，同时也降低了因产品质量问题而产生的消费者售后服务成本，甚至维护了企业的商誉，因为优秀的产品质量就是最好的广告，因此控制好产品质量可以降低产品成本。

• 创业管理专栏 5-3 •

中创新航的成本控制

一、企业简介

2007 年，中航锂电成立，2022 年 3 月，更名为中创新航科技股份有限公司（以下简称中创新航）。近年来，中创新航保持着良好的经营态势，市场占有率不断提升，在国内市场排名第三，虽然与前两名的宁德时代、比亚迪相比有较大的差距，但不可否认，中创新航是一个实力强劲的企业。中创新航有较强的成本控制能力，这是其业绩增长的一个重要原因。

二、成本控制方法

1. 利用规模效应稀释成本

中创新航的产能成长非常快，由 2019 年的 2.97GW · h 增长到 2021 年的 11.9GW · h。2022 年，中创新航陆续宣布将在厦门市、成都市、合肥市、武汉市、广州市等重要城市新建或扩建产品生产基地。中创新航具备大规模的电池制造能力，拥有完全自动化装配生产线及众多行业内领先的生产工程技术，提升了产品的生产效率。

2. 工艺优化

技术进步是中创新航控制成本的主要措施。中创新航的技术研发路线倾向于追求电池能量与资源的均衡，在 2022 年的世界新能源汽车大会上，中创新航宣布将推出全新体系的快充电池、高锰铁锂电池、半固态电池、全固态电池等产品，产品高锰化、无钴化、固态化、能量密度和安全性能等数据都极具市场竞争力，尤其是中镍高电压电池产品，对金属原材料的利用率较高。随着生产工艺优化，该产品的材料利用率也大幅提高，节省了大量的成本。而对于传统的、市面上主流的三元锂电池产品，中创新航同样做到了很好的成本控制，成本处于较低的水平。值得注意的是，中创新航产品的单位材料成本是宁德时代的75%，具有价格优势。公司的一个经营理念就是尽可能地提供有性价比的产品，性价比的实现取决于电池能量与资源的均衡、投入产出最大化。这样的产品理念与定位使中创新航与其他车企寻求合作时往往特别顺利，积累了小鹏、吉利、广汽、本田、东风等众多优质客户。

3. 节省开支

节省开支也是中创新航在降低生产成本方面的重要举措。将中创新航2019年和2021年的运营费用数据进行比较，可以发现其单位制费成本由0.15元下降至0.07元，单位直接劳工成本由0.05元下降至0.02元，销售费用占比由3%下降至2.4%，2022年第一季度下降至2.1%，管理费用占比由10.2%下降至6%，2022年第一季度下降至3.4%。经营费用的节省进一步释放了公司的利润空间。

4. 动态价格监控机制

为了让原材料的生产成本尽可能趋于稳定，降低风险，提高采购管理水平，中创新航开发了动态价格监控与风险评估机制，监控原材料供应商的异动、经营情况和价格变化，第一时间向下游合作伙伴传达变化，用这种方式降低原材料成本和产品价格的波动。中创新航与上游供应商开展合作，进行产能联合开发，同时也逐渐开始布局新材料的生产。尽管近年来出现了动力电池原材料价格上升的情况，但中创新航的产品生产从未因原材料供给不足而受阻。

三、结论与展望

基于以上几点，可以看出中创新航的成本控制模式是基于技术领先的一套可持续发展方案，其市场前景不可限量。

（资料来源：作者根据多方资料整理而成）

第四节　风险管理

风险是创业活动过程中不可逃避的一个问题，它切实影响到企业的生存与发展。不少企业因为突遭风险，凭借自身力量难以渡过难关而夭折。许多企业有完善的商业模式和运营模式，但从未设计过企业的风险管理体系。创业者要从风险识别、风险量化和风险对策三个方面进行风险管理体系的设计，尽可能地预防、规避和降低风险，同时做好完整的风险预案，在遭遇风险后尽快摆脱风险的负面影响，在创业之路上走得长远。

一、风险识别

风险识别就是识别到与风险相关的所有事件及其可能性，包括识别产生风险的原因、风险的发生概率、风险的表现形式、风险对企业的影响。可以用四种方法进行风险识别，如图 5-9 所示。

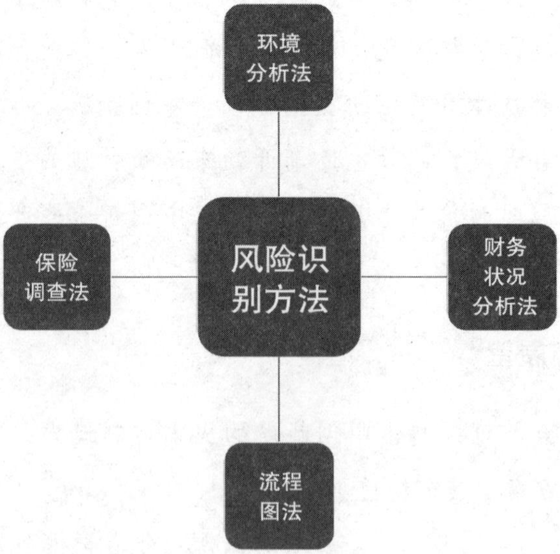

图 5-9　风险识别的方法

1. 环境分析法

环境分析法就是分析企业内部的经营环境及企业外部的市场环境，针对环境特点与企业的特点建立联系，推理和识别出风险。企业在内外部环境中可能会遇到各种各样的威胁与不确定性，这种威胁和不确定性就是风险的成因，对企业的负面影响就是风险的具体表现形式和影响。环境分析法主要就是研究不确定性对企业的负面影响，并尽量将每种负面影响出现的可能性进行量化。

2. 财务状况分析法

财务状况分析法是根据资产负债表、财务状况表等对企业的资产情况、投资收益情况等经营情况进行分析。财务方面的数据有一定的参考值范围，如果企业的某一项财务数据不在合理范围，就意味着企业在某个领域可能存在风险。

3. 流程图法

流程图法是将企业的经营过程按照一定的逻辑制成流程图，然后深入挖掘流程图中的关键部分，进行调查与分析，找出潜在的风险、风险的成因，预测风险一旦发生造成的损失及风险对整个企业造成的影响。

4. 保险调查法

企业委托保险公司、咨询服务机构对风险事件和风险事件可能产生的影响、赔偿责任进行调查分析，这就是保险调查法。保险机构可以帮助企业识别风险，提出预防风险的建议，企业也可以选择为高风险项目购买保险，这是一种很好的经营保障。

二、风险量化

风险量化是指企业对可能出现的风险及风险造成的影响进行估计，将风险出现的概率或者风险的负面影响量化为可以进行比较的数值，用这种方式优化创业运营的环节，降低风险。风险量化主要有以下两种方法。

1. 蒙特卡洛风险模拟

蒙特卡洛风险模拟方法又称统计模拟方法，以统计抽样理论为依据，根据已有数据进行模拟，最终给出预测值的取值范围和最可能的取值。在企业风险量化的过程中，首先需要选定一个可以体现风险大小的具体指标，如企业计划给一个项目投资，这时投资收益（用净现值或收益率表示）就成为评估风险的指标，而通过蒙特卡洛风险模拟方法最终输出的预测结果也就是净现值或收益率指标的预测值。将影响净现值的变量输入，确定净现值与这些影响因素的概率分布关系，得出净现值指标的概率分布、取值范围、最可能取值。企业可以结合经营情况及投资风险进行决策，决定是进行投资还是取消投资，或选择最优的项目进行投资。

蒙特卡洛风险模拟方法能够很好地处理企业经营环境中的不确定性，用科学的风险值范围辅助管理者进行决策，但它的使用条件较为苛刻，进行模拟的变量必须符合特定的概率分布，需要用大量的原始数据提高预测的准确性。

2. 事故树分析法

事故树是一种树状图，是一种逻辑分析的过程，由不同的节点和连线组成，如图 5-10 所示。用事故树分析法可以列举出导致风险发生的原因，引起风险发生的基本事件的概率，计算出不同事件的临界重要度参数，对需要干预的事件按照参数进行排列，从而进行事前干预，选择最佳方案。

事故树分析法需要以风险事件（不希望发生的事件）作为分析目标，逐层推理，直到列举出所有可能导致风险发生的原因，且这些原因不能再继续细分，然后计算出每一个基本事件对风险事件的重要度参数。事故树分析法是定量分析和定性分析相结合的分析方法，对于难以转化为量化指标的风险事件也可以进行定量分析，但绘制一个事故树是一项非常复杂的工程，有相当大的计算难度。

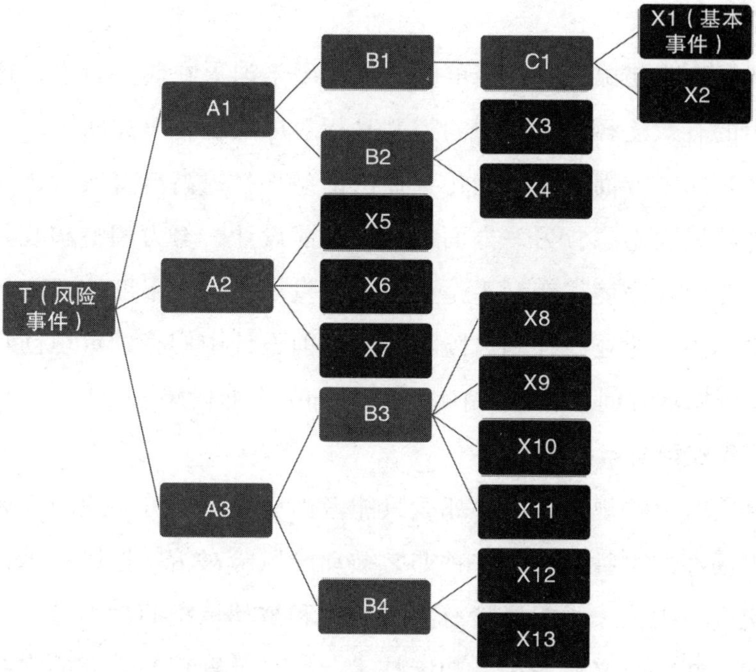

图 5-10 事故树分析法示意图

三、风险对策

控制风险源、风险保留与承担、风险集合和风险保险是四种典型的风险对策，如图 5-11 所示。

图 5-11 四种典型的风险对策

1. 控制风险源

控制风险的起源，将各种可能的风险因素消灭在萌芽状态，这是防范风险发生的有效途径。风险源的控制是指对风险进行事先防范，减少风险因素的产生。一方面，不断优化企业内部条件，提高自身实力，从而消除企业内部的风险隐患；另一方面，通过超前设计，努力调整和改善外部环境状况，并引导环境往有利于企业的方向发展，最大限度地减少外部环境中的风险诱因。企业在控制风险源头的事前设计中应特别重视创新思维的作用，要依靠富有创意的企业策略创造和加强企业优势。

2. 风险保留与承担

如果实在无法规避风险，那么只能考虑全局，尽可能地减少风险的影响，做出局部的牺牲，这是一种非常被动的风险对策。把风险承担下来意味着一定会有损失。承担风险有主动承担和被动承担两种类型：一是主动承担，即预知风险必然发生，却因技术、经济及管理等方面的限制，使风险控制不能实施或实施效果不明显，因此主动承担风险损失；二是被动承担，是指受迫于风险的压力而自吞苦果，如由于对风险估计不足，对其强度测定有误，或采取了控制措施但未达到预期目的，从而不得不正面迎接风险，承担各种现实的和潜在的损失。

可以看出，这一方法主要适用于风险损失较小、企业能够承担或不可能转移的风险。对于风险较大，或不仅产生直接损失，还会导致间接损失的风险来说，这一方法是不适用的。

3. 风险集合

风险集合就是把不同类型的风险集合起来，便于对未来的损失进行预测并降低风险。企业的多元化经营、企业间的合作与战略联盟，以及在金融投资上进行多元化组合等措施，都具有风险集合的功能。

4. 风险保险

在各种风险对策中，风险保险是一种很明智的方法。风险保险本质上是将风险转嫁，也就是将风险可能造成的经济损失转嫁给保险公司。

风险保险的方法是向保险机构购买保险单，确立保险关系。如果企业仅仅进行自保，不仅无法弥补可能造成的损失，而且需要占用大量的后备基金，这对于初创企业和中小企业来说无疑是巨大的负担。例如，在同样的风险面前，大企业可以安全地自留某些风险，而这些风险可能会使多数小企业破产。因而如果没有保险，小企业将面临更多的风险。

这种当事人之间为建立保险关系而订立的保险合同具有法律效力，因此保险合同又是具有保障性的合同，是可靠的风险转移手段。具体的风险保险险种主要有财产保险、责任保险、人身保险、信用保险、利润损失保险等，企业可根据自身财力，权衡应投保的险种和缴纳的保费，测算总体保费支出和受益金额，同时运用一些定量化的风险决策分析方法和工具，精化保险方案，最大限度地降低风险。

第五节　组织学习

在激烈的市场竞争中，组织必须不断进步，在日常运营过程中总结经验，形成新的、可以优化创业管理的知识，这就是组织学习的过程。这个过程使创业企业可以自我完善与发展，不断进化。要从组织学习的基本概念、重要环节及内部机制等方面把握其实现方式。

一、组织学习的基本概念

1. 组织学习的概念

组织学习是指组织中的个体通过学习与互动，完善组织的行为，传播新的知识，使新的知识在组织活动中得以应用。组织学习是一个动态的、组织成员集体参与的过程，由个体的知识获取为起点，经过知识传播，然后经过实践验证是否可以优化组织的行为，改变组织的观念，从而提升组织绩效。对于开展组织学习的重点，主要有以下三种观点。

（1）组织行为观点。

早期对于组织学习的理解侧重于将组织看成一个整体，研究由于内外部环境的变化而导致组织整体的变化，由于环境变化，组织为了适应环境被迫进行组织学习，进行行为和观念的创新。这种观点强调组织学习就是组织整体与内外部环境的互动，是一种变革，却忽略了组织学习是有不同层次的，不能仅从整体层面一概而论，应当注重组织个体的行为。此外，并非所有的组织学习都是因环境变化而产生的，有时组织学习也是员工自发或无意间发生的。

（2）信息观点。

组织学习可以被理解为信息的产生、传播、验证与应用，这是组织学习的信息观点，当新的、有价值的信息被应用，组织就“学习”了。这类观点着重研究新的信息在组织中传播与加工，但是忽视了人在组织学习中发挥的作用，也混淆了组织学习与知识管理的概念。

（3）互动观点。

互动观点认为，组织中的个体为了提升个人工作能力，探索更好的工作方式而进行学习（个人学习、向组织中其他成员学习）。如果组织中形成了这样的学习和探索的氛围，组织成员之间会发生高频率的互动，这样的互动就是组织学习。这类观点开始考虑“人”及“人与人之间的关系”等因素，但是缺乏层次，忽略了组织层面的学习与变革。

2. 组织学习的层次

组织学习的层次如图 5-12 所示。

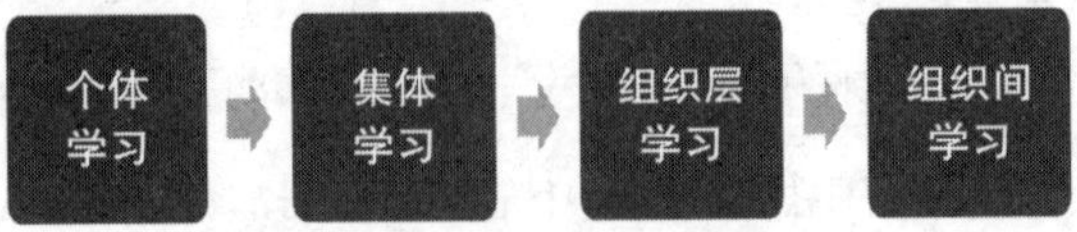

图 5-12 组织学习的层次

（1）个体学习。

组织是由个体组成的，组织学习的第一个层次就是组织成员个体的学习。当组织成员有明确的目标，希望可以提升自己，提高个人工作绩效，就会有针对性地进行一系列知识探索、工作实践，从而使个人的行为和观念发生积极的变化。个体学习是组织学习的起点。

（2）集体学习。

集体与组织有所不同，虽然二者都是由个体成员组成的，但组织包括所有的个体成员，而集体的定义就相对比较宽泛，这里将集体定义为在组织学习的过程中进行知识互动的小群体、单位。当个体学习了新的知识时，首先需要将新的知识在一个较小的范围内进行传播。在这个小群体中，个体互相交流传递知识，进行试验，讨论新知识在工作中的应用效果和改进方案，逐渐将成员的观点、经验进行打磨、整合。

（3）组织层学习。

组织层学习是将个体学习及集体学习与整个组织的特点（组织文化、组织结构、组织战略等）、内外部环境相结合，完善和优化个体学习与集体学习过程发现的新知识、新方案，使其与组织面临的生存环境适配。组织层面的学习是集体层面学习的深化。

（4）组织间学习。

组织间学习是指不同组织之间进行交流，在这一过程中新知识的产生与应用。组织间学习包括个体与其他组织互动、集体与其他组织互动、组织与其他组织互动三种类型。对于创业阶段的企业来说，组织间学习是一种更高效的组织学习方式，它可以使组织在短时间内大量学习其他先进组织的工作方案，快速地将组织整体工作方案、组织设计提升至较高的水平。而那些已经相对成熟的组织，采用组织间学习或组织内部学习在效率上则没有明显的差异。

3. 组织学习的类型

（1）系统解决问题。

系统解决问题是在大量企业经营数据的基础上，全面分析产生某一现象或问题的原因，建立各个事件之间的联系，从而找到解决问题的方案及对不同事件的重要性进行排序。能够解决某一问题的方案有很多，但要找到效果最好、执行难度最低的方案。系统解决问题就是列举出所有的优化方案后，选择效果最好的一个。然而最优方案并不能够轻易挑选出来，必须用严谨的逻辑思维及工具对不同方案进行比较。系统解决问题的组织学习方法需要员工掌握较强的逻辑思维能力和方案选择技巧，在分析问题的过程中，不可以靠直觉、感觉做出判断，要将问题量化处理，以数据作为依据，通过事物的表象揭示其深层次的原因和各种可能的结果。

（2）试验。

试验和系统地解决问题是相互补充的。二者的不同在于，系统地解决问题是为了处理当前的问题，而试验主要是未雨绸缪，主动探索未来的发展道路。

试验是新的思想和方法的运用，因此在进行试验之前要慎重、缜密地筹划，选择组织中某一个方面进行试验。在试验的过程中，要根据试验效果及时调整方案，进行新的学习。如果试验涉及组织的整体战略目标与决策相关的内容，那么必须要对该试验保持警觉，因为这样的试验内容对企业经营会造成一定的风险。

如果某项试验的目的是建立一种新的规则，那么组织的领导者就必须表现出对这项试验、新规则的支持，因为概念超前的事物会使组织成员心生怀疑，缺乏迈出第一步的勇气，导致试验无法进行。这种试验需要一个能力强的跨职能部门负责，直接听从组织最高领导者的指导，在试验产生明确效果前，必须将试验限制应用于特定的部门，避免影响其他部门的稳定性，当组织学习成果成熟之后再推广到其他部门。

（3）从过去的经验中学习。

从过去的经验中学习是一种最经济、最有效的学习方式。重新审视公司过去的成败得失，系统、客观地对其做出评价，并将其向全体员工开放，让他们铭记教训，是组织学习的一项重要内容。表面的成功或相安无事并不一定意味着可以高枕无忧。同样，对于失败，也不能完全否定，必须能透过表象看清事物的本质及其发展规律。因此，从过去经验中学习不能停留于表象，不能只是将一些肤浅、凌乱的知识、经验堆砌在一起，必须对其进行深入分析，提炼出精华，并上升为可以指导行动的一般理论和基本规律。在形成知识的过程中，这是非常重要的一关，而且具有更大的应用价值。

二、组织学习的重要环节

组织学习的过程可以概括为以下四个环节，四个环节存在逐级递进的关系，如图 5-13 所示。

图 5-13　组织学习的环节

1. 直觉感知

直觉感知是通过个体经验和自身潜能感知环境变化、产生新认识和新想法的过程。在一个组织内，组织成员首先通过直觉感知改变自己的行动。当一个组织成员与其他成员进行沟通时，个人的直觉感知就会对其他人的行为产生影响。直觉感知是最基本的组织学习方式。

在大多数情况下，直觉感知是个体不经意间、无意识的学习，是对将来可能出现的事件的预感。个体在直觉感知过程中产生的新知识是一种潜移默化的、带有强烈主观性和个性的隐性知识，个体很难用语言文字来形容它，因此这种直觉感知难以被诠释，也难以与他人分享。隐性知识的转化和表达是直觉感知上升到组织学习成果的必要环节，个体必须主动将自己的感知与组织中其他成员分享，传播并让他人接受自己的观点是非常有难度的。

2. 解释说明

解释说明是通过语言或行为解释直觉感知所得的学习过程。这个过程使相关的语言从无到有并得以渐渐地发展。直觉感知过程主要在于潜意识的想象空间的发展，而解释说明过程则开始了有意识的个人学习。语言在解释说明过程中起到了极为关键的作用，它不但使人们能够解释他们的感觉及基于感觉的想法，而且能够描绘出其间明晰的关系。

3. 归纳整合

归纳整合就是组织各层面经过沟通磨合，从而达成一致的过程。在这个过程中，最重要的是沟通和组织成员的共同参与，因为组织学习是个体思维方式和行为的改变，因此归纳整合的重点是个体之间的沟通和相互适应，以实现组织行为的协调性。沟通既能使个体保持已有的知识，又能促进组织成员间的交流，使成员在交流中彼此激发思想，产生新的认识。

4. 制度化

制度化是将个人或团队的学习成果在组织中进行发展直到可以为组织所用的过程，制度化本质上是组织消化吸收个人、团队学习成果的过程。学习的主体由个人转向团队，再由团队转向组织，是一个按顺序递进发展的过程。但不同环节的连贯性和可操作性却越来越弱，制度化过程的变化常常是不连续的，因此组织学习最后的系统性、规则性变化常常被认为是激进的变革，并不是循序渐进、温和地演变。随着组织学习体系的成熟，为了提高组织学习的效率，制度化过程有必要潜移默化地融入组织结构，成为组织的一部分，这样自发的个人和团队学习会被全组织范围内的组织学习取代。

三、组织学习的内部机制

1. 组织学习机制模型

（1）组织学习过程模型。

史蒂文斯和波茨克（Stevens 和 Pautzke，1989）提出了组织学习过程模型，这个模型将组织学习的机制概括为行动、集体学习和制度化，如图 5-14 所示。组织成员首先在工作“行动”中得到了一些新的知识，通过集体层面的学习让知识升华，然后通过制度化的过程将新的知识再次转化为行动，形成了一个循环的过程。

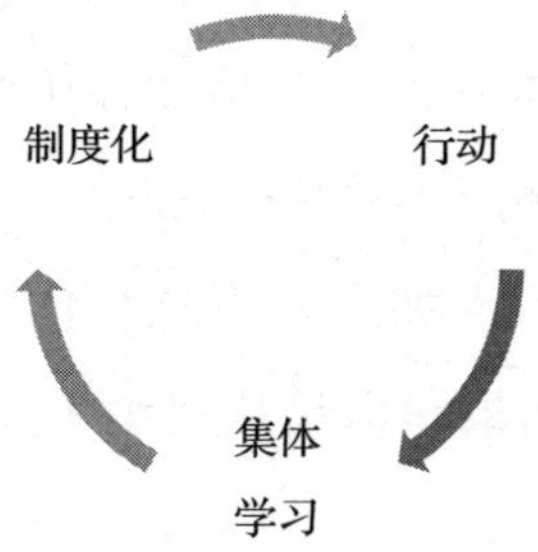

图 5-14 组织学习过程模型

（2）组织知识产生的五阶段模型。

野中郁次郎和竹内弘高（Nonaka 和 Takeuchi，1995）提出了组织知识产生的五阶段模型，如图 5-15 所示。该模型将组织知识的产生描述为一个螺旋上升的过程。首先，将组织知识分为显性知识和隐性知识。隐性知识是由个体产生的，需要以共享的形式进行隐性知识的社会化，即可以进行传播的、内容明确的知识。其次，以概念验证的方式将隐性知识转化为显性知识（被证实可以改善组织情况的有效知识）。再次，形成该显性知识的具体知识模型，将知识向组织中的其他部门扩散，这样显性知识会转化为跨层次知识，即最终的组织学习成果。最后，将新知识应用到组织中，不断内化新知识，从而产生新的隐性知识。

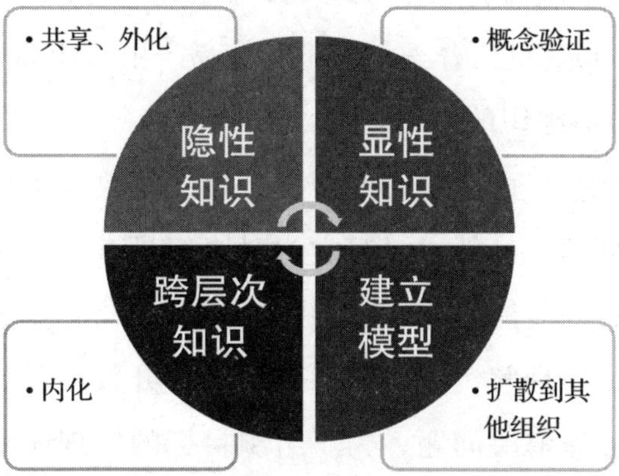

图 5-15 组织知识产生的五阶段模型

（3）组织学习动态模型。

克罗桑（Crossan，1999）提出了组织学习动态模型，这一模型从学习层次、互动过程及信息流动过程三个角度分析组织学习的机制。虽然这一模型没有将组织间的学习纳入组织学习的范畴，但是也厘清了个体学习、集体学习和组织学习的关系。如果知识从个体传递到集体，然后传递到组织，则称为知识的前馈；如果知识是从组织传递到集体，然后传递到个体，则称为知识的反馈。

2. 组织学习的跨层作用

（1）组织学习对个体的作用。

组织学习对员工个体有积极作用。首先，最明显的效果就是提升了个体的工作绩效，解决了个体在工作中的一些困惑与难题，优化了个体的工作方式，大幅提升了工作效率。其次，组织学习提升了一部分个体的工作满意度和对组织的认同与信任感，有一部分个体在组织学习的过程中直接参与了知识的挖掘与传递。其中，个人的努力成果是显而易见的，这就激发了个体的成就感及希望再次通过努力获得成果的强烈意愿，进而把个人的努力和组织发展联系在了一起。最后，组织学习效果与员工的离职倾向有一定的负相关关系。当通过组织学习改变了工作方式、优化了组织结构和战略时，员工会感受到组织的改变，看到组织的发展希望，因此会更加认同组织，更愿意留在组织里。如果组织战略和工作方式一成不变，不进行更新优化，就会产生一种压抑的氛围，员工的工作热情降低，容易产生离职的想法。

（2）组织学习对组织的作用。

组织学习对组织的直接作用就是提升组织绩效和解决问题的能力，丰富组织的知识经验库。另外，组织学习对组织具有长远影响，重视组织学习的组织有较强的创新能力，这就会形成组织的核心竞争力。组织学习需要各层次成员协作与理解，在组织中形成一种开放、包容的氛围，使组织成员更愿意通过合作解决问题，为了组织目标的实现团结一致，在默契的协作中创造更多的价值。

• 创业管理专栏 5-4 •

京东方的企业基因——组织学习

一、企业简介

京东方科技集团股份有限公司（以下简称京东方）是一家主营显示器件业务和物联网解决方案的企业，其产品在显示器、手机和电视等领域的市场占有率名列全球第一，在传感器件的代工服务及物联网、智慧城市的综合解决方案等多个业务领域均有不俗的表现。作为一家高科技企业，京东方的企业基因就是重视组织学习，建立企业的知识共享体系，全面提升企业的综合能力。

二、建立知识数据库

从 2015 年开始，京东方就开始着手建立企业的知识数据库。所谓的知识数据库，就是将企业在产品设计、产品生产、产品营销和产品售后服务的全过程中产生的有价值的信息积累起来，再经过筛选和梳理后，分类存储到相应的数据库中。之所以这样做，是为了将企业不同事业部、不同地点、不同部门的知识进行共享。能够存储到数据库中的信息主要是可以提升产品质量的方法、生产效率提升的方法及企业经营过程中所遇到问题的解决办法。组织学习的一个重要步骤就是将个人层面和集体层面学习到的知识向组织知识进行升华，知识数据库使这样的知识升华过程变得更加流畅，将新的知识与企业所有部门进行共享，产生思维的碰撞。

三、借助社交平台进行知识挖掘与应用

京东方认为，大量有助于优化企业运营的信息仍存在于专家、普通员工的大脑中，可能人人都有优化业务流程的想法，但是他们不知道怎样表达出来或没有平台表达出来。为了尽可能地让员工表达出自己的想法，京东方建立了由社区、问答论坛和专家库组成的平台。在这个平台中，对某

项工作有疑问的员工可以快速地、随时随地与专家进行沟通交流。鼓励员工将自己在工作中的发现写成文字，在社交平台的专栏中发表。员工也可以针对工作中某一个问题进行探索，组建问题解决小队，邀请对该问题感兴趣的同事共同攻克难关，最后形成一份报告，发布在平台上。

四、组织间学习

作为一个高科技企业，产品的研发是最重要的能力。京东方的产品研发能力经历了一个从无到有的过程，其组织学习方法也经历了从利用到自主探索的过程。21 世纪初期，由于日本、韩国的显示器企业占有市场优势，创业初期的京东方决定采用购买技术并自建生产线的方式开展显示器业务，收购了韩国现代显示技术株式会社的多条生产线，以韩国企业成熟的生产线为蓝本，进行科研和模仿，最终自建了一条产品生产线，成为当时在国内较为新颖的技术。随着企业规模的扩大和市场的变化，2010 年后，京东方开始着手研究国际前沿显示器技术，由于先进技术的产品生产线是不能直接购买引进的，因此京东方从已有的技术和公开的相关论文资料入手，在自有技术的基础上进行融合创新，与其他行业的企业进行跨界合作，对产品进行了创造性的改进。

五、建立京东方大学堂

京东方成立了京东方大学堂，向员工提供在线培训平台。这一举措的目的是让组织学习的成果可以真正落实，被员工接受。京东方大学堂提供的所有培训和学习内容都是以企业业务为主，以解决工作中的问题和更好地实现组织目标为出发点，包括提升管理能力、生产工程方案、营销方案等。截至 2021 年年底，京东方大学堂已经为京东方和旗下子公司的 5 万多名员工提供了培训，将企业运营过程中积累的组织学习成果转化为员工的具体行动。

六、结论与展望

可以看出，京东方建立了一套完整的组织学习方案，从个人学习成果的挖掘到个人学习成果向组织学习成果的转化，到最终应用组织学习成果，这样的组织学习设计值得企业借鉴。

完善的组织学习体系使企业可以自我完善与发展，不断进化，形成一种良好的氛围，提升组织成员的工作满意度和对组织的归属感。在提升整个组织的绩效之余，也提升了员工的创新能力与协调能力。毫无疑问，这是一种颠覆传统的、更高效的管理方式。

（资料来源：作者根据多方资料整理而成）

章末案例

天合光能的创业管理

一、企业简介

天合光能股份有限公司（以下简称天合光能）是一家光伏产品和光伏系统领域的上市公司，成立于1997年，经历了多次转型，从事过铝板幕墙生产、光伏组件、光伏电站等各种产品的生产，产能由低到高，经营范围从国内到全世界100多个国家和地区，一步步发展成为全球光伏产业的巨头企业。这样一个在全球范围内影响力巨大的企业，是如何在创业过程中进行管理的？

二、团队管理

1. 创始人的故事

天合光能的创业团队首先要从创始人高纪凡说起，高纪凡在成立天合光能之前尝试过两次创业，并且为了从商放弃了学习深造的机会。1988年，高纪凡在吉林大学取得了化学硕士学位，在创办企业和出国攻读博士学位之间，他选择了前者，他希望成为一名企业家。高纪凡的第一次创业成本只有几十元。他只身来到广东，凭借自己丰富的知识开发出了8种当时国内市场还没有的新型化工产品，成立了洗涤剂厂和化工厂，这次创业使高纪凡取得了巨大的成功。

随后，高纪凡从广东省回到了江苏省，他敏锐地观察到当时一些发达国家开始使用氟碳铝板幕墙作为新型的建筑外装饰材料，这种材料性能优良，利润空间较大，且在国内几乎无人知晓，仅有一家外资企业从事这种材料的生产与销售，于是高纪凡开始以铝板幕墙产品作为他的创业产品。经过了一段时间的产品开发后，铝板幕墙产品上市了，并取得了成功，成为市场上的热门产品，引得众多企业开始模仿。但高纪凡并没有就此止步，1997 年，《联合国气候变化框架公约》要求降低发达国家的温室气体排放，采用清洁能源，延缓全球变暖。在公约签订会上，美国提出了太阳能屋顶计划，在建筑物的屋顶安装光伏系统。高纪凡发现了商机，希望光伏产品也能够走入中国，实现节能减排。现在的人们早已对屋顶上的太阳能电板见怪不怪，而当时的国内还没有大规模地宣传节能减排，几乎没有人理解高纪凡为什么要这样做，觉得这样的产品理念过于超前。在此背景下，高纪凡成立了全国最早的光伏企业——天合光能。

2. 核心团队

作为一家科技型企业，天合光能的成长与发展是由核心团队成员推动的，天合光能的核心员工职能分为管理、研发和销售。管理和销售职能的核心员工被定义为不断提升自身工作能力，工作绩效突出且努力推动组织绩效的实现，在企业的重要项目中有贡献的员工；研发职能的核心员工被定义为在某个专业领域内有较强实力，并且帮助企业发展、实现技术进步的专业技术人员。有大约 20% 的员工被归为天合光能的核心员工，核心团队成员在企业的各个部门中身兼要职，而企业也特别重视对核心团队的激励。

3. 团队激励

天合光能成立了专门设计优秀员工激励措施的小组。小组向企业核心团队的 72 名成员（通过飞跃者项目和远征者项目选拔出的潜力员工）发放问卷进行调查，了解核心团队成员在薪酬、员工福利、职业发展、知识技能学习方面的偏好。根据这些核心成员的问卷数据，小组发现这些核心成员最在乎的是能否给自己提供全球发展的平台及在工作中提升自己的使命感和荣誉感，于是对企业团队激励措施进行了调整，强化了核心成员最重视的激励因素。

在具体的措施方面，首先为核心团队成员提供非常高的薪酬，每年对员工职级和薪酬进行调整，每月、每季度和每年都设置绩效奖金。非金钱式的员工激励是一大亮点，天合光能每年都会组织“天合之星”优秀员工评选及寻星计划，评选出业绩表现突出的员工，授予员工奖状、奖杯及大额奖金。除此之外，优秀员工的事迹会被拍摄成宣传片，在企业中大力宣传，提升优秀员工的成就感、荣誉感。企业组织员工家庭日活动，邀请员工及其家人进行游戏和户外郊游；开办高规格国际学校，员工子女可以以优惠价就读国际学校；企业还运营了一个占地1100多亩的“天合田园”，定期向员工供应优质、绿色的水果蔬菜，闲暇时光员工可以与家人一起前往田园进行农家乐体验。

4. 项目型组织结构

在传统的常规组织结构中，一项产品从设计到售后服务都是一环扣一环的过程，并且每一个步骤都有不同的责任人，这就有可能出现组织响应不敏捷的问题：如果产品在某一个环节出现了问题，需要一级一级地向上还原产品的整个过程，逐级查找问题出现的原因。天合光能为了解决这个问题，开始用项目型组织结构取代原有的组织结构，对于某些重要的项目或客户不易应对的项目，在常规的组织结构外成立一个项目型组织，一切组织结构的设计都围绕项目进行，将项目价值最大化就是组织目标，可以实现项目的快速交付与响应，敏捷性非常高。

5. 团队沟通

为了加强内部沟通，天合光能构建了以微信企业号为核心的团队沟通平台，每天平均推送4篇文章。在企业号中设置了咨询、业务办理、学习、指南等板块，方便员工了解企业动态，参与活动，反馈意见，参与表决，满足个人工作需求。这个企业号最有趣的一个设计就是内置了积分系统，鼓励员工积极沟通与互动，员工参与活动、学习、观看和评论企业的推送都可以获得一定的积分，按照积分数量可换取一些礼品。积分系统直接“激活”了企业号，员工都乐于使用企业号进行团队沟通。

三、成本控制

2016—2021 年，光伏组件行业整体技术水平和产能持续上升，而光伏组件产品的价格始终处于下降趋势，天合光能的产品价格也不例外，但公司的毛利率并没有下降，始终维持在 14% ～ 17.5%。天合光能打通了从电池到光伏整体系统的产业链，同时努力提升原材料的自产程度，规避了上游原材料价格上升导致的成本上涨，在西宁市投资建设产业园，预计该产业园在 2023 年可以扩充工业硅每年 10 万吨、高纯硅每年 5 万吨、电池每年 10GW、组件每年 10GW 的产能，将原材料的资产比例提升至 45%，将光伏组件的市场占有率由 2021 年的 15% 提升至 2023 年的 20% ～ 25%。

2020 年，天合光能在义乌、宿迁和盐城三地建设了“210”超级工厂。“210”超级工厂就是可以叠加 210mm 大尺寸硅片产品的工厂，这是全球第一个应用到该技术的规模化生产工厂，代表了中国光伏产业的最高技术，针对 600W+ 和 550W 组件采用了高组串功率设计，节省了各种电器的连接，降低了系统成本。组件生产应用完整的自动化设备，焊接速度达到了每小时 4000 片，在行业内速度最快，节省了 1/4 的员工，有效降低了人工成本。“210”超级工厂配备有全自动视觉检验设备，可以看到产品的瑕疵情况，提升了产品的良品率，确保了产品高质量产出。

四、目标管理

天合光能采用目标管理方法进行企业管理，尤其是项目管理，更注重敏捷性。企业都会制订年度经营目标，然后将年度的目标分解为季度目标，如果某一季度的目标没有完成就把目标叠加到下一季度完成，这样有时就会出现对一年中前几个季度目标较为懈怠、放松，而在最后两个季度奋起直追的情况，目标完成度达不到要求，令客户不满意。天合光能对一些重要项目设置至少 3 个月为一个关键周期，每一个关键周期都制订目标和具体的工作任务，同时，将关键周期继续细分为两周左右的小周期，经过讨论沟通确认在每个小周期内的工作清单。

在天合光能，部门领导的角色发生了转变，在目标管理的过程中，领导并不直接进行分工和布置任务，而从领导者角色转变成“顾问”的角色，定期了解每位员工的目标进度和工作困难，主要协调资源，合理地在团队中分配权力，协调不同员工在目标完成过程中的角色。

在跟踪目标进度方面，企业的各个部门进行了更加频繁的沟通，跟踪目标的完成情况，提升了目标的完成度。天合光能建设了企业大数据平台，使经营数据、项目进度数据量化并可视化，使用目标燃尽图，将每一个目标的总进度设置为 100，每当完成一项工作时，燃尽图的显示进度就会相应地减少，直到减少为零（意味着目标全部完成了），使人对进度情况一目了然。

五、风险应对

目前，光伏行业最大的风险就是市场需求较大，但光伏设备原材料产能不足，供不应求导致原材料价格上升，挤压了利润空间，因此，天合光能建立了完善的风险管理体系。

在原材料方面，天合光能与光伏产业上游企业通威集团开展了合作，共同投资纯晶硅、切片和高效晶硅电池等原材料生产项目，原材料供应有保障。

在客户方面，光伏产业目前 90% 的业务都来自国外市场，可以说对国外市场的依赖度很高，给企业经营带来一定的不稳定因素。天合光能同步发展国内外市场，同时和中国石化进行了战略合作，开始发力抢占国内市场。天合光能在国内进行了大量的渠道开发工作，2021 年年底已经在全国拥有 15000 多个县级服务网点。

在物流方面，天合光能把物流的稳定提升到了企业的战略层面。2021年11月，天合光能和物流业巨头马士基集团达成了合作，涉及全区域海运、端到端配送、仓储一体化合作和物流可视化等领域，为客户提供便捷、高效的货运物流服务。通过完善的物流基础设施和供应链网络，提升了物流系统的稳定性，降低了供应链环节的风险。

六、结论与展望

可以看出，天合光能之所以能够取得如此成就，就是因为它具有卓越的运营管理能力，在战略层面进行前瞻性的布局。光伏市场前景广阔，在政策的刺激及国内需求不断提高的背景下，光伏组件及光伏储能都将在未来有很大的发展潜力，行业的集中度也会随之提升。天合光能将会抓住这个机会，努力成为世界范围内的光伏能源主导者。

（资料来源：作者根据多方资料整理而成）

章末小结

本章介绍了创业管理的方法和思路，列举了目标管理方法的实施步骤，即先制订目标规划，再跟踪目标发展，最后落实目标效果。团队管理的内容包括团队成员的组成、组织结构设计和成员激励沟通。成本控制需要从节约成本、财务记账和把控产品三个角度进行。对于创业过程中的风险管理，企业需要构建集风险识别、风险量化和风险对策为一体的风险管理体系。组织学习有助于激发企业的活力，创业者应从基本概念、重要环节和内容机制三个方面理解组织学习。

参考文献

［1］爱德华·布莱克韦尔．商业计划书要这样写［M］．6版．张楚一，译．北京：中信出版集团，2019．

［2］白玉杰．大数据企业中科闻歌逆势增长背后的故事［J］．中关村，2020（4）：82-84．

［3］蔡小锦，刘庆全，林佳欣，等．科大讯飞“平台＋赛道”商业生态［J］．企业管理，2022（4）：85-89．

［4］陈超．互联网企业业务转型发展思考——以哔哩哔哩为例［J］．现代商业，2022（9）：18-20．

［5］陈峰．创业项目的优势及在商业计划书中的表达［D］．武汉：华中科技大学，2012．

［6］陈琦．四维图新依托“云”＋“芯”打造解决方案，为客户缔造价值［J］．汽车与配件，2021（8）：51．

［7］陈滔．企业风险管理：理论与方法［M］．北京：科学出版社，2015．

［8］陈小玮．路演：为创新项目铺路架桥［J］．新西部，2022（6）：26-27．

［9］谌永平．编好商业计划书，提高中小企业融资能力［J］．企业科技与发展，2009（16）：264-267．

［10］程海霞．中小企业财务风险管控刍议［J］．中国市场，2020（33）：132+151．

[11] 大行．庆祝成立40周年大行“三地”路演[J]．中国自行车，2022（5）：46-47．

[12] 邓张升，宋广轩，李业韬，等．“3T-S”创业时机决策模型构建研究[J]．中国商论，2022（3）：117-121．

[13] 丁方飞，陈如焰．公司战略激进度、分析师盈利预测与信息不确定性[J]．山西财经大学学报，2020，42（2）：72-86．

[14] 杜莎，高驰，陈琦．四维图新：置身自动驾驶时代，与变革相拥[J]．汽车与配件，2020（9）：35-37．

[15] 樊登．低风险创业[M]．北京：人民邮电出版社，2019．

[16] 范晔，陈小荣．基于循环经济视角的生态养殖创业模式研究[J]．中国饲料，2021（24）：127-130．

[17] 房爱华，倪雪琴，刘雯，等．企业洁净室和相关受控环境监控方案[J]．化学工程与装备，2022（8）：226-228．

[18] 高腾飞，黄艳，孙世强．企业社会创新：概念辨析、演化规律与分析框架[J]．商业经济研究，2021（21）：114-118．

[19] 郭天义．中小企业融资难问题及措施[J]．经济管理文摘，2021（18）：27-28．

[20] 郭祥．上市公司股权质押融资的风险及其化解途径研究[J]．全国流通经济，2021（36）：159-161．

[21] 韩兆儒，李祺颖，李涛哲．智能照明控制系统的设计与实现[J]．电工技术，2022（8）：17-19．

[22] 何海英，王幸艺．我国中小企业融资存在的问题与对策分析[J]．中国管理信息化，2020，23（22）：52-53．

[23] 何瑞，谢振刚，程昱舒．具有主动故障穿越能力的光伏逆变器自治控制方法研究[J]．高压电器，2022，58（7）：101-110．

[24] 贺德方，祝侣，周华东，等．基于生命周期视角的企业科技创新政策体系研究[J]．中国科技论坛，2022（1）：1-6．

［25］贺天瑞．天合光能：大尺寸组件龙头的核心价值［J］．股市动态分析，2022（10）：35-36．

［26］华南．北京清航紫荆装备科技有限公司创始人李京阳：成为一颗改变世界的螺丝钉［J］．中华儿女，2021（ZA）：14-20．

［27］黄嘉陶．喜茶的商业模式分析——基于价值论视角［J］．中国市场，2022（23）：118-120．

［28］黄晶．资本回报率、人力资本投资与收入不平等——基于Galor-Zeira模型的扩展［J］．商业研究，2020（3）：113-121．

［29］霍晓燕，张祖斌．企业基准收益率确定方法的分析与改进［J］．价值工程，2017，36（6）：31-32．

［30］姜美齐，王刚强，胡淼．无人直升机前飞抗侧风控制技术［J］．直升机技术，2022（2）：6-7．

［31］蒋秋霞．天合光能：光伏行业长期战略坚守者［J］．经理人，2022（1）：50-53．

［32］李京阳，王贤宇，宝音贺西，等．交叉双旋翼构型无人直升机在应急领域的应用分析［J］．中国安防，2022（6）：83-86．

［33］李开孟．企业投资项目商业计划书的编制和评估［J］．中国投资，2007（8）：102-105．

［34］李朋飞．互联网金融环境下小微企业融资策略研究［D］．济南：山东大学，2018．

［35］李乾文，曹佳颖．创业企业组织韧性培育路径研究［J］．现代经济探讨，2021（11）：107-115．

［36］李婷，石丹．蜜雪冰城，“黑化梗”里有故事［J］．商学院，2022（8）：120-125．

［37］李妍枝．音频类知识平台对比分析与对策研究［J］．中国商论，2022（13）：29-32．

［38］李振勇．商业模式：企业竞争的最高形态［M］．北京：新华出

版社，2006.

[39] 林沁. 企业融资：从商业计划书到上市 [M]. 北京：化学工业出版社，2021.

[40] 林兴芳. 供应链金融视角下中小企业融资问题分析 [J]. 商展经济，2022 (17): 85-87.

[41] 刘高歌. 浅谈我国集成电路测试技术现状及发展战略 [J]. 技术与市场，2015 (22): 175.

[42] 刘谨. 从可行性研究到商业计划书 [J]. 中国高新区，2002 (9): 16-17.

[43] 刘启诚，程琳琳. 胡伟武. 只有建立了自己的体系，中国芯片才能成功 [J]. 通信世界，2021 (14): 24-27.

[44] 刘素娜. 知乎的经营与管理模式分析 [J]. 智库时代，2019 (13): 278-279.

[45] 刘巍，侯丰田，张心妍，等. 非单向流生物洁净室洁净度不合格原因分析及改进措施 [J]. 机电信息，2022 (14): 23-26.

[46] 刘向东. 投资人喜欢这样的商业计划书 [M]. 北京：中国铁道出版社，2019.

[47] 刘杨方姝，王秀丽. 管理层盈利预测偏差与企业非效率投资 [J]. 河南财政税务高等专科学校学报，2022，36 (3): 24-36.

[48] 刘业琦，刘戈扬，祝晓笑. 一种适用于昼夜兼容 CMOS 图像传感器的动态范围拓展方法 [J]. 半导体光电，2022，43 (4): 760-764.

[49] 刘志阳，许莉萍. 制度与社会创业：基于文献的整合框架 [J]. 经济管理，2022，44 (1): 192-208.

[50] 刘志阳，赵陈芳，杨俊. 中国创业学：学科、学术和话语体系 [J]. 外国经济与管理，2021，43 (12): 51-67.

[51] 卢闯，崔程皓，牛煜皓. 控股股东质押压力与商业信用融资——基于质押价格的经验研究 [J]. 会计研究，2022 (2): 132-145.

[52] 陆凯. 科研院所财务规划与战略研究 [J]. 黑龙江科学, 2021, 12 (18): 119-120.

[53] 罗晨, 魏巍. 提高大学生创业融资能力的关键工具——商业计划书的编写 [J]. 中国高新技术企业, 2013 (4): 158-160.

[54] 罗珉, 曾涛, 周思伟. 企业商业模式创新: 基于租金理论的解释 [J]. 中国工业经济, 2005 (7): 73-81.

[55] 吕闻君. 家用医疗器械行业营销模式变迁与"O2O"业务模式再探究 [J]. 科技经济市场, 2022 (4): 152-154.

[56] 马丽, 邵云飞. 二次创新中组织学习平衡与联盟组合网络匹配对技术能力的影响——京东方 1993—2018 年纵向案例研究 [J]. 管理学报, 2019, 16 (6): 810-820.

[57] 马文梅. 论企业风险管理的历史沿革及发展趋势 [J]. 农村经济与科技, 2021, 32 (24): 157-159.

[58] 买忆媛, 王乐英, 叶竹馨, 等. 以德服人: 伦理型领导与创业团队成员的变动 [J]. 管理科学学报, 2022, 25 (3): 44-61.

[59] 孟韬, 徐广林. 专利申请、创业融资与独角兽企业估值及成长性 [J]. 科学学研究, 2020, 38 (8): 1444-1450+1472.

[60] 孟欣. 目标管理述评及其应用建议 [J]. 企业改革与管理, 2020 (21): 38-39.

[61] 苗藩. 中创新航, 危险的新航路 [J]. 能源, 2022 (9): 51-54.

[62] 倪武帆, 樊冰璐, 李明生, 等. 互联网金融风险识别及防范 [J]. 合作经济与科技, 2022 (18): 51-53.

[63] 潘红波, 高金辉. 数字化转型与企业创新——基于中国上市公司年报的经验证据 [J]. 中南大学学报 (社会科学版), 2022, 28 (5): 107-121.

[64] 乔羽堃. 研发费用加计扣除政策对企业金融化的影响——基于 A 股上市公司数据的实证研究 [J]. 经济问题, 2022 (9): 67-75.

[65] 齐健. 浪潮: 加速云边端融合, 驱动行业智能化转型 [J]. 智能

制造，2021（1）：16-18.

[66] 钱枫妍，于艳. 浅析资产减值准备对上市公司盈余管理的影响[J]. 技术与市场，2021，28（12）：182-183.

[67] 钱莉莉. 基于供应链金融视角下探析中小企业融资问题[J]. 中国商论，2022（8）：89-91.

[68] 任泽平，白学松，刘煜鑫，等. 中国青年创业发展报告（2021）[J]. 中国青年研究，2022（2）：85-100.

[69] 杉木. 红海比蓝海更"蓝"——市场饱和后的创新与竞争之道[J]. 企业管理，2017（3）：24-27.

[70] 沈波，卢宜芳，吴甜. 组织学习对知识创新的影响：以组织忘记为中介[J]. 管理评论，2020，32（12）：135-145.

[71] 沈烈，何璐伶. 内部控制对企业风险管理的影响：述评与展望[J]. 财会通讯，2022（8）：17-23.

[72] 沈思涵，石丹. 龙芯中科，"国产CPU第一股"的远望[J]. 商学院，2022（8）：134-137.

[73] 沈宇庭. 融资路演，讲好故事：快速打动投资人的融资技巧[M]. 北京：中国经济出版社，2018.

[74] 施玉梅. 以案说理：特许加盟创业风险的防范与规避[J]. 江苏商论，2022（7）：17-20+29.

[75] 石井艳. 上市公司资金链风险管理问题研究[J]. 企业改革与管理，2022（17）：119-121.

[76] 史越英. "互联网+"背景下的现代企业经济管理模式——评《互联网金融视角下中国中小企业融资问题研究》[J]. 中国科技论文，2022，17（2）：248-249.

[77] 束超慧，王海军，金姝彤，等. 人工智能赋能企业颠覆性创新的路径分析[J]. 科学学研究，2022，40（10）：1884-1894.

[78] 宋蔚蔚，王敏嘉. 大股东股权质押、内部控制与融资约束[J].

财会通讯，2022（20）：70-74.

［79］孙玉澄，杨子强．从转化洁净室空气化学污染方面的国际标准论提升我国高新技术检测实验室认可水平［J］．中国标准化，2022（16）：157-160+168.

［80］汤笑玫．中小企业融资困境和发展对策［J］．商展经济，2021（13）：112-114.

［81］汪先珍，马成虎．控股股东股权质押、内部占用及其经济后果——基于融资工具的理论视角［J］．系统工程理论与实践，2022，42（5）：1146-1171.

［82］王超．开启自主信息产业生态建设的新征程——访龙芯中科技术股份有限公司董事长胡伟武［J］．信息安全与通信保密，2021（11）：61-65.

［83］王聪聪，彭健，韩健．超前布局“手机+低轨卫星通信”融合发展，开辟未来信息消费新赛道［J］．卫星应用，2022（8）：20-23.

［84］王德文，魏仁兴．科技成果常态化路演策略研究——基于项目选择与优化视角［J］．河南科技，2022，41（13）：137-142.

［85］王海芳，李仙，张艺潇．企业知识管理对质量管理实施的影响研究——以京东方为例［J］．企业改革与管理，2020（24）：12-13.

［86］王静．我国中小企业融资问题分析［J］．商业经济，2020（1）：86-87.

［87］王利．重磅路演、五项签约、大咖论道！中国轻纺城集团三十而立再出发［J］．纺织服装周刊，2022（25）：16.

［88］王立乔，林健，朱文通，等．一种新型三相 Buck-Boost 光伏逆变器漏电流抑制研究［J］．太阳能学报，2022，43（7）：101-108.

［89］王玲．创业计划书的财务规划撰写探讨［J］．商业会计，2020（8）：109-111.

［90］王满四，周翔，张延平．从产品导向到服务导向：传统制造企业

的战略更新——基于大疆创新科技有限公司的案例研究［J］. 中国软科学，2018（11）：107-121.

［91］王荣. 小微企业融资现状、问题及对策［J］. 中国市场，2021（6）：74-75.

［92］王守垠. 企业财务风险识别与管控探讨［J］. 财会学习，2022（23）：35-37.

［93］王新明，唐艳. 刚柔并济海康威视供应链数字化转型［J］. 企业管理，2021（12）：63-68.

［94］王渊，郑佳楠，姜玮玄. 创业机会研究展望：基于文献计量的分析［J］. 科技管理研究，2021，41（19）：141-148.

［95］王泽尤，李德佳，郑碧莹，等. 我国涉农中小企业融资效率及其影响因素研究［J］. 科技与经济，2022，35（1）：46-50.

［96］维欣. 怎样撰写商业计划书［J］. 大众商务，2001（11）：35.

［97］魏玮，张兵. 中国投资回报率的国际比较及启示［J］. 企业经济，2020，39（10）：111-120.

［98］翁君奕. 介观商务模式：管理领域的“纳米”研究［J］. 中国经济问题，2004（1）：34-40.

［99］邬欣欣，常庆欣. 科技自立自强的“四个面向”：习近平关于新发展阶段生产力发展规律的理论创新［J］. 广西社会科学，2021（8）：39-48.

［100］夏赛莲，彭溪. 浅析A股上市公司“暴雷”之商誉减值准备［J］. 经济研究导刊，2021（8）：123-125.

［101］谢振，张江红，熊俊. 新能源汽车锂离子动力电池系统关键技术研究［J］. 有色金属工程，2022，12（10）：158.

［102］谢志华，邵建涛. 中小企业融资难、融资贵问题辨析［J］. 财会月刊，2019（15）：3-7+178.

［103］徐晔，肖华鑫，喻家驹.“互联网+”对科技资源错配影响的实

证研究［J］. 江西师范大学学报（自然科学版），2020，44（2）：120-126.

［104］徐经长，李博文. 配套协同还是增发陷阱？——我国上市公司重大资产重组配套融资的并购绩效分析［J］. 中国人民大学学报，2022，36（5）：165-179.

［105］徐宗宇，方宗，周赛楠. 海康威视股权激励案例分析［J］. 中国管理会计，2021（3）：95-106.

［106］许楠，田涵艺，刘浩. 创业团队的内部治理：协作需求、薪酬差距与团队稳定性［J］. 管理世界，2021，37（4）：216-230.

［107］许图. 互联网音频知识付费用户的行为研究——以喜马拉雅为例［J］. 传媒，2021（15）：71-73.

［108］涂咏梅，吴尽，李梦婧. 数字金融对企业融资成本影响的实证［J］. 统计与决策，2022，38（19）：140-145.

［109］杨大鹏，王节祥. 平台赋能企业数字化转型的机制研究［J］. 当代财经，2022（9）：75-86.

［110］杨光瑶. 快速打动投资人：优质商业计划书精彩集锦［M］. 2版. 北京：中国铁道出版社，2019.

［111］杨丽婕. 内部收益率下的投资回收速率研究［J］. 科技经济市场，2021（4）：72-74.

［112］杨书燕，宋铁波，吴小节. 数字化转型研究知识结构与热点趋势［J］. 科技进步与对策，2022，39（15）：150-160.

［113］杨帅，程邯晓. 组织如何从经验中学习：基于并购的视角［J］. 管理现代化，2020，40（5）：49-51.

［114］姚凯，李晓琳. 基于制度理论的创业企业社会创新实现路径［J］. 管理科学，2022，35（3）：58-72.

［115］叶陈刚，张琦，宫颖. 私募股权投资、IPO与财务绩效——基于天能重工案例研究［J］. 商学研究，2018，25（1）：24-33+88.

［116］叶莹莹，杨青，胡洋. 股权质押引发机构投资者羊群行为吗——

基于信息质量的中介效应［J］. 会计研究，2022（2）：146-163.

［117］佚名．“大疆”崛起：消费级民用无人机［J］. 学习月刊，2021（6）：58.

［118］于海波．组织学习的多层结构、跨层作用和生成机制研究［M］. 北京：中国人民大学出版社，2018.

［119］于雪磊，瞿华．基于“龙芯”处理器军用装备产品平台化、产品化研究及实践［J］. 中国航天，2022（S1）：62-66.

［120］余红燕，汤高攀．汽车 AFS 照明控制系统设计研究［J］. 汽车实用技术，2022，47（3）：85-89.

［121］袁晓东，曲宝玉．务实的数智行业将迸发更大价值［J］. 数据，2022（1）：30-33.

［122］袁彦鹏，鞠芳辉，刘艳彬．社会创业团队韧性从何而来？——基于单案例的探索性研究［J］. 研究与发展管理，2022，34（4）：97-111.

［123］詹亮．互联网金融背景下中小企业融资问题研究［J］. 商业会计，2020（8）：75-77.

［124］张春阳，徐岩，丁堃．战略学习：研究述评与展望［J］. 外国经济与管理，2020，42（5）：60-73.

［125］张进财．打动投资人：直击人心的商业计划书［M］. 北京：清华大学出版社，2019.

［126］张倩，郭仲杰，余宁梅，等．CMOS 图像传感器列并行单斜式 ADC 回踢噪声自补偿方法［J］. 武汉大学学报（理学版），2022，68（5）：574-580.

［127］张天然，施永川．后疫情时代中国创业生态系统的数字化发展——基于 GEM 报告的数据分析［J］. 科技管理研究，2022，42（5）：50-55.

［128］张欣．新形势下农业企业管理的创新策略分析［J］. 新农业，2021（15）：89.

［129］张宇，姜言彬．开放式创新实践对“揭榜挂帅”制度的启示［J］．科技导报，2021，39（24）：10-15．

［130］张玉强，孙淑秋．“揭榜挂帅”：内涵阐释、实践探索与创新发展［J］．经济体制改革，2021（6）：13-19．

［131］张云，杨凌霄，张紫婷，等．股权质押、融资约束与企业绿色技术创新［J］．华东师范大学学报（哲学社会科学版），2022，54（5）：175-187+192．

［132］张一驰，翟耀．知乎十年：最大中文问答社区的商业化探索［J］．中国经济评论，2021（9）：76-80．

［133］张炙尺．喜茶联名营销策略研究［J］．商业经济，2021（6）：73-75+77．

［134］章诚，肖群稀．集成电路测试设备之“中国崛起”[J］．杭州金融研修学院学报，2018（12）：23-26．

［135］赵宏霞，李豪，杨皎平．创业期组织文化结构对创业团队结构的顺应与控制［J］．管理工程学报，2022，36（5）：86-98．

［136］赵蕾，高艾，翟春艳，等．汽车灯光智能控制系统的设计与实现［J］．电子世界，2019（22）：207．

［137］赵瑞琦．大数据时代下互联网金融创新及传统银行的转型策略探析［J］．科技经济市场，2021（7）：8-9．

［138］赵文博．长安汽车：打造世界一流汽车品牌［J］．智能网联汽车，2022（1）：78-79．

［139］赵玉珍，尚艳峰，赵俊梅．大股东股权质押、风险承担水平与债券违约风险［J］．南京审计大学学报，2022，19（1）：80-88．

［140］郑馨悦．派能科技董事长韦在胜：公司目标是在细分市场全球份额保三争二［N］．证券日报，2020-12-31．

［141］中国科协改革发展重大战略研究方案研讨会召开［J］．科技导报，2021，39（5）：8．

［142］中国知网．第五届中国“互联网＋”大学生创新创业大赛在杭州举行［J］．杭州市人民政府公报，2019（10）：101．

［143］周剑明，黄杉．基于5G技术的卫星通信上行信道自动估计系统［J］．自动化技术与应用，2022，41（3）：85-90．

［144］周少鹏．固德威：拓展海外市场盈利行业领先［J］．股市动态分析，2021（20）：35-36．

［145］周少鹏．派能科技：产能扩张驱动增长［J］．股市动态分析，2021（15）：35-36．

［146］周守亮，魏春华．企业组织学习内涵与机理研究［J］．合作经济与科技，2021（2）：102-105．

［147］周炜，蔺楠，张茜．学术创业：研究综述与展望［J］．科研管理，2022，43（1）：14-21．

［148］周雨卓．如何有效解决中小企业融资“信息不对称”问题研究［J］．质量与市场，2021（17）：88-90．

［149］朱德熠．新媒体平台商业模式与价值创造研究——以哔哩哔哩平台为例［J］．经济研究导刊，2021（35）：51-53．

［150］朱晴，袁芳英．大股东股权质押对企业创新投入的影响研究——基于融资约束的中介效应［J］．中国物价，2022（3）：94-96．

［151］朱仁宏，王雅渲，周琦，等．创业团队关系治理对提升决策承诺的影响研究［J］．管理学报，2022，19（1）：65-73．

［152］邹梅妮．基准收益率的确定方法分析［J］．石化技术，2020，27（4）：262+264．

［153］邹轶君，郝加全．成果导向的“揭榜挂帅”中的科研经费管理策略［J］．中国高校科技，2020（S1）：27-29．

［154］佚名．拓思软件园打造创新孵化体系构筑产业生态促双创［J］．中国经贸导刊，2016（25）：77-78．

［155］冯海波，李大伟．广东省生产力促进中心多措并举推进科技金

融工作［J］. 广东科技，2015（21）：68-71.

［156］陈泽宏. 广州JH咨询公司竞争战略研究［D］. 广州：华南理工大学，2019.

［157］周思恺. 技术经济咨询业务管理流程设计［J］. 中国科技投资，2018（9）：327-328.

［158］孔娟. 二手车电子商务平台模式分析［J］. 时代汽车，2017（12）：108-110.

［159］刘凤茹. 接连并购康复辅具公司，可孚医疗急寻新增长点［N］. 北京商报，2021-11-08.

［160］陈婷，曹学平. 上市后业绩即变脸，可孚医疗"押宝"并购寻增长［N］. 中国经营报，2021-11-15.

［161］Timmers P. Business Models for Electronic Markets［J］. Journal on Electronic Markets，1998，8（2）：3-8.

［162］Feng G，Tang B，Wen J，et al. The Effect on Stock Performance of Executives' Emotions During IPO Roadshows［J］. International Review of Financial Analysis，2022，81（5）：102-117.

［163］Lim Z，Ong L，Leow M C. A Review on Clustering Techniques : Creating Better User Experience for Online Roadshow［J］. Future Internet Volume，2021，13（9）：233-233.

［164］Ozer A，Guy D F，Richard A S，et al. Impact of Strategy on Analyst Information［J］. Advances in Accounting，2016（37）：103-110.

［165］Yang X，Gao J，Luo S，et al. A Concept of Nucleolus for Uncertain Coalitional Game with Application to Profit Allocation［J］. Information Sciences Volume，2022（7）：244-252.